Elf Jahre meines Lebens

Elinor Lipper

Elf Jahre meines Lebens

Eine Frau in sowjetischen Gefängnissen und Lagern

Weltbild

Genehmigte Lizenzausgabe für Verlagsgruppe Weltbild GmbH,
Steinerne Furt, 86167 Augsburg

Originalausgabe:
Elf Jahre in sowjetischen Gefängnissen und Lagern
First published by Europa Publishers Zurich 1953

Umschlaggestaltung: atelier seidel, teising
Umschlagmotiv: akg-images / Russian Picture Service
Gesamtherstellung: CPI – Clausen & Bosse, Leck
Printed in the EU
978-3-8289-4518-0

2014 2013 2012 2011
Die letzte Jahreszahl gibt die aktuelle Lizenzausgabe an.

Einkaufen im Internet:
www.weltbild.de

Geleitwort zur Neuausgabe

Der Europa Verlag Zürich legt 55 Jahre nach dem Tod seines Verlegers Emil Oprecht wieder ein Programm vor.

Emil Oprecht wurde am 23. September 1895 in Zürich geboren und starb am 9. Oktober 1952. Nach dem 1. Weltkrieg gründete er das Schweizerische Kinderhilfswerk. Von 1921 bis 1925 war Emil Oprecht zunächst Vorstandsmitglied und später Präsident der sozialistischen Arbeiterbuchhandlung, der späteren Unionsbuchhandlung. 1925 eröffnete er die Buchhandlung Oprecht & Helbling (später umbenannt in Buchhandlung Dr. Oprecht AG) an der Rämistraße 5 in Zürich, in der er vor allem politische, insbesondere nazi-kritische Schriften verkaufte und in seinem Europa Verlag auch verlegte.

1938 gründete Oprecht gemeinsam mit Kurt Hirschfeld und weiteren Freunden die »Neue Schauspiel AG«, welche daraufhin das Zürcher Schauspielhaus übernahm – die bedeutendste deutschsprachige und deutschlandkritische Bühne der Zeit. Während des 2. Weltkriegs wurden Emil Oprecht und seine Frau Emmie zu Rettern zahlreicher Verfolgter, indem sie Geld beschafften und ihr weit verzweigtes Beziehungsnetz einsetzten. Die Bücher des Europa Verlag Zürich sind so für viele Menschen Erinnerungen und Zeugnisse an eine Zeit geworden, in der die Bücher von Hermann Rauschning, von Otto Braun und von Konrad Heiden als Erste Kunde gaben von Hitler, seinem Werdegang, seinen politischen Vorstellungen und seinen menschenverachtenden Plänen.

Albert Einstein, Thomas und Golo Mann, Ignazio Silone, Else Lasker-Schüler, Arthur Koestler, Winston Churchill, Willy Brandt, Arnold J. Toynbee, Friedrich Dürenmatt, Bertrand Russel und Jose Ortega y Gasset sind Autoren eines Verlages, der für seine Emigrantenpublikationen auch heute allenthalben noch hohes Ansehen genießt.

Oprechts verlegerischer Mut ist dabei keinesfalls zu unterschätzen. Es waren Konflikte mit den Behörden des Dritten Reiches, die seinen Verlag aus dem Börsenverein des deutschen Buchhandels ausschlossen und die Buchhandlung an der Rämistraße kommerziell schädigten. Während des Krieges setzten die Nationalsozialisten sogar ein Kopfgeld auf ihn aus. Auch gab es ständige Konflikte mit den schweizerischen Parteigängern Hitlers, die sich in den antisemitischen und faschistischen »Fronten« zusammengeschlossen hatten und jahrelang – bis fast zum Ende des Zweiten Weltkrieges – ihr publizistisches Sperrfeuer gegen Oprecht, seinen Verlag, seine Autoren, die Juden im Allgemeinen und die Emigranten schossen. Die schweizerischen Behörden erschwerten seine verlegerische Tätigkeit. Sie drohten bereits vor Kriegsbeginn mit Repressalien und die Zensurstelle machte die Arbeit während des Krieges teilweise unmöglich.

In den ersten Nachkriegsjahren veröffentlichte der Verlag weiterhin politisch kritische Texte. Mit den »Reden in den Zeiten des Krieges« von Winston Churchill und Publikationen von Albert Einstein oder Ivo Andritsch blieb er seiner Tradition treu. 1952 verstarb Emil Oprecht und der Verlag wurde von seiner Frau und den bewährten Mitarbeitern tatkräftig weitergeführt. Thomas Mann hielt in seiner Totenrede über ihn fest:

»Der akademisch Graduierte wählte den Benif des Buchhändlers, des Verlegers, weil er im Buch ein starkes Kampfmittel sah für das Gute, und nie hat er ein Buch herausgebracht, an das er nicht glaubte, nie ein Buch unreiner Verlockung, das schlechten Instinkten schmeichelte und darum klingenden Erfolg versprach.«

Das vorliegende Buch von Elinor Lipper erschien 1950 im Original im Europa Verlag Zürich. Eindringlich und ausdrucksstark berichtet die Autorin von ihrem persönlichen Leid, welches zugleich das schreckliche Schicksal vieler Flüchtlinge war, die vor den Nationalsozialisten nach Moskau fliehen mussten. Elinor Lipper war eine bekennende Sozialistin und träumte davon, in der Sowjetunion frei und ohne Angst vor der Nazi-Diktatur und ihren Schergen leben zu können.

1937 wird sie in Moskau verhaftet und zu fünf Jahren Zuchthaus »wegen konterrevolutionärer Tätigkeit« verurteilt. Sie verbringt dann insgesamt elf Jahre in sowjetischen Gefängnissen und Lagern. Dennoch berichtet sie ohne Hass, sondern voller Mitleid und Gefühl über ihr eigenes Schicksal und das ihrer Mitgefangenen in der unmenschlichen Gefangenschaft in Sibirien. So ist dieses Buch vor allem ein Plädoyer für die Menschlichkeit geworden, ein Bericht über ein fast vergessenes Kapitel der Geschichte des zweiten Weltkriegs.

Elinor Lippers Buch war eines der erfolgreichsten Bücher des Europa Verlag Zürich. Binnen kurzer Zeit war bereits die komplette erste Auflage vergriffen. Die Autorin veröffentlichte später die verschiedensten Bücher. In den antiquarischen Katalogen findet man so z. B. eine Geschichte der Seefahrt oder eine der »Verkehrsmittel zu Lande«, wie auch ein zweibändiges Standardwerk über Hunde. Elinor Lipper war zweifelsohne eine vielseitige Autorin, die mit der Schilderung ihrer Haft unter menschenunwürdigen Bedingungen von 1937 bis 1948 ein besonderes Dokument der Zeitgeschichte verfasst hat.

Elinor Lipper war eine besondere Frau. Deshalb haben wir im Verlag beschlossen, den Originaltitel zu ändern und diesen besonderen Umstand zu erwähnen.

Das Buch ist in seiner Gestaltung der Tradition des Verlages geschuldet. Die Umschlaggestaltung, ursprünglich von dem bekannten Schweizer Künstler Gottfried Honegger Lavater entworfen, orientiert sich im Design und der Farbgebung an den Erstausgaben des Europa Verlag Zürich. Der Verlag wird sich in den neuen Ausgaben der Bücher etwas modernisiert an diese Gestaltung anlehnen, sodass für den Leser die Möglichkeit besteht, in der Reihe der wichtigsten Bücher des Verlages einen ästhetischen und sammlerischen Wert zu entdecken.

Lars Schultze
Europa Verlag Zürich

Als ich gegen Ende des Jahres 1946 zusammen mit einer Gruppe anderer Gefangener ausländischer Nationalität zum Abtransport aus dem Lager Kolyma aufgerufen wurde, wusste man es zwar nicht mit Sicherheit, aber man konnte vermuten, dass ich in absehbarer Zeit über die Grenzen der Sowjetunion in meine Heimat abgeschoben werden würde.

Zum letzten Mal umarmte ich meine Gefährtinnen, mit denen mich jahrelange Gefangenschaft verband. Immer wieder sahen sie mir mit strenger Prüfung in die Augen:

Vergiss nichts!

Du darfst nichts vergessen!

Vielleicht wirst du als eine unter Millionen Gefangener die Möglichkeit haben, den Menschen draußen zu sagen, wie es hier um uns steht. Vergiss nichts!

Wirst du dich nicht berauschen lassen durch das Leben, dem du wiedergegeben wirst?

Wirst du dich nicht ablenken lassen durch die Möglichkeit eines persönlichen Lebens, das du so lange entbehrt hast?

Wirst du dich nicht verführen lassen durch die ungeheure Sehnsucht nach Ruhe, die uns alle beherrscht?

Wirst du Zeugnis ablegen für uns?

Wirst du uns und unser Leid, das auch dein Leid war, nicht verraten?

Mein Versprechen, das ich meinen gefangenen Kameraden gab, möchte ich mit diesem Buch einlösen. Es soll Kunde bringen von jenen Millionen Unschuldiger, denen man die Stimme und die Freiheit und das Leben genommen hat. Es soll die wehrlose Verzweiflung unzähliger gequälter russischer Menschen, die in den Eiswüsten Jakutiens mit seinem märchenhaften Goldreichtum verkommen, hinaustragen in die Welt und besonders zu jenen, die immer noch von dem Wahn besessen sind, die Sowjetunion könnte der Menschheit zum Vorbild dienen.

Vieles ist bereits bekannt geworden über sowjetische Justiz und sowjetische Zwangsarbeit. Möge dieser Bericht ein weiterer Beweis für die Wahrhaftigkeit dieser Aussagen sein.

Erstes Kapitel

WIE ES ANFING

Das Jahr 1937 in Moskau

Aus dem Hotel, wo Revolutionäre aus allen Ländern wohnten, verschwanden allnächtlich ein paar Menschen. Am Morgen klebte ein großes, rotes Siegel außen an der Tür.

Die Übrigen warteten in beklommener Angst, wer der Nächste sein werde. Jegliche Geselligkeit erstarb. Sie kamen von den Parteiversammlungen, wo sie gegen die Verräter, Spione und Diversanten (Saboteure) gewettert, wo sie lange Resolutionen über die Ausmerzung der Volksfeinde angenommen hatten, um in ihren Zimmern darüber zu brüten, ob die Verhaftung des Genossen Z. sie belasten könnte.

Aber wer konnte auch wissen, dass Z. – solch ein alter Revolutionär... Hatte Z. nicht im Jahre 1923 einmal rechte Abweichungen von der Generallinie der Partei gehabt? Freilich, das war lange her. Und als Verbrechen könnte man das eigentlich nicht bezeichnen. Sicher lag noch etwas anderes vor. NKWD weiß, was sie tut. Aber was, was? Können Menschen sich so verstellen? Man kannte doch den Z. jahrelang. Das ist es ja eben. Das wird einen noch ins Unglück stürzen. Am besten, man verkehrt mit niemand mehr.

Sie schlossen sich ab voneinander. Sie fingen an, jedes Wort sorgsam abzuwägen. Sie beobachteten sich gegenseitig lauernd und misstrauisch. Wieso hat mich heute der Parteisekretär so merkwürdig angesehen? Und der Chef ging ohne Gruß aus dem Büro! Liegt etwa schon etwas gegen mich vor? Ich bin mir doch aber keiner Schuld bewusst. Ich bin doch unschuldig!

Sie waren unschuldig und fürchteten sich.

Sie waren unschuldig und fuhren zusammen bei jedem ungewohnten Geräusch auf der Treppe.

Sie waren unschuldig und wälzten sich schlaflos in den Nächten. Bis es geschah – und die Pein des Wartens der Qual der Gefängniszelle wich.

Nachts kamen sie, wenn in dem geräumigen Gebäude auch der letzte Grübler in tiefem Schlaf lag.

Die Verhaftung

Ich fuhr empor. Hatte es mir geträumt, oder klopfte jemand? Da – noch einmal, zweimal, dreimal – lautes, hartes, freches Klopfen. Es dröhnt, es donnert, das ganze Haus muss darüber aufwachen.

Eine männliche Stimme: »Aufmachen!«

Schnell, etwas überziehen. Ich kann den Ärmel nicht finden. Warum zittere ich so? Ich habe doch nichts getan. Ich habe doch nie in meinem Leben ein Verbrechen begangen.

Schon wieder ungeduldig, drohend: »Aufmachen!«

Drei Offiziere stehen im Zimmer. Die Streifen an der Uniform verraten ihre Zugehörigkeit zur NKWD – der politischen Staatspolizei. Hochgewachsen, korrekt, höflich. Einer hält eine Liste in der Hand.

»Ihr Name?«

»E. L.«

Er findet den Namen auf der Liste und nickt. Der Zweite blättert in einem Stoß gleichartiger Papiere. Dann zieht er ein Blatt heraus und überreicht es mir.

Ich kann kein Russisch. Ich kann nur eben die Buchstaben aneinanderreihen. Aber es gibt internationale Wörter: »O-r-d-e-r … A-r-r-e-s-t …« Und mein Name …

Während ich mich anziehe, blicken sie rücksichtsvoll zur Seite. Ich hocke auf dem Rand der niedrigen Couch und kann nichts begreifen. Ich bin betäubt. Mein Kopf ist leer. Keinen einzigen

Gedanken kann ich fassen. Keine Hoffnung, keine Furcht, keine Empörung. Starre. Dann fängt die Durchsuchung an. Morgens um neun Uhr ist sie beendet.

Sie verzichteten auf den Lift und führten mich sechs Stockwerke hinunter durch das ganze Haus. Bekannte und unbekannte Gesichter starrten mich an, wurden blass und wendeten sich ab. Kein Gruß, kein Zeichen des Erkennens.

Die letzte Fahrt im Auto durch die Straßen Moskaus. Ein Offizier sitzt neben mir, ein zweiter neben dem Chauffeur.

Lubjanka. Das zentrale NKWD-Gefängnis mitten in Moskau. Zwei eiserne Torflügel öffnen sich. Wachsoldaten salutieren. Hohe Backsteinmauern umschließen den Innenhof. Die Sonne brennt auf den Asphalt.

Das erste von zehn Sowjetgefängnissen, die mich erwarten, hält mich umschlossen. Der erste Tag von elf Jahren Gefangenschaft hat begonnen.

Einlieferung ins Gefängnis

Erste Leibesvisitation. Die geübten Hände einer gleichgültigen Wächterin tasten mich ab. Dokumente, Uhr, Ring, Geld, Handtasche verschwinden. Dann wird hinter mir die eiserne Tür einer kleinen Einzelzelle verschlossen, in der sechs Frauen auf mich einreden. Ich will ihnen sagen, dass ich kein Russisch verstehe und merke auf einmal, dass ich lauter Tränen, aber keine Worte in der Kehle habe. Schweigend setze ich mich in eine Ecke.

Am selben Abend wurde ich in ein anderes Gefängnis überführt. Nicht mehr im Personenauto.

Der dunkle Kasten des Gefangenenautos rast mit mir ins Unbekannte.

Mein Magen krampft sich zusammen. Angst erfasst mich. Jetzt werden sie mich umbringen! Unsinn, wofür?

Der Wagen rast.

Wenn sie mich unschuldig verhaftet haben, können sie mich

auch unschuldig erschießen. Ruhe, Ruhe. Du bist ein Feigling. Wie schwer es sich atmet in diesem dunklen Kasten.

Der Wagen rast.

Jetzt werden sie mich umbringen... Kalten Schweiß auf der Stirn, klettere ich aus dem Wagen. Tore, Höfe, Mauern und Tore. Das Butyrka-Gefängnis empfängt mich mit seinem riesigen Gewölbe. Und überall Soldaten, Soldaten, Soldaten.

Jede Gefangene, die in das Butyrka-Gefängnis eingeliefert wurde, kam zunächst in einen Raum, wo sie sich nackt ausziehen musste. Eine Wächterin tastete ihre Haare ab, untersuchte ihre Ohrmuscheln und Nasenlöcher, fingerte in ihrem aufgerissenen Munde herum, sah ihr unter die Achseln und in den After, ließ die Nackte eine Reihe von Kniebeugen machen und schloss mit einer gynäkologischen Untersuchung ab. Von ihren Kleidungsstücken wurden sämtliche Knöpfe, Haken, Ösen und Gummibänder entfernt, jeder Saum, alle Taschen untersucht, dann durfte sie sich wieder anziehen.

Endlose Korridore, Treppenhäuser, neue Korridore von unheilvollem Schweigen erfüllt. Nur ab und zu wurde leises Gemurmel aus einer Zelle hörbar. Wieder neue Gänge. Zwischen den Treppen waren überall vorsorglich Drahtnetze gespannt, damit niemand durch Selbstmord den Verhören entgehen konnte. Dann wurde eine eiserne Tür auf- und zugeschlossen.

Die Zelle

Eine Massenzelle für Frauen. Sie machte den Eindruck einer Gruft. Zwar gab es Fenster in der Zelle. Aber wie alle Fenster in allen Sowjet-Gefängnissen waren sie nicht nur mit einem Gitter, sondern auch noch mit einem Maulkorb aus Holz versehen, sodass man nie etwas außer einem kleinen Himmelsausschnitt zu sehen bekam. Dicke steinerne Pfeiler trafen sich in der gewölbten Decke, in deren Mitte Tag und Nacht eine elektrische Birne brannte. Graue Steinwände mit riesigen Flecken von Feuchtigkeit und Schimmel waren von Tausenden von Wanzen belebt. In einer Ecke stand das Wasser handbreit über dem Boden. Etwa siebzig Frauen hockten auf ungehobelten Brettern, die die ganze Zelle einen halben Meter über dem steinernen Fußboden einnahmen. Keine Decken, keine Matratzen oder Strohsäcke. Nur ein paar Glückliche, denen bei der Verhaftung erlaubt worden war, eine Decke mitzunehmen, erfreuten sich in der Zelle solch königlichen Besitzes. Ein beklemmender Gestank, gemischt aus den Ausdünstungen von siebzig schwitzenden, aufeinandergepferchten Frauen jeden Alters und dem modrigen Geruch der steinernen Wände raubte jeder neu eintretenden Frau den Atem.

Man wusste nicht, wohin den Fuß setzen, denn jeder Zentimeter des Raumes war ausgefüllt mit halb entblößten Weiberleibern. Die Zelle, die ursprünglich für vierundzwanzig Menschen bestimmt war, hatte über siebzig Insassen; später wurden es achtzig, bis die Anzahl der Gefangenen schließlich auf fünfundneunzig anwuchs.

Eine der Gefangenen, die sogenannte Zellenälteste, schob den Menschenknäuel auseinander und maß der Neuen auf den Brettern einen Platz von etwa vierzig Zentimetern Breite ab. Dann erhielt man noch einen hölzernen Löffel und einen eisernen Becher.

Das Butyrka-Gefängnis in Moskau beherbergt durchschnittlich dreißigtausend Gefangene. Es ist aber nur eines von den fünf großen Moskauer Untersuchungsgefängnissen; die andern sind: Lubjanka (Zentrales NKWD-Gefängnis), Lifortowo-Militärgefängnis, Nawinka-Gefängnis und Targanka-Gefängnis. In die beiden letzteren Gefängnisse werden auch kriminelle Verbrecher zur Untersuchung eingeliefert, während die übrigen drei den politischen Gefangenen vorbehalten sind.

In allen Untersuchungszellen des Butyrka-Gefängnisses herrschte ein bestimmtes System der Platzverteilung. Sie richtete sich nach dem Gefängnisalter der Insassen. Die besten Plätze in der Nähe des Fensters erhielten jene, die am längsten in Untersuchungshaft saßen. Die Neulinge kamen in die Ecke neben Tür und Kübel, der in allen russischen Gefängnissen den poetischen Namen »Parascha« trägt, was eigentlich die Abkürzung des Frauennamens Praskowia ist. Verlässt ein Untersuchungsgefangener die Zelle, so rücken die Übrigen in strenger Ordnung auf, wobei genau das Datum der Verhaftung eingehalten und weder für Kranke noch Alte eine Ausnahme gemacht wird.

Überhaupt ist es für den Ausländer erstaunlich, wie wenig Rücksicht der heutige Sowjetmensch auf alte oder gebrechliche Leute nimmt. In diesem harten Sowjetleben, in dem man nur durchkommen kann, wenn man mit aller Energie beide Ellbogen gebraucht, hat offenbar niemand mehr die Zeit oder die Möglichkeit, sich auch nur mit einer kleinen Hilfeleistung um seinen weißhaarigen Nächsten zu bemühen. Auch wirkt die Erziehung der Sowjetjugend keineswegs darauf hin, ihr Ehrerbietung gegenüber dem Alter als solchem, unabhängig von seinen Verdiensten, einzuflößen.

Vom Moment der Verhaftung an wird der Gefangene in ständiger Spannung gehalten. Was auch immer mit ihm geschieht, wohin er auch immer gebracht wird, kein Wort der Erklärung wird darüber abgegeben. Diese dauernde Ungewissheit, dieses völlige Ausgeliefertsein an eine stumme, unheimliche Macht bewirkt bei jedem Gefangenen das, was es hervorrufen soll: Angst. Von nun an fürchtet er sich vor jeder Veränderung, die in seinem Zustand eintritt. Vielleicht ist es eine Veränderung zum Besseren – aber auf alle Fälle fürchtet er sich. Und die NKWD spielt auf diesem Instrument, das menschliche Angst heißt, mit genialer Virtuosität. Auch wenn der Gefangene nicht zum Verhör gerufen wird, lässt man ihn nicht zur Ruhe kommen. Ununterbrochen werden die großen Massenzellen aufgelöst und auf andere Massenzellen verteilt. Mindestens einmal im Monat wird die ganze Zelle herausgetrieben zwecks Leibesvisitation, von den Gefangenen als das »trockene Bad« bezeichnet. Wiederum wird man nackt ausgezogen, die letzten harmlosen Knöpfe werden abgeschnitten, Bändel, die man sich mühselig aus Fäden in der Zelle gedreht hat, werden konfisziert, ebenso die Nähnadeln, die in allen Frauenzellen aus den Zähnen von Kämmen hergestellt werden. Dann wieder wird man zur Abnahme von Fingerabdrücken geholt, das nächste Mal zum Fotografieren für das Verbrecheralbum. Zwei Operationen, von denen die meisten Frauen schluchzend zurückkehrten.

Unter den Gefangenen herrscht ewiges Misstrauen, denn in jeder Zelle sitzt mindestens eine Person, die die Untersuchungsrichter über Aussagen ihrer Mitgefangenen unterrichtet. Auch werden diese Spitzel dazu angehalten, ihre Mitgefangenen zu überreden, doch möglichst schnell das Protokoll zu unterschreiben, da alles Sträuben ja doch zwecklos sei.

Während Gefangene, die besonders strengen Verhören (sprich Misshandlungen) unterliegen, im Allgemeinen in den Gefängnissen »Lubjanka« und »Lifortowo« oder in der »Besonderen Abteilung« (Osoby Korpus) des Butyrka-Gefängnisses in kleinen Einzel- oder Zweierzellen gehalten werden, steckt man immer wieder zwecks Anschauungsunterrichts einige dieser blau geschlagenen oder geschwollenen Opfer der Dauerverhöre (genannt »Konveyer«) in die Massenzellen, um den Neulingen recht augenscheinlich zu machen, dass die Drohungen der Untersuchungsrichter kein leeres Gerede sind. Auch das monatelange Warten auf das erste Verhör ist ein Trick, der den Gefangenen völlig zermürbt. Aus der ruhigen Selbstsicherheit des Unschuldigen, mit der er die Zelle betrat, wird die hysterische Schlaflosigkeit des Wartenden, der allnächtlich bei jedem Geräusch und bei jedem Aufruf wie elektrisiert in die Höhe fährt.

Siebeneinhalb Monate saß ich in verschiedenen Massenzellen, ohne dass ich ein einziges Mal zum Verhör gerufen wurde, ohne dass auch nur meine Personalien aufgenommen wurden. Zuerst wartete ich stündlich darauf, dass sich meine Verhaftung als ein Missverständnis aufklären würde. Bis in alle Einzelheiten malte ich mir aus, wie man sich bei mir für den bedauerlichen Irrtum entschuldigen würde, besonders bedauerlich, da er einer Ausländerin gegenüber unterlaufen war.

Eine Eingabe an Wyschinski, den damaligen obersten Staatsanwalt der Sowjetunion, worin ich darauf hinwies, dass es verfassungswidrig sei, einen Verhafteten mehr als ein halbes Jahr in Unkenntnis der gegen ihn erhobenen Anklage zu lassen, blieb selbstverständlich ohne Antwort.

So hatte ich Muße genug, zurückzublicken auf den Weg, der mich in dieses Gefängnis geführt hatte.

Mein Weg in die Sowjetunion

Zum ersten Mal hörte ich von Russland, als ich neun Jahre alt war. Eine Dame, die wohl selber nicht besonders informiert war, erzählte mir von einem Land, wo es keine Reichen und keine Armen mehr gäbe, wo alle Menschen gleich viel arbeiten müssten, und wo alle gerade so viel Geld bekämen, wie sie für Essen und Kleidung nötig hätten.

»Gefällt dir das?«, fragte sie zum Schluss.

»Nein, das gefällt mir nicht«, meinte ich nach einigem Nachdenken.

»Warum?«

»Weil man dann kein Geld hat, um Geschenke zu machen.«

Als ich elf Jahre alt war, erzählte mein Vater mir und meinem Bruder von den belgischen Arbeiterkindern, die die letzten Münzen aus ihren Sparbüchsen schüttelten, um hungernden russischen Kindern zu helfen. Wir hörten beide ziemlich stur und unbeteiligt zu und rannten keineswegs nach unseren Sparbüchsen, denn was wussten wir von Russland und seiner Hungersnot? Betroffen über unsere herzlose Reaktion verließ mein Vater schweigend das Zimmer. Seinen enttäuschten Blick habe ich nie vergessen, obwohl ich erst viel später verstand, was damals in ihm vorging: etwas war falsch an der normalen, gesicherten, bürgerlichen Erziehung, die wir genossen, denn sie machte Kinder stumpf gegen fremdes Leid, das so sorgfältig vor ihnen verborgen blieb.

Mit vierzehn Jahren lachte ich aus vollem Hals zusammen mit meinen Schulfreundinnen über eine Lehrerin, die an der Arbeiterdemonstration am 1. Mai teilnahm. Mit so einem Umzug durch die Stadt zu laufen – lächerlich! Was hinter diesem Umzug eigentlich steckte, darüber dachte keine von uns nach. Das hinderte mich aber nicht, das Leid der holländischen Fischersfrauen zu empfinden, die ich in den Novemberstürmen am Hafen stehen sah, wo sie so oft vergeblich auf die Heimkehr ihrer Männer warteten.

Auf die Frage eines Bekannten, ob ich einen gewissen Artikel in der Zeitung gelesen hätte, antwortete ich voller Verachtung von der Höhe meiner damals etwa sechzehnjährigen Lebenserfahrung: »Zeitung? Ich rühre keine Zeitung an. Sie sind alle schmutzig!«

Meine politischen Ansichten beschränkten sich auf zwei Punkte: Abschaffung des Krieges und Abschaffung der Todesstrafe. Im Übrigen nährte ich mich zu jener Zeit abwechselnd von J. Wassermann, Dostojewski, Rilke und Stefan George.

Als ich nach bestandenem Abitur auf die Frage meines Direktors, welchen Beruf ich ergreifen werde, mit der Antwort zögerte, da ich noch zwischen philosophischer und medizinischer Fakultät schwankte, meinte er lächelnd: »Na, dann schreibe ich – Herausgeber einer pazifistischen Zeitschrift.« Worauf die Klasse in ein zustimmendes Gewieher ausbrach.

1931, als ich mein Medizinstudium in Berlin begann, war die Stimmung unter den Studenten voll von politischen Spannungen. Die chinesische Mauer, hinter der ich bisher so friedlich in Holland gelebt hatte, wurde bröcklig. Ich lernte Studenten kennen, die sich gleichzeitig das Geld für ihr Studium erarbeiten mussten.

Sie schwärmten von einem Staat, wo jeder Befähigte unentgeltlich studieren könnte – und dieser Staat hieß Sowjetrussland. (1942 wurde die Bezahlung des Hochschulstudiums durch den Studenten in der Sowjetunion wieder eingeführt.) Endlose Diskussionen über das Problem der freien Liebe und das Recht der Frau auf Schwangerschaftsunterbrechung wurden geführt. Es gab einen Staat, der der Frau dieses Recht einräumte – und dieser Staat hieß Sowjetrussland. (1935 wurde die Schwangerschaftsunterbrechung in der Sowjetunion gesetzlich verboten und wird nach Paragraf 148 mit acht Jahren Lager bestraft; falls die Unterbrechung erst nach viereinhalb Monaten vorgenommen wurde, wird auf Mord plädiert, und die Frau wird aufgrund des Paragrafen 136 zu zehn Jahren verurteilt. Auch für die Mithilfe bei einer Unterbrechung hat der Betreffende acht Jahre zu gewärtigen. Später traf ich im Lager eine Frau, die eine Abtreibung verübt hatte, was aber erst entdeckt wurde, als sie bereits wieder in andern Umständen war. Dieses Kind hatte sie gewünscht, da in ihren Lebensbedingungen eine Änderung eingetreten war. Sie wurde verhaftet. Das Kind wurde im Gefängnis geboren. Sie wurde zu acht Jahren verurteilt und beim Abtransport aus dem Gefängnis wurde ihr das Kind abgenommen und ihrer Familie übergeben. Das Brustkind vertrug die plötzliche Trennung von der Mutter nicht und starb bald darauf. Sie saß im Lager und grübelte: mich haben sie auf acht Jahre eingesperrt wegen eines ungeborenen Kindes, aber mein lebendiges Kind durften sie von mir wegreißen, damit es zugrunde ging …)

Während der Universitätsferien in Berlin arbeitete ich im Städtischen Krankenhaus und sah zum ersten Mal menschliches Elend aus der Nähe. Ich ging mit anderen Studenten auf eine Kinderaktion in die Wohnungen von Arbeitslosen, für deren Kinder eine Milchverteilung durchgesetzt werden sollte. Noch heute sehe ich die sechs Kinder eines arbeitslosen Epileptikers vor mir, das älteste etwa zehn Jahre alt, mit ihren aufgedunsenen Köpfen und rachitischen Beinchen, wie sie uns stumm und misstrauisch aus bleichen Gesichtchen anstarrten.

Wem einmal die Augen geöffnet waren für soziale Ungerechtigkeit, der konnte sie nicht mehr davor verschließen, besonders in den Jahren 1931/32 in Berlin. Auf allen Straßen Arbeitslose, an allen Ecken politische Diskussionen.

Was mich zum Sozialismus führte, war zunächst eine rein gefühlsmäßige Reaktion, erst später wurde sie gefestigt durch theoretische Schriften. Das Nazi-Ungeheuer mit seiner hassenswerten Ideologie rückte in drohendste Nähe, während die sozialdemokratische Regierung Schritt für Schritt zurückwich. Es war für einen denkenden Menschen unmöglich, nicht Stellung zu nehmen. Ich trat in die »Rote Studentengruppe« ein.

Ich glaubte, für eine Gesellschaftsordnung einzutreten, die durch die Verstaatlichung der Produktionsmittel und des Bodens die Errungenschaften der modernen Technik der Masse des Volkes zugute kommen lässt, anstelle einer privilegierten Oberschicht.

Eine Gesellschaftsordnung, die durch die vernünftige Auswertung der Technik den sechsstündigen Arbeitstag und die fünftägige Arbeitswoche ermöglicht (Errungenschaften der russischen Revolution, die längst wieder abgeschafft worden sind), während die erübrigte Zeit zur Entfaltung der menschlichen Persönlichkeit verwendet werden sollte.

Eine Gesellschaftsordnung, die den Krieg aus ihrer Ideologie verbannt hat, weil sie sich verbunden fühlt mit den Volksmassen der ganzen Erde. Die jegliche Gewalt, die als ein Übel anerkannt wird, nur in der ersten Übergangszeit anwendet und nur gegen jene, die sich ihr mit Gewalt entgegenstellen.

Eine Gesellschaftsordnung, die aufgrund der Wählbarkeit sämtlicher Volksvertreter durch das Volk wirklich die Fähigsten zu Lenkern des Gemeinwesens erhebt, während die Unfähigen eben aufgrund dieser Wahlrechte des Volkes jederzeit ihres Postens enthoben werden können.

Eine Gesellschaftsordnung, die ihren Künstlern, Architekten, Wissenschaftlern solche Lebensbedingungen schafft, dass sie – frei von der Sorge um das tägliche Brot – ihre ganze Kraft ihrer künstlerischen oder wissenschaftlichen Aufgabe zuwenden können.

Eine Gesellschaftsordnung schließlich, in der das Verbrechen keinen Raum hat, weil sie allen ein menschenwürdiges Lebensminimum garantiert, und die den Verbrecher, soweit er als Erbe sozialer Verhältnisse existiert, nicht so sehr bestraft als erzieht – wobei angenommen wird, dass der geborene Verbrecher als pathologische Erscheinung nur einen ganz geringen Prozentsatz ausmacht.

Dies war und ist meine Vorstellung von Sozialismus. Um dieser Idee willen verließ ich Deutschland 1933, diese Idee brachte mich 1937 nach der Sowjetunion, wo ich nach zweimonatiger Arbeit in einem Verlag für ausländische Literatur verhaftet wurde. (Mein Medizinstudium, das ich bis 1934 in Italien fortzusetzen versuchte, hatte ich aufgegeben, da ich die nötigen Papiere aus Deutschland nicht bekommen könnte.)

Klar und gradlinig war der politische Weg gewesen, der mich in die Sowjetunion geführt hatte. Es gab keine Handlung, keine Äußerung, keine Absicht, die meine Verhaftung gerechtfertigt hätte. Meine einzige Schuld war die grenzenlose Naivität, mit der ich an eine Verwirklichung meiner Ideale in der Sowjetunion geglaubt hatte.

Auch heute, nach meiner Rückkehr aus der Sowjetunion, scheint mir die sozialistische Idee die vernünftigste zur Lösung der sozialen Probleme und die einzige Garantie zur Verhütung von Kriegen in der Zukunft zu sein. Aber heute weiß ich, dass die Sowjetunion nichts mehr mit der Verwirklichung dieser Ideale zu tun hat. Die Sowjetunion hat diese Idee vor der ganzen Welt kompromittiert, sie hat sie in Blut ertränkt. Wer den Sozialismus will, kann nicht die Sowjetunion wollen. Denn man kann sich nicht solidarisch erklären mit der Abschlachtung von Millionen unschuldiger Menschen und gleichzeitig behaupten, man wolle das Glück der leidenden Menschheit.

Doch damals wusste ich das noch nicht. Damals saß ich in der Zelle in völliger Verwirrung und wartete.

Und ich erduldete, was Tausende von Frauen in diesem Gefängnis erduldeten, ich kam von einer Massenzelle in die andere, ich lernte die Sprache dieser Menschen und erfuhr ihre Geschichte, und mit jeder neuen Geschichte fiel noch ein weiterer Schleier von meinen Augen, bis ich schließlich erkannte, was zu erkennen ich mich vergeblich sträubte – dass all diese Menschen ebenso unschuldig waren wie ich. Da begann mein eigenes Leid sich aufzulösen in dem großen allgemeinen Leid.

Unmöglich, all die grotesken Beschuldigungen wiederzugeben, unter denen Menschen in den Sowjetgefängnissen sitzen. Jede der hier aufgezeichneten Geschichten ist, mit kleinen Variationen, die Geschichte Tausender und Abertausender unglücklicher Sowjetmenschen.

Die Zelleninsassen

Etwa die Hälfte der Zelleninsassen 1937/38 waren Parteimitglieder oder Jungkommunisten. Dreiviertel davon waren Mitglieder der russischen Partei, während die Übrigen der polnischen, lettischen und deutschen Partei angehörten. Auch Ungarn und Rumänen waren vertreten. Der Rest der Zelleninsassen setzte sich aus Hausfrauen aller Bevölkerungsschichten zusammen, die teils als Gattinnen ihrer mehr oder weniger prominenten Ehemänner, teils aufgrund von Denunziationen verhaftet worden waren.

Frau Rakowski, die Frau des sowjetischen Gesandten Rakowski, eine geborene Rumänin, eine weißhaarige, kränkliche Frau, brach alle paar Wochen mit einem schweren Anfall von Herzschwäche zusammen. Ihre Nachbarin in der Zelle war eine dunkeläugige, dunkelhaarige, imposante Frau Obolenski, die Frau des Fürsten Obolenski, der aufgrund seiner hohen Positionen im Sowjetstaat jahrelang bei Stalin aus- und eingegangen war. Da war ein schmales, schlankes, nervöses Wesen, eine ehemalige Philosophiestudentin, die Frau von Alexander Serebrowski, des Chefs eines riesigen Metalltrusts, der für die Kupferproduktion des Landes verantwortlich war. Da war eine vollbusige, gefärbte Blondine, die auf hohen Absätzen durch die Zelle stöckelte, die Frau des hohen Kommandeurs Zilko, die sich in Ermangelung von Puder das Näschen mit Zahnpulver puderte, wenn sie zum Verhör gerufen wurde – was ihr aber auch nichts nützte, denn wie alle andern bekam sie acht Jahre Lager als Familienmitglied eines Vaterlandsverräters. Rebuchowa, die Frau eines hohen Staatsfunktionärs, eine Fünfzigerin, die noch Spuren großer ehemaliger Schönheit aufwies, wälzte sich schreiend mit Gallenanfällen auf den Brettern.

Lisa Geller, die Mitarbeiterin der sowjetischen Handelsvertretung in Berlin, weinte sich die Augen aus um ihre beiden kleinen Kinder, die sie zurückgelassen hatte. Die erste Gattin des Regierungsmitglieds Meshlauk, eine Frau von etwa vierzig Jahren mit einem verschlossenen, herben Gesicht, eine Frau von größter Selbstbeherrschung und fanatische Kommunistin, wurde wegen Spionageverdachts zu acht Jahren Lager verurteilt, starb aber bereits 1938 im Transitlager Wladiwostok an der Ruhr. Frau Kossior, die ihren Gatten auf eine Auslandsmission nach Berlin begleitet hatte, machte in der Nacht ihrer Verurteilung einen verunglückten Selbstmordversuch. Sie wurde wegen konterrevolutionärer Tätigkeit zu zehn Jahren verurteilt, die sie in einem sibirischen Lager in der Nähe von Mariinsk verbüßte. Woronowa, die Stellvertreterin des Volkskommissars für Leichtindustrie, war eine ehemalige Textilarbeiterin, die durch zähe Arbeit und grenzenlose Ergebenheit auf ihren Posten emporgestiegen war. Sie wurde wegen konterrevolutionärer Tätigkeit zu zehn Jahren Gefängnis verurteilt. Im Andenken an ihren Mann hatte sie sich nie mehr verheiratet; er war im Bürgerkrieg umgekommen, als die Weißen den Stall, in dem er sich mit seinen Soldaten verschanzt hatte, umzingelten und anzündeten.

Die Sekretärin von Stassowa, der Chefin der Internationalen Roten Hilfe (MOPR), war Schuwalowa. Bei ihrer Einlieferung in die Zelle sprach sie mit niemand ein Wort, antwortete auch nicht auf unsere Fragen nach den Ereignissen in Spanien, da sie uns alle für wirkliche Konterrevolutionäre hielt, sich allein aber für unschuldig. Sie wurde vom Kriegsgericht zu fünfzehn Jahren Freiheitsentzug verurteilt, die sie in Kolyma (Nordost-Sibirien) verbüßte, bis sie zu Beginn des Krieges starb.

Irina Kun, die Gattin des bekannten Revolutionärs Bela Kun, wurde als spionageverdächtig zu acht Jahren verurteilt, die sie in Kolyma verbüßte. Die schwächliche, kränkelnde Frau wurde dort gänzlich arbeitsunfähig und wurde schließlich in ein Invalidenlager nach Sibirien (Mariinsk) überführt.

Diese Namen sind nur eine Kostprobe all jener Revolutionärinnen oder Frauen von Revolutionären, mit denen ich in Gefängnis und Lager zusammentraf. Sie alle wurden nach mehr oder weniger qualvollen Verhören zu langjährigen Freiheitsstrafen verurteilt, gleichgültig, ob sie sich von ihrem Mann lossagten oder nicht, ob sie in den letzten Jahren vor der Verhaftung mit ihm zusammengelebt hatten oder nicht, ob sie geschieden waren oder nicht, ob sie Kinder hatten oder nicht, ob sie im Moment der Verhaftung schwanger waren oder nicht, oder ob der Gatte sich bereits ein Jahr vor der Verhaftung seiner Frau das Leben genommen hatte, wie es im Fall der Balletttänzerin Lercher vom Großen Theater in Moskau geschah. Diese entzückende, hochgebildete Tänzerin war gänzlich unpolitisch. Sie war ganz kurz mit einem Volkskommissar der Leichtindustrie verheiratet gewesen, der sich nach dem ersten großen Moskauer Prozess 1936 das Leben nahm. Nach seinem Tod wurde er als Trotzkist diffamiert. Ein Jahr später wurde die Lercher unter der Beschuldigung des Trotzkismus verhaftet und zu acht Jahren Lager verurteilt, um eines Mannes willen, der bis zum Moment seines Todes eine glänzende Stellung eingenommen hatte und erst nach seinem Tode zum Verräter gestempelt wurde – als er nicht mehr die Möglichkeit hatte, sich dagegen zu verteidigen. Es war unendlich rührend, dieser Frau zuzusehen, für die der Verlust ihrer Geschmeidigkeit Verlust des Berufes und damit ihres Lebensinhalts bedeutete, wie sie immer wieder versuchte, hinter unseren Rücken versteckt, Gymnastik und Tanzübungen zu treiben, was streng verboten war. Die Augen voll von Trauer und Resignation des gefangenen Menschen, tanzten ihre Füße mit zauberhafter Leichtigkeit Figuren und Pirouetten auf den Brettern, die nicht mehr die Welt, sondern die Zelle, die Gefangenschaft, bedeuteten.

Eine unaufhörliche Quelle der Freude war für uns Untersuchungsgefangene Berta Alexandrowna B. Etwas Gütigeres als diese sehr kurzsichtige, üppige Frau, die von den Hüften abwärts mächtig in die Breite ging, kann man sich schwer vorstellen. Immer wieder kam sie in Konflikt mit der Zellenältesten, weil sie ihre laute, herzliche Stimme nicht dämpfen konnte, womit sie beständig irgendjemand Aufmunterung und Trost zusprach, wobei sie ihren Kopf dicht an das Gesicht ihrer Gesprächspartnerin schob, um deren Züge erkennen zu können. Ihre Brille hatte man ihr selbstverständlich weggenommen, denn mit dem Glas hätte man sich eventuell die Adern aufschneiden können.

Nach dem abendlichen Appell, wenn jeder seinen Kopf mit Mühe zwischen den nicht immer angenehm duftenden Füßen seiner beiden Nachbarinnen eingeklemmt hatte – wir lagen abwechselnd eine mit dem Kopf und eine mit den Füßen zur Mauer, um weniger Platz einzunehmen – horchten wir noch lange auf das unvorschriftsmäßig laute Geflüster von Berta Alexandrowna mit ihrer Nachbarin, denn sie litt wie viele andere an Schlaflosigkeit. Ab und zu trat jemand den schwierigen Weg über die schlafenden Leiber zum Kübel an. Mit Spannung warteten wir, wann die Reihe an Berta kam. Endlich erhob sich langsam und majestätisch die mächtige Figur in dem lila Schlüpfer. Lange verharrte sie zögernd und unbeweglich, auf der Suche nach einem freien Plätzchen, wohin sie den Fuß beim ersten Schritt setzen konnte. Nun schwebte das erhobene massige Bein drohend über den ahnungslos Schlafenden, die kurzsichtigen Augen schienen ein paar Zollbreit freien Raumes entdeckt zu haben, dann setzte sie das Bein nieder. Der entsetzte Aufschrei der ersten Getretenen war die Folge. Berta, die von größter Rücksicht für ihre Mitmenschen erfüllt war, murmelte ganz erschrocken eine Entschuldigung. Diesem ersten Schritt folgten die nächsten, jeder nach den gleichen Zeremonien unternommen, jedes Mal überzeugt, dass sie diesmal wirklich eine Durchgangsstelle entdeckt habe, um jedes Mal mit schlafwandlerischer Sicherheit auf dem Kopf oder dem Bauch einer Schlafenden zu landen. Zehn Schritte – zehn quiekende Schreie, Flüche, Verwünschungen und selten einmal eine hilfreich entgegengestreckte Hand, die höflichen, wohlgesetzten Entschuldigungsworte der immer mehr aus dem Gleichgewicht kommenden Frau – es war sehr komisch und sehr traurig.

Allmorgendlich benutzte sie das Durcheinander in der Zelle, wenn wir uns für den Waschraum vorbereiteten, um rasch ein paar Turnübungen zu machen, was verboten war. Sie konnte sich mit diesem Verbot nicht abfinden, denn selbst zur Zarenzeit, als sie ihre erste Gefängnishaft verbüßte, hatte sie täglich Gymnastik treiben dürfen. Damals war sie eine aktive Sozialrevolutionärin gewesen, ebenso wie ihr Mann, der auch jetzt mit ihr zusammen verhaftet worden war, obwohl sie beide seit der Errichtung des Sowjetstaates auf jede politische Aktivität verzichtet hatten. Um ihre beiden Söhne nicht in Konflikte zu bringen, hatten die Eltern jede politische Beeinflussung unterlassen, sodass sie in der üblichen Weise zunächst der Kinderorganisation der »Pioniere« und dann der Jugendorganisation, dem »Komsomol« beigetreten waren. Sie waren beide junge Ingenieure, als man sie 1937 ebenfalls – als Söhne ihrer Eltern – verhaftete.

Trotz dieser persönlichen Tragödie bewahrte sie immer ein tiefes Interesse für andere Menschen, für andere Länder, für Kunst und Literatur und besonders für Poesie.

Diese Schicht von universell gebildeten Revolutionären ist inzwischen in Russland so gut wie ausgestorben. Ihre letzten glänzenden Vertreter verschwanden in den Jahren 1937 und 1938 hinter den Mauern der Gefängnisse.

Der Ausländer, der sich die Russen immer ein wenig wie eine Mischung aus Dostojewski und Gorki vorstellt, wird bitter ent täuscht. Das Ringen um Erkenntnis, das Suchen nach Wahrheit, nach dem Sinn des Lebens ist der jungen Generation, die durch die Schule der kommunistischen Jugendorganisation gegangen ist, vollkommen fremd. Alle Probleme sind von vornherein gelöst, für jede Frage gibt es eine Standardlösung, und die Sprache dieser innerlich verarmten Jugend ist gespickt mit ekelerregenden fertigen Phrasen. Stalin-Zitate ersetzen eigenes Denken, Leitartikel der »Prawda« eigenes Urteil. Sie sind selbstherrlich und selbstzufrieden, denn bei ihnen ist alles am größten: das Land und die Macht und der Führer … (auch Elend und Unterdrückung – aber das wissen sie nicht, denn sie haben nie etwas gekannt außer diesem sowjetischen Leben). Diese junge Generation steht der älteren fremd gegenüber. Sie können nichts miteinander anfangen. Jeder Erwägung, die nicht vollkommen in die Erzeugnisse der Stalin'schen Weltbild-Fabrikation hineinpasst, begegnen sie zwar nicht mit Argumenten, aber mit Misstrauen und mit Verdächtigungen des Urhebers eigener Gedanken, sodass ihm die Lust vergeht, sich je wieder zu äußern.

So betrachteten auch die verhafteten Jung-Kommunistinnen, deren es eine ganze Anzahl in unserer Zelle gab, die Frau B., die fließend ein paar fremde Sprachen sprach und über die Sonette Michelangelos nicht weniger in Begeisterung geriet als jene über die zweifelhaften Erfolge des Fünfjahresplanes, mit misstrauischer Verachtung. Vom Fremden bis zum Feindlichen ist bei primitiven Menschen immer nur ein Schritt. Alles, was das Denken, Fühlen und Wissen der B. ausmachte, war ihnen fremd, und so war diese B., die um ihrer Idee willen Jahre ihres Lebens in zaristischen Kerkern verbracht hatte, im Schema der Jungen – ein Feind.

Solche Menschen wie Berta Alexandrowna waren doppelt vereinsamt. Einsam wie jeder Gefangene und einsam unter der Masse der Gefangenen. Später sah ich sie wieder in einem Lager Kolymas im zehnten Jahr unserer Gefangenschaft. Die leicht angegrauten Haare waren schlohweiß geworden, die überflüssige Haut hing in schlaffen Säcken um die abgemagerte Frau, die schweren Beine schleppte sie todmüde allabendlich ins Lager – wer dachte da noch an Gymnastik, wo jede Bewegung eine mühselig bezwungene Anstrengung war? Keine Gespräche mehr über Lyrik, keine aufflammenden Blicke mehr – auch die Augen waren wie ergraut im Leid. Ihr Mann war im Lager gestorben, der ältere Sohn war tot, was aus dem jüngsten geworden war, wusste sie nicht. Bald würde sie frei sein. Frei, um irgendwo wie ein vergessener Hund zugrunde zu gehen.

Zweites Kapitel

IN DER VERURTEILUNGSMASCHINE

Abend in der Zelle

Unserer Zelle gegenüber, offenbar nur durch einen nicht sehr breiten Hof getrennt, lag der Flügel mit den Räumen der Untersuchungsrichter. Am Tage geschah dort nichts Bemerkenswertes. Aber kaum brach die Dunkelheit herein, so wurde das sonst so schweigsame Gefängnis von Lauten erfüllt.

In unserer Zelle wurde es immer stiller, bis auch das letzte Flüstern erstarb. Alle horchten.

Horchten auf das ständig anwachsende Schreien und Brüllen, das von jenem Flügel herüberkam, horchten auf die groben Flüche, mit denen die Untersuchungsrichter allabendlich ihre Opfer überschütteten. Die Stimmen der Verhörten waren nur zu verstehen, wenn sie aufschrien in Angst oder Schmerz oder Verzweiflung.

Ein heiseres: »Du Schurke, ich werde dich zum Reden bringen!« – Dann wieder Stille (denn Schläge und Fußtritte waren für uns unhörbar) und plötzlich deutlich, Hilfe suchend:

»Genossen, Genossen«, immer lauter, immer hoffnungsloser: »Genossen, Genossen!«

Dann geschah wieder etwas, was wir nicht hören und nicht sehen konnten, und jetzt schrie die gleiche Stimme:

»Mama, mein Kopf! Mama, mein Kopf! Mama, Mama, Mama, mein Kopf!«

Die Zelle horchte, Angst und Mitleid in der Kehle.

Da war eine alte Frau, die man niemals weinen sah, auch als

sie mit blauschwarz geschlagener Brust vom Verhör zurückkam. Jetzt liefen ihr die stillen Tränen über das zerfurchte Gesicht.

»Mama, mein Kopf…«

Ein paar Weiblein vom Dorf bekreuzigten sich.

Die Neulinge saßen bleich mit aufgerissenen Augen da, sie dachten zitternd an ihr erstes Verhör, und was dort mit ihnen geschehen würde.

»Mama, Mama…« Da waren andere mit wissenden Augen, die dachten daran, dass sie es schon hinter sich hatten und ob der Himmel sie vor weiteren Verhören bewahren werde.

»Mama, Mama«, schrie der Mann.

Da waren wenige, die noch daran glaubten, dass mit ihnen so etwas nicht geschehen könne, weil sie ja ganz unschuldig waren – aber bei den andern, da konnte man das ja nie genau wissen.

»Mama, mein Kopf…«

Ich dachte an diesen Menschen, der noch »Genossen« gerufen hatte, als sie ihn schon schlugen, der kein anderes Wort fand für seine Peiniger als dieses »Genossen«, der sie noch mit diesem menschlichen Namen anrief, als sie sich wie Tiere auf ihn stürzten – bis er begriff und in seiner unerträglichen Qual jenen einzigen Namen anrief, der ihm geblieben war:

»Mama.«

Und ich dachte, wie gut es sei, dass diese Mutter, die da irgendwo in dem großen Moskau um ihren gefangenen Sohn weinte, nicht hören konnte, wie er so schrie und schrie:

»Mama, mein Kopf, Mama, Mama, mein Kopf…«

Bis sie ihn wegschleppten, und nur noch dieses allgemeine Gewirr von Stimmen, Schreien und Flüchen zu uns herübertönte.

Hungerstreik

Hungerstreik eines Gefangenen wird wie jeder Streik in der Sowjetunion als eine konterrevolutionäre Handlung angesehen.

Tritt ein Gefangener in Hungerstreik, so wird davon erst

Kenntnis genommen, wenn der Betreffende der Gefängnisdirektion davon schriftliche Mitteilung macht. Da man nur zweimal im Monat die Möglichkeit hat, Eingaben zu schreiben, so bleibt ein Hungerstreik vor diesem Moment völlig unbeachtet, zumal seine tatsächliche Durchführung bei einem Gefangenen in der Massenzelle nicht zu kontrollieren ist.

Ich erinnere mich an den Fall einer Frau, die sogleich nach ihrer Einlieferung in die Zelle in den Hungerstreik trat. Jeden Morgen und jeden Abend beim Appell teilte die Zellenälteste mit, dass sich von den zweiundachtzig Zelleninsassen eine Frau im Hungerstreik befinde. Bald war die Frau so schwach, dass sie sich nicht mehr von den Brettern erheben konnte. Noch immer reagierte die Gefängnisadministration in keiner Weise, da die Frau noch nicht die Möglichkeit gehabt hatte, ihren Hungerstreik schriftlich anzukündigen. Sie war bereits bei ihrer Ankunft eine schwächliche und magere Frau gewesen, sodass es nicht lange dauerte, bis sie in völliger Entkräftung und halber Bewusstlosigkeit dalag.

Schließlich überführte man sie in das Gefängnisspital, wo solche Fälle zwangsweise künstlich ernährt werden. Zwei Sanitäter halten sie fest, während die Krankenschwester den Schlauch in die Nase einführt. Diese qualvolle Prozedur wird so lange fortgesetzt, bis der Gefangene einsieht, dass sein Widerstand völlig sinnlos ist, da ihm der Hungerstreik dank der künstlichen Ernährung, die man ihm angedeihen lässt, überhaupt nicht angerechnet wird. Dagegen wehren kann er sich auch nicht, da die Gefängnisärzte autorisiert sind, Gewalt anzuwenden.

Massenhafte Hungerstreiks in den Lagern finden nicht mehr statt, da die Erfahrung bewiesen hat, dass die NKWD solche Handlungen mit Massenverhaftungen und Erschießungen beantwortet.

Mir ist nur ein Fall eines erfolgreichen Hungerstreiks bekannt geworden, und zwar aus einem polnischen Kriegsgefangenenlager. Elf Tage lang verweigerten die Insassen jede Nahrung mit Ausnahme von Wasser, um gegen das Hungerregime zu protestieren. Verhaftungen und Drohungen hatten keine Wirkung. Wären es Sowjetbürger gewesen, so wäre man schnell mit ihnen fertig geworden. Aber mehr als tausend Polen, das heißt Ausländer, konnte man nicht so ohne Weiteres liquidieren.

So erschien schließlich eine Kommission und kündigte eine Verbesserung der Lagerkost an, die auch für eine Weile vorhielt. Dann wurde es dank der üblichen Unterschlagungen und Spekulationen wieder unerträglich schlecht.

Abermals trat das Lager in den Hungerstreik, der diesmal sechs Tage anhielt. Man versprach den Insassen Erfüllung ihrer Forderungen, worauf sie den Streik abbrachen.

Aber danach hatte man genug von dieser polnischen Solidarität, löste das Lager auf und verteilte die Insassen auf verschiedene andere Kriegsgefangenenlager.

Die Mutter

Eine der vielen Mütter in unserer Zelle war Smirnowa, die Frau eines hohen Staatsbeamten. Nach der Verhaftung ihres Mannes wurde sie aus ihrer Wohnung in Moskau herausgesetzt. Mochte die Frau eines Volksfeindes sehen, wo sie mit ihren drei Kindern unterkam. Sie fand einen notdürftigen Unterschlupf in einem Vorort von Moskau, wo sie eine »Datsche« mietete, ein Landhäuschen, wenn man die primitive Bauernhütte, wo sie von nun an hauste, so nennen darf. Mit vieler Mühe – denn niemand wollte die Frau eines Volksfeindes einstellen – gelang es ihr schließlich, irgendeine Arbeit auf der Post zu bekommen.

Zwischendurch hetzte sie nach Hause, um ihr jüngstes Kind, ein zwei Monate altes Baby, zu stillen. Das Nächste war ein sechsjähriges Mädchen, das das Kleinste in Abwesenheit der Mutter hüten musste. Ihr Ältester, ein vierzehnjähriger Junge, ging zur Schule.

Das Mädelchen fragte häufig nach dem Vater, und die Mutter wurde nicht müde, Geschichten von einer großen Reise zu erfinden, von der der Vater bald zurückkommen werde.

Der Junge fragte nicht. Er war dabei gewesen, als man den Vater verhaftete. Er hatte den Blick des Vaters nicht vergessen, diesen Blick einer grenzenlosen Verwunderung und Ungläubigkeit, als er den Haftbefehl entgegennahm. Er stand am Fenster, als das Auto mit dem verhafteten Vater davonsauste. Seit jenem Augenblick war seine Kindheit zu Ende. Eine Welt, die bisher so sicher, so wohlgefügt und harmonisch schien, brach jäh zusammen. Sein Vater war kein Feind. Sein Vater war unschuldig ins Gefängnis gekommen. Das wog tausendmal schwerer als alle Erniedrigungen, die er von nun an täglich zu schlucken bekam. Keiner seiner früheren Freunde sprach auch nur ein Wort mit ihm, dem Sohn eines Volksfeindes. Sein Lieblingslehrer, mit dem ihn seit Jahren das herzlichste Verhältnis verband, wurde kühl, unnahbar, gleichgültig formell. Auf der Schulbank wollte niemand neben ihm sitzen. Jede Pause, in der er sich allein herumdrücken musste, wurde zur Qual. Es verging fast kein Tag, an dem nicht in den Lehrstunden oder Schulversammlungen gegen die Feinde des Sowjetstaates gewettert und zur Wachsamkeit gegen sie aufgerufen wurde. Dann durchbohrten ihn von allen Seiten Dutzende unbarmherziger Kinderaugen.

Mit vierzehn Jahren war der Knabe ein Ausgestoßener, ein Geächteter. In dieser Welt, die ihn von nun an mit feindseliger Fratze anstarrte, gab es nur noch einen Menschen: die Mutter. Mit der ganzen Zärtlichkeit und Feinfühligkeit dessen, der selbst leidet, schloss er sich an die Mutter an, die täglich das Hundertfache seiner eigenen Demütigungen erdulden musste.

In der ersten Zeit nach der Verhaftung des Vaters warteten sie täglich, stündlich auf die Rückkehr des Unschuldigen. Aber die Monate vergingen, er kam nicht wieder. So wie keiner all jener Millionen von Unschuldigen wiederkam, hinter denen sich einmal die Gefängnistore dieses Landes geschlossen hatten.

Wer wiederkam – das waren die Häscher. Eines Abends standen sie da, die Mutter zu holen. Es nützte nichts, dass der Knabe sich leichenblass und zitternd vor sie stellte. Es nützte nichts, dass sich das kleine, aus dem Schlaf gerissene Mädelchen schluchzend an sie klammerte. Es nützte nichts, dass die Mutter in wahnwitziger Verzweiflung den Säugling an sich riss. Sie stießen den Knaben beiseite, sie schoben das Mädchen weg, sie nahmen ihr das Baby aus den Armen, legten das Aufschreiende achtlos in die Wiege und zerrten die widerstrebende Mutter in das bereitstehende Auto. Der Knabe stand am Fenster, als es nach wenigen Sekunden im Dunkel der Nacht verschwand.

Gefängnistore öffneten und schlossen sich, die meterdicken Mauern des Butyrka-Gefängnisses umfingen sie.

Nach der Leibesvisitation, als sie mit zitternden Händen ihre langen Haare in Zöpfe zu flechten versuchte – auch Haarnadeln hatte man ihr weggenommen – wandte sie sich an die Wächterin:

»Bürgerin, wie lange dauert das alles noch? Wohin will man mich bringen? Ich muss doch nach Hause. Ich habe mein Baby zurückgelassen, ein Brustkind. Es wird ja verhungern ohne mich. Es hat nur von meiner Milch gelebt. Ich muss hin zu ihm!«

Nichts regte sich im Gesicht der Wächterin. Ihr Blick blieb gleichgültig, stumpf, gelangweilt. Keine Antwort. Niemand außer dem Untersuchungsrichter hat das Recht, mit den Gefangenen über irgendetwas zu sprechen, was über die unerlässlichen Befehle und Anordnungen hinausgeht.

Man sperrte sie zunächst in eine Wartezelle. Hundehütten werden diese Zellen von den Gefangenen genannt. Sie war etwa ein Meter dreißig lang und siebzig Zentimeter breit. An der einen Wand eine Steinbank, hoch oben über der eisernen Tür ein kleines Loch, durch das spärliches Licht aus dem Korridor fiel. Hier saß sie stundenlang, nur von dem einen Gedanken besessen: meine Kinder, mein Baby… Ihre Brust schmerzte und spannte von der Milch, nach der ihr hungriges Kindchen zu Hause schrie.

Gegen Abend führte man sie zum Verhör. Mit ironischem Lächeln blickte der Untersuchungsrichter auf das verstörte Gesicht der Frau, von halb aufgelösten Flechten umrahmt, auf die heruntergerutschten Strümpfe, auf die Hände, die krampfhaft die knopflosen Kleider festhielten.

»Berichten Sie über die konterrevolutionäre Tätigkeit Ihres Mannes!«

»Mein Mann war kein Konterrevolutionär!«

»Was? Fünfzehn Jahre waren Sie mit ihm verheiratet und wollen nichts wissen von seiner Schädlingsarbeit, die er selbst eingestanden hat?«

»Das kann nicht sein. Fünfzehn Jahre habe ich mit ihm zusammengelebt, ich kenne jeden Gedanken dieses Menschen. Er kann kein Verräter sein.«

»Sie wollen also nicht sprechen. Sie wollen diesen Lumpen decken? Nun gut. In der Zelle werden Sie sich vielleicht eines Besseren besinnen!«

»In der Zelle? Ich muss nach Hause. Ich habe meine drei Kinder ohne Obhut zurückgelassen. Mein Kleinstes verhungert, wenn ich es nicht stillen darf.«

»Unterschreiben Sie, dass Sie von der Schädlingsarbeit Ihres Mannes unterrichtet waren, und Sie werden Ihr Kind sehen!«

»Das kann ich nicht unterschreiben, er ist unschuldig.«

Der Untersuchungsrichter drückte auf einen Knopf, der diensthabende Soldat erschien.

»Abführen, in Zelle 49!«

Sie stand in der Zelle wie eine Nachtwandlerin. Sie begriff nicht, was man sie fragte. Sie bemerkte nicht, wer sich um sie drängte.

Das Bild des Grauens, das sie umgab, wurde verdrängt von einer schrecklicheren Vision: ihre verlassenen Kinder.

Als man ihr wie allen Neulingen Löffel und Becher reichte, griff sie hastig danach, hockte sich auf die Bretter nieder, dicht vor dem Gitter des geöffneten Fensters, der Zelle den Rücken zugewandt, bestrebt, sich wenigstens etwas vor den Blicken der vielen Frauen zu verbergen. Dann presste sie die Milch aus ihren übervollen Brüsten in den eisernen Becher. Eine der Frauen goss den Inhalt in den stinkenden Kübel neben der Tür. Ein leises Murmeln ging durch die Zelle – »eine stillende Mutter haben sie ins Gefängnis geschleppt …«

Die Mutter hörte es nicht. Ihr klang im Ohr das Weinen ihres hungrigen Kindes.

Am nächsten Tag kam sie wieder vor den Untersuchungsrichter. »Nun, haben Sie es sich überlegt?«

»Sagen Sie mir, was mit meinem Kind ist«, flehte die Mutter.

»Unterschreiben Sie, dass Ihr Mann mit Ihnen über seine Schädlingsarbeit gesprochen hat, dann werden Sie von Ihrem Kind hören.«

»Sie wollen mich zum Mörder meines unschuldigen Mannes machen. Ich kann diese Lüge nicht unterschreiben.«

»Sonst haben Sie mir nichts mitzuteilen?«

»Lassen Sie mich zu meinem Kind, es muss zugrunde gehen ohne die Mutter, sagen Sie mir wenigstens, wo es sich befindet! Haben Sie Erbarmen mit diesem kleinen unschuldigen Wesen.«

Die Mutter flehte, wimmerte, stöhnte – sie wusste noch nicht, dass es leichter ist, ein reißendes Tier zum Erbarmen zu bewegen als einen Untersuchungsrichter der NKWD.

Statt einer Antwort legte er ihr das vorbereitete Protokoll zur Unterschrift hin.

»Mein Kind wird es mir nicht danken, wenn ich seinetwegen zum Lumpen an seinem Vater werde« – hastig schob sie das Dokument weg, als ob sie sich durch eine bloße Berührung mit diesem Machwerk beschmutzen könnte.

Der Untersuchungsrichter zuckte die Achseln und ließ sie abführen. Am selben Abend wurde sie noch einmal herausgerufen: eine Krankenschwester bandagierte ihr die Brust, sodass sie die Milch verlor.

Nach ein paar Monaten wurde sie ohne persönliche Anklage »als Familienmitglied eines Vaterlandsverräters« zu acht Jahren Freiheitsentzug verurteilt.

Was aus ihren Kindern geworden war, erfuhr sie niemals.

Die Prozedur

Die Verhaftung eines Sowjetbürgers, der der Konterrevolution angeklagt wird, erfolgt auf einen vom Staatsanwalt unterzeichneten Haftbefehl. Ein ebensolcher Befehl muss bei der Durchführung einer Haussuchung vorgewiesen werden. In den großen Städten werden die Verhafteten in besondere Gefängnisse eingeliefert, wo sie getrennt von Kriminellen ihre Untersuchungshaft verbüßen, während sie in den kleineren Orten wegen Raummangels gewöhnlich in gemischten Zellen zusammen mit Kriminellen untergebracht werden. Ein Gefängnis besitzt auch der kleinste Ort in der Sowjetunion, und wo man auch hinkommt, und wo man auch hinhört, wird das Gefängnis ausgebaut.

Die Dauer der Untersuchungshaft für Konterrevolutionäre währt häufig mehr als ein Jahr, manchmal zwei und drei Jahre. Doch kann man als die Durchschnittsfrist für die Untersuchung, besonders für weibliche Angeklagte, ein halbes Jahr bezeichnen.

Es gibt zwar ein Gesetz, nach dem die Anklage dem Häftling während der ersten zwei Wochen mitgeteilt werden muss, doch hält man sich in der Praxis nur sehr selten daran. Mir persönlich wurde die gegen mich erhobene Anklage erst im vierzehnten Monat meiner Haft mitgeteilt. Die Anklage wird dem Häftling vom Untersuchungsrichter in schriftlicher Form vorgelegt und muss vom Angeklagten unterzeichnet werden. Weigert sich der Angeklagte, so wird ein diensthabender Wachtsoldat geholt, der unterschreibt, dass man in seiner Gegenwart dem Häftling die Anklage verlesen hat.

Sämtliche Angeklagte fallen unter den § 58: Konterrevolution. Dieser § 58 ist in verschiedene Punkte gegliedert. Die Anklage umfasst entweder einen oder mehrere Punkte dieses Paragrafen.

§ 58: Konterrevolution:

Punkt	1:	Landesverrat a) begangen von Zivilpersonen, b) begangen von Militärpersonen.
Punkt	2:	} behandeln bewaffneten Aufstand, Angeklagte oder
Punkt	3:	Gefangene mit diesen Punkten sind mir nicht begegnet.
Punkt	4:	Unterstützung eines fremden Staates gegen die Sowjetunion.
Punkt	5:	Angeklagte oder Gefangene mit diesem Punkt sind mir nicht begegnet.
Punkt	6:	Spionage.
Punkt	7:	Schädlingsarbeit.
Punkt	8:	Terror.
Punkt	9:	Diversion (Sabotage).
Punkt	10:	Agitation und Propaganda.
Punkt	11:	Organisation und Gruppierung.
Punkt	12:	Nichtanzeige.
Punkt	13:	Angeklagte oder Gefangene mit diesem Punkt sind mir nicht begegnet.
Punkt	14:	Sabotage.

Die Anklage wird entweder aufgrund eines oder mehrerer Punkte dieses Paragrafen 58 direkt erhoben oder unter Hinzuziehung des Paragrafen 17: Mittäterschaft. Familienmitglieder von Personen, die aufgrund des § 58, Punkt 1, verurteilt sind, werden als solche ebenfalls zur gerichtlichen Verantwortung gezogen.

Aufgabe der Untersuchung ist es, ein Protokoll zusammenzustellen, aus dem die Schuld des Angeklagten hervorgeht und das vom Angeklagten unterzeichnet werden muss. Weigert sich der Angeklagte standhaft, solch ein Protokoll zu unterzeichnen, so werden von seinen Mitangeklagten belastende Aussagen gegen ihn erpresst, sodass seine Standhaftigkeit bedeutungslos wird. Ist hingegen für die Untersuchung seine eigene Unterschrift unter ein Protokoll unerlässlich, so werden von der Untersuchung solche Methoden angewandt, denen – durch die Grenzen, die dem menschlichen Organismus und seiner Widerstandskraft gesetzt sind – schließlich immer der Erfolg beschieden ist.

Die Gegenüberstellung des Angeklagten mit Zeugen oder Mitangeklagten erfolgt nur in den seltensten Fällen und nur dann, wenn sie dem Angeklagten zum Nachteil gerät.

Verteidiger für angeklagte Konterrevolutionäre gibt es nicht.

Der Untersuchungsgefangene hat kein Recht, sich mit seiner Familie oder irgendeiner andern Person in Verbindung zu setzen.

Zweimal im Monat hat der Angeklagte das Recht, eine Eingabe an eine der folgenden Stellen zu richten:

Direktor des Gefängnisses.
Untersuchungsrichter.
Staatsanwalt.
Volkskommissar (jetziger Minister) für Inneres.
Zentralkomitee der Partei.
Oberster Sowjet.
Stalin.

Fast alle Angeklagten schrieben eine oder mehrere Eingaben an eine dieser Stellen, worin sie Beweise für ihre Unschuld beibrachten, entlastende Zeugen namhaft machten, auf ihre makellose Lebens- oder Parteigeschichte hinwiesen und sich gegen die angewandten Untersuchungsmethoden wehrten. Es ist mir nicht ein einziger Fall bekannt, wo diese Stellen, falls diese Eingaben überhaupt an sie weitergeleitet wurden, zugunsten des Angeklagten in die Untersuchung eingegriffen oder auch nur darauf geantwortet hätten.

Von der Beendigung der Untersuchung wird dem Angeklagten Mitteilung gemacht.

Es gibt zwei verschiedene Arten der Verurteilung von Konterrevolutionären. Entweder durch ein Kriegsgericht (bzw. Militärkollegium) oder auf administrativem Wege durch ein unsichtbares Richterkollegium. Das Kriegsgericht spricht Todesurteile oder

Freiheitsentzug von zehn bis fünfundzwanzig Jahren aus. Mit dem Urteil eines Kriegsgerichts ist immer die Konfiskation des persönlichen Eigentums und der Entzug der bürgerlichen Rechte nach Verbüßung der Strafe auf drei oder fünf Jahre verbunden. Das Urteil wird aufgrund eines oder mehrerer Punkte des § 58 gefällt. Das »Besondere Richterkollegium der NKWD« (russische Abkürzung OSO) spricht Lagerstrafen bis zu zehn Jahren in Abwesenheit des Angeklagten aus. Dieses Richterkollegium spricht niemals Konfiskation des bürgerlichen Eigentums oder den Entzug der bürgerlichen Rechte nach Ablauf der Strafe aus. Es fällt sein Urteil nicht aufgrund der Punkte des § 58, sondern formuliert es in Worten, die eine allgemeine konterrevolutionäre Schuld des Verurteilten, aber kein bestimmtes Vergehen enthalten.

Außer den in der Weltpresse bekannten öffentlichen Prozessen sind sämtliche Gerichtsverfahren gegen Konterrevolutionäre geheim.

Der Verurteilte kehrt nicht mehr in die Untersuchungszelle zurück, sondern wird in besondere Zellen für Verurteilte eingeliefert. Auch dann ist ihm das Recht auf ein Wiedersehen mit seiner Familie oder eine Mitteilung des Urteils an sie verwehrt.

Gefangene, die zu einer Gefängnisstrafe verurteilt sind, werden in einen der sogenannten Polit-Isolatoren überführt. Nach Verbüßung einer ungefähr dreijährigen Gefängnishaft wird den meisten Gefangenen, ohne ihr eigenes Verlangen, die Gefängnishaft in Lagerhaft umgewandelt. Doch geschieht dies immer auf dem Weg einer Auswahl durch die Untersuchungsorgane und nie durch eine allgemeine oder automatisch in Kraft tretende Bestimmung. (Auf diese Art wurden mir Einzelheiten über das Regime und die Insassen in verschiedenen Polit-Isolatoren bekannt.)

1937/38 wurde die Mehrzahl der Fälle von dem unsichtbaren Richterkollegium erledigt. Richter und Angeklagte bekamen sich niemals zu Gesicht. Der Angeklagte hatte nicht einmal die Möglichkeit, sich zu dem vom Untersuchungsrichter erpressten Material zu äußern, auch nur ein Wort zu seiner Verteidigung vorzubringen. So wurden Hunderttausende von Menschen durch einen Federstrich erledigt. Die häufigsten Formulierungen, aufgrund derer Menschen zu Freiheitsentzug bis zu zehn Jahren verurteilt wurden, waren die folgenden:

1. Wegen konterrevolutionärer Tätigkeit verurteilt zu 5, 8 oder 10 Jahren (russische Abkürzung: KRD).
2. Wegen konterrevolutionärer trotzkistischer Tätigkeit verurteilt zu 5 oder 8 Jahren (russische Abkürzung: KRTD).
3. Als sozial-gefährliches Element verurteilt zu 5 Jahren (russische Abkürzung: SOE).
4. Wegen Spionage*verdachts* verurteilt zu 8 Jahren (russische Abkürzung: PSch).
5. Wegen konterrevolutionärer Agitation verurteilt zu 5 oder 10 Jahren (russische Abkürzung: KRA).
6. Wegen konterrevolutionärer trotzkistischer Agitation verurteilt zu 5 oder 8 Jahren (russische Abkürzung: KRTA).
7. Als Familienmitglied eines Landesverräters verurteilt zu 5 oder 8 Jahren (russische Abkürzung: TSch/S = Familienmitglied).

Welche Möglichkeiten für ein Richterkollegium, wenn es einen Menschen auf bloßen Verdacht hin – nicht etwa aufgrund von irgendwie eingestandener oder erwiesener Spionage – verurteilen darf. Und dies nicht etwa in Kriegszeiten, sondern in den Friedenszeiten 1937/38!

Was aber bedeutet in der Sowjetunion das Wort »spionageverdächtig«? Jeder Sowjetbürger ist es, der irgendwann und irgendwo mit dem Ausland oder einem Ausländer in Berührung gekommen ist und selbstverständlich jeder Ausländer.

Berührung bedeutet jegliche Korrespondenz mit Verwandten, Freunden, Bekannten, Fachkollegen im Ausland.

Menschen, die in früheren Jahren vom Staat selbst zwecks Studium und Ausbildung ins Ausland geschickt wurden, waren eben dieser Reisen wegen spionageverdächtig. Ebenso die Angestellten der diplomatischen und Handelsvertretungen im Ausland.

Umgekehrt kann jede Begegnung mit einem Ausländer in der Sowjetunion zur Gefahr werden. So leben die staatlichen Angestellten des »Intourist« (staatliche Organisation zur Betreuung von Ausländern in der Sowjetunion) ständig in der angenehmen Erwartung, für ihren Dienst eines Tages als spionageverdächtig zur Verantwortung gezogen zu werden.

Die Komintern, die viele Jahre als ein Werkzeug der Weltrevolution gegolten hatte, wurde im Jahre 1937 in Tausenden von Parteiversammlungen geradezu als ein Transportmittel für ausländische Spitzel und Spione nach der Sowjetunion gekennzeichnet. Auch die politischen Emigranten aus den faschistischen Ländern wurden in diese Kategorie eingereiht.

Bis zum Verkauf der ostchinesischen Bahn (KWShD), die ihren Verwaltungssitz in der mandschurischen Stadt Charbin hatte, arbeiteten Tausende von Sowjetbürgern zusammen mit Chinesen und Japanern im Dienst dieser Eisenbahn. Im Jahre 1934 verkaufte die Sowjetunion ihren Anteil an der KWShD an Japan, und sämtliche Sowjetbürger, die im Dienste der Eisenbahn gestanden hatten, kehrten mit ihren Familien in die Sowjetunion zurück. In den Jahren 1937/38 wurden sie – mit wenigen Ausnahmen – verhaftet, und zwar familienweise, sodass manchmal drei Generationen einer Familie gleichzeitig im selben Gefängnis saßen. Sie alle wurden der Spionage zugunsten von Japan angeklagt – ganz egal, um wen es sich handelte: um einen Weichensteller oder einen hohen Verwaltungsbeamten, um die 67-jährige Mutter eines Zugführers oder um eine begeisterte Jungkommunistin, die ihrer Gesinnung wegen bereits ein chinesisches Gefängnis gekostet hatte.

Sie alle wurden auf administrativem Wege, d. h. von jenem unsichtbaren Richterkollegium, wegen Spionageverdachts zu 8 Jahren Zwangsarbeit verurteilt. Auf die unter Gefangenen übliche Frage: »Wofür sitzen Sie denn?«, antworteten sie gewöhnlich nur mit einem lakonischen: »Charbin«. Man brauchte nicht weiter zu fragen – es war ja alles so klar.

Dreißig Jahre lang sind die Grenzen des ungeheuren Reiches hermetisch verschlossen. Dreißig Jahre lang werden die paar Bürger, die ins Ausland geschickt werden, hundertmal filtriert, gewogen, gemessen, geprüft und gewendet, ob sie der Gefahr einer Berührung mit dem Ausland gewachsen sind. Dreißig Jahre lang hat es keine einzige Amnestie für politische Gefangene gegeben.

Wie wenig überzeugend muss das Märchen vom glücklichen und freien Leben in der Sowjetunion für die eigenen Machthaber sein, wenn sie auch die geringste Kunde über das Leben im Ausland wie die Pest für ihre Bürger fürchten!

Oder ist der Sowjetbürger so leicht bereit, sich als Spion zu verkaufen? Mitnichten. An opferbereiter Liebe für seine Heimat kann sich der Sowjetbürger mit jedem anderen Volk der Erde messen. Und im Grunde ist es auch nicht Spionage, was man fürchtet.

Es ist die Möglichkeit eines Vergleichs zwischen dem Leben des eigenen Volkes und jener im Ausland, wovor man Angst hat und Angst haben muss. Dreißig Jahre lang gibt man dem Sowjetvolk ein vollkommen verschobenes, unwirkliches, für den Hausgebrauch zugeschnittenes und verstümmeltes Bild vom Leben der nichtsowjetischen Welt.

Gewiss, man zeigt ausländische Filme in der Sowjetunion, aber man zeigt niemals Spitzenleistungen, sondern stets zweitrangige, äußerst mittelmäßige Filme. Trotz ihrer Oberflächlichkeit und Primitivität der Handlung sind diese ausländischen Filme jedes Mal ein Ereignis für den Sowjetbürger. Von Filmen wie »Hundert Männer und eine Frau« oder »Der große Walzer« sprach man jahrelang mit Entzücken. Darin kommt die ungeheure Müdigkeit des Sowjetbürgers zum Ausdruck. Er hat bis zum Erbrechen genug vom Heroischen, vom Aufpeitschen zum Unmenschlich-Übermenschlichen, von der Religion des Hasses im Namen einer fragwürdigen Liebe zu ungeborenen Generationen kommender Jahrhunderte. In den ausländischen Filmen findet er ein wenig von dem, wonach er sich sehnt, ein wenig Menschliches, gar nicht Heldenhaftes, ein wenig Unbeschwertes, Entspannendes. Wie herrlich, dass einen ganzen Abend lang niemand verherrlicht wird!

Um diesem offensichtlichen Hunger des Volkes nach unpolitischen Filmen zu begegnen, hat man in der Sowjetunion ein paar sehr schöne Märchenfilme geschaffen, aber es ist eben bezeichnend, dass man sich die Themen aus der Märchenwelt holen musste, weil man in der wirklichen Sowjetwelt nichts Beschwingtes, Harmlos-Reizendes finden kann.

Auch ausländische Literatur gibt es in der Sowjetunion. Aber wie verschwindend, wie lächerlich klein ist die Anzahl der ausländischen Schriftsteller, die ins Russische übersetzt werden. Kaum ein Sowjetbürger hat die Möglichkeit, ausländische Werke in der Ursprache zu lesen, denn er kann sich niemals ein Buch aus dem Ausland bestellen oder sich durch eine Buchhandlung kommen lassen.

Nur was die staatliche Zensur für förderlich hält, darf er lesen. Wo käme das »Bollwerk des Sozialismus« hin, wenn seine Bürger anfingen, sich ein selbstständiges Bild über das Ausland zu machen, um es dann dem Sowjetelend gegenüberzustellen? Völliges Fehlen jeder Vergleichsmöglichkeiten, das ist ein Hauptgebot für die Sowjetmachthaber, denn nur dann kann man den Sowjetmassen weismachen,

dass die strengste Prüfung jedes in der Sowjetunion gedruckten und gelesenen Buchstabens durch die staatliche Zensur die wahre Pressefreiheit ist,

dass es ein Zeichen für die wahre Meinungsfreiheit ist, wenn ein Mensch für den Druck eines unerlaubten Flugblattes erschossen wird,

dass das Erschießen von streikenden Arbeitern ein Beweis für wahrhaft demokratischen Geist ist,

dass im Bestätigen des einzigen vorhandenen Wahlkandidaten die wahre Wahlfreiheit besteht,

dass es ein revolutionärer Fortschritt ist, wenn kein Arbeiter seine Arbeitsstelle ohne obrigkeitliche Genehmigung wechseln darf und er für eine Verspätung auf die Arbeitsstelle von zwanzig Minuten auf ein halbes Jahr ins Gefängnis kommt,

dass das ständige Gefangenhalten von nahezu zehn Prozent

der männlichen Bevölkerung in Gefängnissen und Zwangsarbeitslagern der Normalzustand für die »einzige echte Demokratie der Welt« ist.

Auch die Richter

Im Zusammenhang mit der Verurteilung Jagodas, des Chefs der NKWD, erfuhr der Stab der Untersuchungsrichter 1937 eine weitgehende Erneuerung. Auch hier verschwand die alte Garnitur. Ein großer Prozentsatz unter ihnen waren Letten, die Revolution und Bürgerkrieg auf russischer Seite mitgemacht hatten und jetzt verschwanden. Ebenso erging es jenen, die einen Teil ihres Lebens im Ausland verbracht hatten. Manche Gefangenen trafen mit nicht geringer Genugtuung ihren eigenen Untersuchungsrichter, der sie im Anfang des Jahres 1937 noch als Konterrevolutionäre und Spione beschimpft hatte, mit dem gleichen Urteil im Lager wieder.

Da die Menge der Untersuchungsgefangenen von dem normalen Stab der NKWD nicht mehr bewältigt werden konnte, wurden Gehilfen eingestellt, blutjunge Bürschchen, die einen Zettel mit den Standardfragen in die Hand gedrückt bekamen, auf den sie während des Verhörs ab und zu schielten, um nicht aus dem Konzept zu kommen. In Bezug auf das Ausland, das sie nicht kannten, wurden ihnen zwei Richtlinien eingehämmert: Jeder Mensch, der im Ausland auch nur die leiseste Berührung mit Anhängern einer nichtkommunistischen Partei hatte, ist ein Konterrevolutionär. Jeder Mensch, der im Ausland verhaftet war und wieder freigekommen ist, ist ein Agent der ausländischen Polizei, d. h. ein Spion. Für den Inlandgebrauch hatte man ihnen eingeschärft: Hat ein Mensch in seinem Beruf tadellos gearbeitet, so tat er es, um seine konterrevolutionäre Tätigkeit zu bemänteln. Hat es im Betrieb des Angeklagten Schwierigkeiten oder einen Unfall gegeben, so ist dies ein Beweis für die Schädlingstätigkeit des Angeklagten. Gibt der Angeklagte zu, irgendetwas Verdächtiges im Privat- oder Berufsleben eines mitangeklagten Vorgesetzten bemerkt zu haben, so ist er schuldig, weil er davon keine Anzeige gemacht hat. Hat der Angeklagte nichts Verdächtiges im Leben des mitangeklagten Vorgesetzten bemerkt, so hat er sich der mangelnden revolutionären Wachsamkeit schuldig gemacht. Hat eine Frau sich im Augenblick der Verhaftung ihres Mannes von diesem losgesagt, so gibt sie damit zu, dass auch sie ihn für einen Konterrevolutionär hält und hat sich durch das Zusammenleben mit ihm schuldig gemacht. Sagt sie sich nicht von ihm los, so glaubt sie nicht an die Unfehlbarkeit der NKWD und hat sich dadurch schuldig gemacht.

Ganz egal, wie der Angeklagte sich verhält – er ist immer schuldig. Dem Parteimitglied sagt man: Sie müssen im höheren Interesse der Partei zugeben, dass Sie von der konterrevolutionären Tätigkeit des X. gewusst haben. Fällt er darauf hinein – und der größte Teil der Mitglieder ist so von der Parteidisziplin durchdrungen, dass er es tut, so wird er verurteilt, da er selbst seine Schuld eingestanden hat. Weigert er sich, der Partei einen Dienst zu leisten, so wird er dadurch schuldig. Es gibt kein Entrinnen, ganz abgesehen von all den Methoden, die einen ergebenen Kommunisten dazu bringen, sich schließlich als Konterrevolutionär zu bekennen.

Denn das ist das Merkwürdige an diesen Prozessen: dass 99 % aller Angeklagten als Freunde des Regimes verhaftet werden und nur durch raffinierte Methoden und Folter dazu gebracht werden können, eine Schuld zu gestehen. Erst nachdem sie verurteilt sind, gehen diesen Menschen die Augen auf über den wahren Inhalt der Partei, die sie bis zum Moment ihrer Verhaftung loyal unterstützt haben.

Aber das Furchtbarste an diesen Prozessen ist der Zynismus, mit dem sie geführt werden, ist die Möglichkeit, immer wieder Untersuchungsrichter zu finden, die dabei mitmachen. Denn die Untersuchungsrichter wissen ebenso wie die Angeklagten, was hier gespielt wird. Sie wissen, dass sie unschuldige Menschen vor sich haben. Wenn ein Untersuchungsrichter Tausende von Menschen erledigt hat, die nur nach den unerträglichsten moralischen und physischen Qualen eine Schuld eingestehen, die in krassem Widerspruch zu ihrem ganzen übrigen Leben steht – und jedes Detail dieses Lebens ist ja dem Untersuchungsrichter bekannt –, so weiß der Untersuchungsrichter, dass er Unschuldige erledigt. Wenn der Untersuchungsrichter gleich nach den ersten Verhören dem Angeklagten sagt: Unterschreiben Sie! Wozu wollen Sie die Sache hinausziehen? Sie werden ja doch unterschreiben. Alle unterschreiben bei uns! – so weiß der Untersuchungsrichter, dass diese Unterschriften nicht ein Beweis für die Schuld des Angeklagten, sondern ein Beweis für die Unfehlbarkeit der angewandten Untersuchungsmethoden ist.

Sowohl Kläger wie Angeklagte wissen, was gespielt wird, aber auch der Kläger hat keine Möglichkeit, aus diesem Spiel auszuscheiden – sonst hat auch er verspielt.

Das Dauerverhör, genannt »Konveyer«

Wir saßen in der Zelle und konnten nicht glauben, dass unschuldige Menschen verurteilt werden können. Die Isolierung der Untersuchungsgefangenen war vollständig. Man bekam nie jemand zu Gesicht, außer den Mitinsassen der eigenen Zelle.

Nur einmal geschah ein Versehen – und eine Verurteilte kam auf ein paar Stunden in die Untersuchungszelle zurück. Es war Cara Jessinskaja, die Gattin des polnischen Schriftstellers Jessinski, der 1938 als einer von Tausenden bei der Flecktyphus-Epidemie im Transitlager von Wladiwostok zugrunde ging. Sie war schon lange Jahre von ihm geschieden. Trotzdem musste sie, die längst keinerlei Kontakt mehr mit ihm hatte, für ihre erste Liebe büßen. Wir starrten dieses rundliche, gutmütige, immer etwas zerzauste Wesen an, und konnten es nicht fassen, dass sie zu zehn Jahren Gefängnis verurteilt worden war. Ebenso wie Jessinski hatte sie geglaubt, in der Sowjetunion eine Heimat gefunden zu haben. Ebenso wie er wurde sie als polnische Spionin verurteilt.

Während wir uns noch hoffnungsvollen Fantasien hingaben, dass zum zwanzigsten Jahrestag der Revolution (7. November 1937) eine große Amnestie erlassen werde, wurde in Wirklichkeit das Strafsystem auf allen Gebieten verschärft.

In den Untersuchungsgefängnissen wurden die Insassen derart zusammengepfercht, dass Ohnmachten und Herzschlag aus Luftmangel zur häufigen Erscheinung wurden.

Moralische und physische Folter wurden zu den allgemein üblichen Untersuchungsmethoden. Am häufigsten wurde eine Art der Folter angewandt, die von den Gefangenen in Anlehnung an den Begriff des laufenden Bandes zum Beispiel bei der Autofabrikation als »Konveyer« bezeichnet wurde: Man lässt den Gefangenen nicht schlafen. Alle vier Stunden wechseln die Untersuchungsrichter, deren einzige Aufgabe darin besteht, den Häftling am Schlafen zu hindern. Immer wieder wird der Schlaftrunkene aufgefordert, das vom Untersuchungsrichter vorbereitete Material mit den angeblichen Verbrechen des Angeklagten zu unterschreiben. Er weigert sich. Seine Füße, seine Beine schwellen an, er kann sich nicht mehr aufrecht halten.

»Schlafen Sie nicht. Schlafen Sie nicht! Stellen Sie sich an die Wand!«

Er taumelt. Er sackt zusammen Er fällt bewusstlos auf den Boden. Der Untersuchungsrichter drückt auf einen Knopf, ein Arzt erscheint und gibt dem Angeklagten eine Spritze. Er kommt wieder zu sich.

»Unterschreiben Sie!«

Er schüttelt den Kopf, die Augen fallen ihm zu, er wird wachgerüttelt, wieder steht er an der Wand, bis er abermals zusammenbricht. Man führt ihn in die Zelle ab.

Kaum berührt er die kalte Suppe, die seine Zellengenossen für ihn aufbewahrt haben. Kaum hat man ihn auf die Bretter gelegt und einen zusammengerollten Mantel unter die schmerzenden, geschwollenen Beine geschoben, als er auch schon schläft. Zehn bis fünfzehn Minuten sind vergangen. Die Klappe in der Tür öffnet sich und der Betreffende wird aufs Neue zum Verhör gerufen.

Seine Kameraden rütteln ihn wach, stützen ihn, sprechen ihm Mut zu, aber er hört nichts, versteht nichts, mit roten, verquollenen Augen und vor Müdigkeit irrem Blick wankt er durch die Tür in den Korridor, wo ein Wachsoldat mit gleichgültig-unbeweglichem Gesicht ihn erwartet, wankt über Treppen und Gänge, wankt in das kleine Untersuchungszimmer, wo endlose Qual und ein frischer, wohlausgeruhter Untersuchungsrichter auf ihn wartet.

»Unterschreiben Sie – und Sie können schlafen! Wozu quälen Sie sich selbst? Sie werden ja schließlich doch unterschreiben. Alle unterschreiben. Schlafen Sie nicht! Stellen Sie sich hin! Was ist das für eine Haltung? Lehnen Sie sich nicht an!«

Noch hält er durch. Drei Tage, vier Tage, acht Tage! Schlafen, schlafen. Nur eine Stunde durchschlafen! Wozu quält er sich so? Man hat ihm ja bereits die Unterschriften seiner Mitangeklagten vorgelegt. Die haben es also schon aufgegeben. Unterschreib, dann kannst du schlafen. Nein, nie! Zehn Tage, elf Tage … Schlafen, schlafen. Er hat keinen anderen Gedanken mehr. Sollen sie ihn erschießen. Aber vorher noch schlafen, einmal ausschlafen. Am sechzehnten Tag unterschreibt er.

Dann kommt das Gericht. Es tagt im Militärgefängnis Lifortowo. An einem langen Tisch mit roter Decke sitzt das Kollegium, der Präsident, der Ankläger. Das vom Untersuchungsrichter vorgelegte und vom Angeklagten unterzeichnete Material wird verlesen. Kurzes Plädoyer des Anklägers. Kein Verteidiger. Keine Zeugen. Kurzes Schlusswort des Angeklagten. Er versichert seine Unschuld, er versichert, dass man ihn zur Unterschrift gezwungen habe. Das Gericht zieht sich zurück und kehrt nach wenigen Minuten mit dem vorher festgelegten Urteil wieder. Alles verschwimmt ihm vor den Augen, und wie durch dichten Nebel hört er ganz von ferne, »… verurteilt zum Tod durch Erschießen.«

Die Stiefel

Lifortowo ist das Militärgefängnis in Moskau. Berüchtigt unter den Gefangenen wegen seiner Foltermethoden.

1937.

In den Todeszellen von Lifortowo saßen sie und warteten.

Erst kam die Folter, dann das Urteil, dann das Warten. Einzeln, paarweise, zu dreien und vieren.

In den Todeszellen saßen sie und warteten.

In den Todeszellen saßen sie und stöhnten.

In den Todeszellen saßen sie und schrien.

Dann klopfte der Wachsoldat mit dem eisernen Schlüssel an die eiserne Tür. Und wieder saßen sie schweigend und warteten.

Wenn ein Schritt auf dem Korridor laut wurde, blickten sie aneinander vorbci. Nicht um der eigenen Angst willen. Sie konnte durch fremde Angst nicht mehr gesteigert werden. Um der Angst des andern willen, die so nackt und groß aus den Augen sprang, dass man wegblicken musste, um den andern nicht zu beschämen.

Schritte auf dem Korridor. Sie kommen. Jetzt ist es so weit. Wen holen sie? Drei andere sind noch in der Zelle. Nicht mich! Nicht mich!

Schritte gehen vorüber und verhallen im Korridor.

In der Todeszelle saßen sie und warteten.

Einer verlor den Verstand und winselte nur noch wie ein Hund am Totenbett seines Herrn. Tag und Nacht.

Der Zweite wiegte den Oberkörper auf und ab und betete. Unaufhörlich bewegten sich seine Lippen, denn die Zeit war kurz, und vielleicht waren seine Gebete nicht die richtigen. Denn sein ganzes Leben lang hatte er nur ein Gebet gekannt: das kommunistische Manifest, und nur einen Glauben: die Partei. Wenn man ihn gefragt hätte: Glaubst du an Gott?, so hätte er wahrscheinlich noch immer geantwortet: Ich weiß es nicht. Oder er hätte gar nichts geantwortet, denn für ihn existierte nichts mehr auf der ganzen Welt als Schritte auf dem Korridor und sein Gebet.

Die andern beiden waren Offiziere. Ein junger Leutnant und

ein grauaariger Oberst. Sie trugen noch ihre Uniform und ihre militärische Selbstbeherrschung. Aber an manchen Stellen wurde die Leutnantsuniform fadenscheinig, und wenn der Irre in seiner Ecke auf dem Steinfußboden winselte, zitterte der Leutnant.

Die Uniform des Obersten war von gutem Tuch und seine Ruhe auch. Allmorgendlich putzte er den Staub von den hohen, eng anliegenden, schwarzen Schaftstiefeln und ging in der Zelle auf und ab. Vier Schritte standen ihm zur Verfügung. Vier Schritte hin, vier Schritte her. Und die glänzenden schwarzen Militärstiefel knarrten leise den Takt. Manchmal sprach er mit dem jungen Leutnant von Reisen, die er gemacht, von Menschen, die er geliebt, von Künstlern, denen er zugejubelt, von Büchern, die ihn ergriffen hatten.

Und zwischendurch horchten sie, horchten auf die Schritte im Korridor. Horchten und warteten, Minuten und Stunden, Tage und Nächte, Wochen und Monate.

Der Betende wiegte sich auf der Pritsche, der Irre wälzte sich am Boden und winselte, der junge Leutnant schrie in den Nächten, aber nur im Schlaf, wenn es für ihn keine Schande war, und der Oberst wanderte auf und ab, auf und ab …

Der Erste, den sie holten, war der Oberst. Sie riefen seinen Namen, bedeuteten ihm, sich bereitzuhalten und schlugen die Klappe in der Tür wieder zu.

Es war genau so, wie wenn man zum Spaziergang oder zum Verhör oder in den Waschraum gerufen wurde.

Aber das alles war es nicht. Diesmal war es der Tod.

Der Irre war auf den Knien in die entfernteste Ecke der Zelle gekrochen, der Betende schwieg, und dem Leutnant liefen zwei Tränen über das weiße Gesicht.

Der Oberst zog sich den Uniformrock an und den langen Militärmantel, tat einen Blick auf das irre Tier in der Ecke, das einmal ein kluger und gütiger Mensch gewesen war, schüttelte den beiden andern schweigend die Hände und wandte sich zur Tür.

Der Wächter öffnete.

»Einen Moment, bitte« – sagte der Oberst und drehte sich noch einmal nach den Zurückbleibenden um.

»Fast hätte ich es vergessen« – und er zog mit raschen gewohnten Bewegungen die Schaftstiefel von den Füßen.

»Einem von euch können sie vielleicht noch nützlich sein« – sagte er, während er sich die zerrissenen Schuhe des Irren anzog, »ich brauche ja keine Stiefel mehr.«

Dann schritt er hinaus aus dem Vorraum des Todes in seinen Bereich.

Er schritt die schweigenden Korridore mit den gewölbten Steindecken entlang, zwischen den schweigenden Wachsoldaten. In einem vergitterten Raum erwartete ihn ein Offizier mit einem Schriftstück in den Händen. Jetzt würde man ihm also noch einmal sein Todesurteil verlesen. Er kannte es. Bereits vor drei Monaten hatte man es ihm verkündet. Jedes Wort hatte sich ihm ins Gedächtnis gegraben. Er hörte kaum hin, als die trockene Beamtenstimme mit gleichgültigem Knarren seine Personalien verlas. Wenn nur alles schon vorbei wäre. Dann horchte er auf. Das war nicht der Text, den er kannte.

»... hat der Oberste Militärgerichtshof beschlossen, die Todesstrafe in zehn Jahre Freiheitsentzug, abzubüßen in einem Besserungs-Arbeitslager, umzuwandeln.«

Begnadigung. Leben.

Jahre später, an einem Lagerfeuer Kolymas erzählte er seine Geschichte.

»Wie gut ich die Stiefel hätte brauchen können«, seufzte er zum Schluss. »Wie viel Brot ich dafür bekommen hätte!«

Trotzkistinnen

Ein neuer Häftling betrat die Zelle. Zunächst sahen wir nur das rote Tuch mit den großen gelben Blumen, das ihr Kopf und Schultern verhüllte. Als sie es mit einer graziösen Bewegung abnahm, wurde das zerfurchte Gesicht einer verblühten Frau mit geistreichen, lebendigen Augen sichtbar. In wenigen Tagen hatte sie die ganze Zelle durcheinandergebracht. Sie saß auf ihrem Platz auf den Brettern mit der lässigen und selbstverständlichen Haltung einer Dame in ihrem Salon, das bunte Tuch über die Knie gebreitet, und während ihre gepflegten Hände mit seinen roten und gelben Fransen spielten, ließ sie – im obligatorischen Flüsterton – ihre beißenden Bemerkungen auf ihre teils erstaunte, teils begeisterte, teils betont feindselig von ihr abrückende Umgebung herniederprasseln. Sie war die Einzige, die sich offen über die unschuldigen Schäfchen lustig machte, die noch hinter dem Gitter Partei und NKWD zu verteidigen suchten, die sie hier zusammengetrieben hatten und die auch noch in der Zelle mit den üblichen heuchlerischen Erklärungen für das Unerklärliche aufwarteten: Wo Holz geschlagen wird, fallen Späne – Lieber zehn Unschuldige vernichten, als einen Schuldigen auslassen – Spione… Revolutionäre Wachsamkeit… und die mit frommem Augenaufschlag behaupteten: Und wenn ich auch in Sibirien Klosetts putzen muss, so werde ich es mit Freuden tun, denn auch dort diene ich der Sowjetunion!

Und in diese Atmosphäre des Misstrauens, der Unaufrichtigkeit, Heimlichtuerei und der Gruppen- und Grüppchenwirtschaft von alten und jungen Parteimitgliedern, von Parteilosen, von Gattinnen großer Männer und von verschüchterten Weiblein vom Lande, die alle mit ihrer Geisteshaltung ein getreues Abbild des sowjetischen Lebens in der Freiheit abgaben, trat plötzlich eine Frau und sagte in aller Offenheit jedem, der es hören und nicht hören wollte, was sie dachte.

Denn diese fast hässliche Frau, die einen ungemeinen Zauber auf alle Zelleninsassen ausübte, hatte nichts mehr zu verlieren. Es war die Witwe eines der bekanntesten Trotzki-Anhänger der Sowjetunion, Ida L. – L. selbst war rechtzeitig eines natürlichen Todes im Fernen Osten gestorben, während sie bis zum Tage ihrer Verhaftung die Leitung des weltberühmten »Jiddischen Theaters« in Moskau unter sich gehabt hatte. Sie machte sich keinerlei Illusionen darüber, was sie erwartete, denn abgesehen von der Tatsache, dass ihr Mann ein Oppositioneller gewesen war, hatte sie einen riesigen Freundeskreis, der jetzt zum größten Teil ebenfalls verhaftet war, wodurch sie schwer belastet wurde. Viele Monate lang wurde sie den schwersten Verhören unterworfen, bis sie schließlich von einem Kriegsgericht zu zehn Jahren Gefängnis verurteilt wurde.

Was weiter aus ihr geworden ist, habe ich nicht erfahren, nur jene Abende in der Zelle sind mir unvergesslich geblieben, wenn sie in ihrer sprudelnden, hinreißenden Art Ereignisse und Menschen an uns vorüberziehen ließ, aus einem Leben, das so bunt und leuchtend war wie das Tuch in ihren feinen nervösen Händen. –

Tennisspielen sollte man eigentlich für eine harmlose Beschäftigung halten, aber dennoch wurde es der jungen Irina zum Verhängnis. Irina gehörte keiner Partei an. Und obwohl es ihr nach der Revolution erheblich schlechter ging als vorher – sie stammte aus einer begüterten Adelsfamilie – begrüßte sie die Revolution, die dem Volk, mit dem sie sich verbunden fühlte, ein menschenwürdiges Dasein geben sollte. Ohne Bitterkeit nahm sie all die Entbehrungen hin, die der Sowjetstaat für sie bereithielt. Wie Hunderttausende von anderen Intellektuellen suchte sie jahrelang all die Härten und Ungerechtigkeiten als Kinder- und Entwicklungskrankheiten des Regimes zu erklären. »Wie eine Mutter alles, was ihr ungeratenes Kind tut, zu bemänteln und umzudeuten sucht, so nahmen wir alles, was den Sowjetstaat betraf, in Schutz«, das waren die Worte der »Marquise« – wie wir Irina ihrer zarten, aristokratischen Schönheit wegen nannten – als wir nebeneinander auf den Brettern der Untersuchungszelle lagen. Bis sie von einer Reise in die Ukraine zur Zeit der Kollektivisierung der Bauern nach Moskau zurückkehrte. Was sie dort mit eigenen Augen gesehen an menschlichem Elend, an Hungersnot und Hungertod, konnte und wollte sie nicht mehr beschönigen. In heißen Worten gab sie ihrer Empörung über ein solches Übermaß an Grausamkeit Ausdruck, und der Tennispartner, der ihr seit Jahren eine zärtliche Freundschaft entgegenbrachte, hörte aufmerksam zu. Sie hatte dieses Gespräch längst vergessen, als sie eines Tages seine Liebeserklärung schroff zurückwies. Mit dem Tennisspiel war es von da an zu Ende und mit der langjährigen Freundschaft auch. Niemals verzieh er ihr diese Zurückweisung, obwohl er wusste, dass sie mit einem andern Mann verheiratet und glücklich verheiratet war.

Anfang 1937 wurde sie verhaftet. Die Anklage lautete auf Trotzkismus.

»Ich habe niemals einer Partei angehört«, sagte sie in naivem Erstaunen zum Untersuchungsrichter, »also kann ich doch wohl kaum trotzkistische Abweichungen von der Parteilinie gehabt haben.«

»Sie haben gegen die Politik der Partei agitiert, Sie haben sich abfällig über die Politik der Kollektivisierung geäußert, damit haben Sie eine trotzkistische Ansicht vertreten.« Als Beweismaterial legte er ihr die Denunziation ihres Tennispartners vor.

Urteil: acht Jahre Korrektionslager, die sie in Kolyma verbüßen musste.

Aber das war noch nicht das Schlimmste. Das Schlimmste war, dass man ihretwegen ihren Mann verhaftete, einen jungen kommunistischen Ingenieur, dass er ihretwegen ebenfalls als Trotzkist verurteilt wurde, dass er zur gleichen Zeit wie sie nach Wladiwostok verfrachtet wurde, wo er nur durch ein paar Stacheldrahtverhaue von ihr getrennt 1938 im Transitlager an Flecktyphus zugrunde ging.

Als ich Irina später im Lager in Kolyma wieder traf, war die Ähnlichkeit mit einer Marquise noch größer geworden: schneeweiß umrahmten ihre Haare das junge hoffnungslose Gesicht. –

Semjonowa war eine einfache Frau und hatte sich nie viel Gedanken über Politik gemacht. Als sie hörte, dass der Marschall der Sowjetunion Tuchatschewski als deutscher Spion erschossen worden sei, sagte sie im Kreise ihrer Nachbarinnen: »Ach, das war ein schöner Mann, ich habe einmal ein Bild von ihm gesehen.«

Daraufhin wurde sie verhaftet. (Unter Nachbarinnen ist meistens eine, die einem nicht wohlwill.)

Anklage: § 58, Punkt 10 = konterrevolutionäre Agitation und Propaganda. Kurze Verhandlung. Der Fall lag klar. Zeugen waren auch vorhanden. Urteil: zehn Jahre Freiheitsentzug, wegen Verherrlichung eines Volksfeindes.

Und zu Hause warten zwei mutterlose Kinder. Und der Vater säuft – und wartet nicht. Zehn Jahre sind eine lange Zeit. –

Ein altes runzliges Weiblein vom Dorfe blickt sich mit entsetzten Augen in der Zelle der Verurteilten um. Es ist eine Turmzelle mit schmalen Bogenfenstern in den dicken Mauern, die weder Luft noch Licht hindurchlassen und eigentlich mehr wie Schießscharten wirken. Das Mütterchen weiß nicht, dass es sich an einem historischen Ort befindet: in dieser Zelle wurde der große Aufrührer Pugatschow gefangen gehalten, ehe ihn Katharina die Große, die das Butyrka-Gefängnis erbaute, hinrichten ließ. Das Mütterchen würde wohl auch kaum Trost darin finden, dass der arme Pugatschow ganz allein in dieser Zelle saß, während sie sie mit fünfundsechzig anderen Verurteilten teilt.

Schüchtern hebt sie den obersten ihrer vielen weiten Röcke, hockt sich auf den Rand der Bretter, schlägt die Hände vors Gesicht, wiegt den grauen Kopf mit dem dunklen Kopftuch hin und her und jammert leise vor sich hin.

»Mütterchen, wie viel hast du denn bekommen?«

»Fünf Jahre«, schluchzt sie auf.

»Ja, wofür denn, Mütterchen?«

»Wofür? Ich weiß nicht. Sie sagen, ich sei eine Tr…, eine Trok…, eine Traktoristin«, bringt sie endlich heraus. Mehr können wir nicht von ihr erfahren.

Nein, Mütterchen, keine »Traktoristin«! Erst als wir später zum Transport aufgerufen werden, wobei Name und Urteil jeder Einzelnen verlesen werden, wird dein Verbrechen bekannt:

Du bist verurteilt als »Trotzkistin«!

Obwohl du nicht einmal das Wort aussprechen kannst. Und nicht einmal den Unterschied kennst zwischen einem Traktor und Trotzki.

Eine kommunistische Mutter

Im Transitlager Wladiwostok fand die Geschichte der Mutter D. ihr Ende. Doch sei sie hier bereits erzählt, da sie einiges Licht wirft auf die Beweggründe, die Eltern und Kinder, Brüder und Schwestern, Mann und Frau dazu veranlassen, sich im Fall einer Verhaftung voneinander loszusagen. Nicht immer geschah dies aus Feigheit, sondern häufig aus einem unerschütterlichen Glauben an die Gerechtigkeit und Unfehlbarkeit der Partei und der NKWD.

Den ersten Teil dieser Geschichte erzählte mir einer der Beteiligten, ein älterer Ingenieur, der im Transitlager Wladiwostok beim Bau einer Frauenbaracke beschäftigt war. Den letzten Teil erlebte ich mit der Mutter zusammen. –

»Sind Sie sicher, dass es meine Mutter war?«, fragte der junge Gefangene den Neuankömmling in der Zelle.

»Wie könnte ich mich irren?«, antwortete der Neue, ein älterer Mann, der noch seltsam gegen die übrigen Zelleninsassen abstach mit seinem sauber rasierten Gesicht und den sorgfältigen Bügelfalten seines Anzugs. »Es war ja meine letzte Parteiversammlung. Kurz nachher wurde ich aus der Partei ausgeschlossen wegen Verbindung mit einem Volksfeind – es handelt sich um einen alten Schulfreund von mir, mit dem ich alle Jahre ein oder zwei Briefe wechselte. Er war ein höherer Offizier in der Armee, und der Sturz Tuchatschewskis riss auch ihn ins Verderben. Unglücklicherweise scheint man bei seiner Verhaftung einen meiner – völlig harmlosen – Briefe gefunden zu haben. Aber wie Sie sehen, genügte es, um auch mich ins Gefängnis zu bringen.«

Ein mitfühlendes Lächeln ging über das hagere Gesicht des Jüngeren.

»Eine sehr alltägliche Geschichte«, antwortete er, »wenn Sie etwas länger in diesem Untersuchungsgefängnis sein werden, können Sie sich davon überzeugen, dass ungefähr neunzig Prozent aller Insassen auf die gleiche Art wie Sie verhaftet wurden. –

Was mich anlangt, so habe ich als Sekretär in unserer Handelsvertretung in Berlin gearbeitet. Auf diesen Posten hatte mich Kossior empfohlen, der Bruder des Volkskommissars, und nachdem er zum deutschen Spion erklärt wurde, musste auch ich daran glauben. – Doch erzählen Sie mir weiter von meiner Mutter.«

»Ich kenne Ihre Mutter noch aus den Jahren der Revolution. Sie war immer eine der aktivsten Kommunistinnen der Textilfabrik, wo ich als Ingenieur arbeitete. Sie war unermüdlich. Manchmal habe ich mich gewundert, wie diese Frau es fertigbringt, trotz Arbeit und Versammlungen noch ein Privatleben zu haben.«

»Viel Zeit hat meine Mutter allerdings nie für mich aufgebracht«, bemerkte der Jüngere mit einiger Bitterkeit.

»In der letzten Zeit«, fuhr der Ingenieur fort, »war sie sehr verändert. Auf einmal merkten alle, wie alt sie geworden war. Wir konnten dieses plötzliche Erschlaffen nicht begreifen, bis sie dann ihre Erklärung in der Parteiversammlung abgab. Da erfuhren wir zum ersten Mal, dass ihr Sohn verhaftet war. Nur dem Parteisekretär der Fabrik hatte sie es pflichtgemäß vorher mitgeteilt, der ihr wohl auch nahegelegt hatte, jene Erklärung in der Parteiversammlung abzugeben.«

»Und worin bestand diese Erklärung?«, fragte der Sohn mit krampfhaft gleichgültigem Gesicht und schob die Hände in die Taschen, um ihr plötzliches Zittern zu verbergen.

»Sie hat sie wohl nicht freiwillig gemacht«, sagte der Ingenieur entschuldigend. »Sicherlich nicht freiwillig, denn als sie aufs Podium kam, war sie so furchtbar blass, dass alle glaubten, sie sei krank. Und auch ihre Stimme war nicht, wie wir sie kannten, so warm und mitreißend, ihre Stimme trug plötzlich nicht mehr. Es muss sie wohl viel gekostet haben, auf dieses Podium hinaufzusteigen und vor Hunderten von Menschen zu erklären, dass sie sich von ihrem eigenen Sohn lossagen müsse.«

Der Sohn hörte regungslos zu, nur die durchdringenden Augen, die von vielen schlaflosen Nächten umrandet waren, kniff er einen Atemzug lang zu, obwohl stets die gleiche nackte Birne vom Zellengewölbe herunterbaumelte, und die Ecke, in der die beiden an der Mauer lehnten, vom gleichen Halbdunkel erfüllt war.

»Sie erzählte, dass ihr Sohn vor einem halben Jahr verhaftet worden sei, dass sie die ganzen Monate gehofft habe, seine Unschuld werde sich erweisen, und er werde rehabilitiert in die Freiheit zurückkehren. Aber er sei nicht wiedergekehrt, und so könne sie nicht länger daran zweifeln, dass er sich als Verräter erwiesen habe. Denn unschuldig werde in der Sowjetunion niemand gefangen gehalten, und die NKWD sei über allen Zweifel erhaben. Ein Parteimitglied, das sich verbunden fühlt mit einem Feind des Volkes – und sei es auch der eigene Sohn – sei kein ehrliches Parteimitglied mehr. So sage sie sich hiermit öffentlich los von ihrem Sohn, der sich in den Netzen der Volksfeinde verfangen habe.«

»Und so sagte sie sich öffentlich los von ihrem eigenen Kind…«, murmelte der Sohn.

»Woher sollten wir da draußen wissen, dass es so viele Unschuldige in den Gefängnissen gibt?«, fühlte sich der Ältere verpflichtet, etwas Entschuldigendes, Milderndes hervorzubringen. Auch hatte er zu seinem eigenen Erstaunen plötzlich das Bedürfnis, sich zu rechtfertigen für seine Teilnahme an jener Parteiversammlung. Wieso war es ihm damals nicht zum Bewusstsein gekommen, dass es unmoralisch war, von einer Mutter zu verlangen, sich von ihrem eigenen Kind loszusagen? Im Namen der Partei. Welche Moral trug diese Partei noch in sich, wenn sie solch zynische Forderungen an einen Teil ihrer Mitglieder stellte und von den übrigen verlangte, solchem Schauspiel Beifall zu klatschen?

Doch ehe er noch diese – für ihn völlig neuen – Gedanken formulieren konnte, hörte er das heisere Flüstern des Sohnes:

»Es gab zwei Dinge, an die ich bisher glaubte: meine Mutter und meine Partei. Ich war nie in der unglücklichen Lage, zwischen beiden wählen zu müssen. Als man mich unschuldig hinter diese Gitter sperrte, schien es mir ein Leichtes, meine Unschuld zu beweisen. Aber Unschuldsbeweise interessierten hier niemand. Schuldig! Schuldig!, schrien die Untersuchungsrichter und glaubten, die Stärke ihres Gebrülls sei ein Beweis für die Stärke ihrer lahmen Erfindungen. Ihre Fausthiebe und Fußtritte waren nicht fähig, das Bild der Partei, das ich immer noch im Herzen trug, zu zerschlagen. Die Partei, Stalin wissen nicht, was hier geschieht – sagte ich mir. Und in meiner Einfalt schrieb ich an den Volkskommissar Jeshow, an den Obersten Staatsanwalt, an Stalin. Eine Antwort bekam ich nie. Und ich kam zur Überzeugung, dass diese nächsten Mitarbeiter Stalins, ebenso wie er selbst, nicht nur wissen, was hier geschieht, sondern dass sie es wollen. Es geschieht ja mitten in Moskau, ein paar Schritte vom Kreml entfernt. Es geschieht nicht nur den Kleinen, Unscheinbaren, es geschieht auch den ehemals nächsten Gefährten von Stalin, seinem Sekretär, den Volkskommissaren, denen, die eben noch die Verfassung mit ihm zusammen ausarbeiteten, wie Eiche, Kossior, Postyschew, Sulimow.

In dieses Gefängnis werden Menschen aus allen Teilen der Sowjetunion gebracht – und in allen Gefängnissen des ganzen Landes dasselbe Bild! Welches Interesse können alle diese Untersuchungsrichter daran haben, offensichtlich unschuldige Menschen durch Erpressungen, Drohungen, Schläge und Folter zu den widersinnigsten Schuldgeständnissen zu zwingen? Abgerichtet hat man diese sogenannten Untersuchungsrichter, die man besser Folterknechte heißen sollte, nach wohlbedachtem System und fein ausgeklügeltem Plan. Nur der Volkskommissar für Inneres, nur der Oberste Staatsanwalt, nur Stalin selbst konnten diesen Plan ausarbeiten und gutheißen, der im ganzen Land verwirklicht wird. Und mit dieser Erkenntnis hatte ich die Partei verloren. Nicht in dem Moment, als man mich verhaftete und mir das Parteibuch wegnahm, sondern als ich begriff, dass die Partei die Achtung vor dem einzelnen Menschen, die Gerechtigkeit, die Wahrheit bespuckt, mit Füßen tritt, mit unschuldigem Blut beschmiert. Wo gehobelt wird, fallen Späne? Menschen, Tausende und Abertausende von Bürgern sind keine Späne. Was wird da gehobelt, frage ich Sie? Was wird da gebaut auf einem Fundament von Totenschädeln?

Und es wundert mich nicht, dass es die gleichen Führer, die sich allnächtlich an dieser höllischen Gefängnismusik ergötzen, nun auch noch nach geopferten Mutterherzen gelüstet. Dieses widernatürliche, ekelerregende Schauspiel kennzeichnet jene, die es inszenierten.

Aber – sein Flüstern wurde fast unhörbar –, dass meine Mutter, meine eigene leibliche Mutter mich verraten, mich verleugnen würde, dieser Partei zuliebe – auf solch teuflischen Gedanken bin ich nie gekommen, nicht einmal hier, wo man gelehrt wird, an niemand und nichts mehr zu glauben.«

Entsetzt, ungläubig starrte der Ingenieur auf den Jüngeren und machte eine Bewegung, als ob er ihn schütteln wollte. Doch im selben Moment öffnete sich die Klappe in der Tür, die Militärmütze des Wächters erschien in der Öffnung, Totenstille legte sich über die Zelle, die soeben noch vom Flüstergespräch ihrer etwa hundert Insassen erfüllt gewesen war.

Mühselig buchstabierte der Soldat den Namen des Ingenieurs, der mit einem lauten, erschreckten: »Hier« von den Brettern hinunter zur Tür sprang. Die Klappe fiel wieder zu, und mit dem klassischen Gerassel aller Gefängnisschlüssel aller Zeiten wurde die Tür geöffnet, der Ingenieur herausgelassen und wieder abgeschlossen. Aufs Neue durchsummte leises Murmeln und Geflüster die Zelle. Als der Ingenieur nach vielen Stunden gegen Morgengrauen vom Verhör zurück in die Zelle wankte, brauchte der Jüngere, der mit schlaflosen Augen, zwischen seinen Nachbarn eingezwängt, die Wanzen an der Mauer verfolgte, ihm keine Frage zu stellen.

Der da zurückkam, war kein Neuling mehr. In dieser Nacht hatte er erfahren, was das bedeutet: Sowjetjustiz! Mit leisem Stöhnen setzte sich der Ältere auf die Bretter und starrte hinunter auf das kleine Stück Fußboden an der Tür wie auf ein offenes Grab, in das er soeben sein Liebstes hineingelegt hatte.

Trotzdem die Mutter sich von ihrem Sohn losgesagt hatte, blieb sie verdächtig. Einige Wochen später machte man bei ihr eine

Haussuchung und fand in einem vergessenen Winkel ihrer Bibliothek zwei Bände des inzwischen verfemten Autors Bucharin.

Dies war Material genug, den Haftbefehl gegen sie zu erlassen. Diese beiden verstaubten Bände waren Beweis genug, sie zu acht Jahren Freiheitsentzug wegen konterrevolutionärer Tätigkeit zu verurteilen. Diktatur des Proletariats. Wer wurde da im Namen des Proletariats verurteilt? Eine Textilarbeiterin. Eine der vielen einfachen Frauen aus dem Volke, die daran geglaubt hatte, dass die Partei der Mehrzahl der Menschen mehr Licht in ihr Leben bringen könnte, und der Verwirklichung dieses Traumes ihr ganzes Leben hingegeben hatte. So sehr hatte sie daran geglaubt, dass sie darüber ganz vergaß, ihr eigenes Leben zu leben. Nein, ihr eigentliches Leben war ihr Leben mit der Fabrik. Sie war kein Streber. Aber sie war stolz und froh über jeden höheren verantwortlicheren Posten in der Fabrik, den sie sich errang, weil sie immer mehr Menschen teilnehmen lassen konnte an ihrem Wissen und an ihren Erfahrungen. Wenn man ihr eine bessere Wohnung anbot – sie hauste nach dem frühen Tod ihres Mannes seit eh und je in einem winzigen Zimmerchen mit ihrem Sohn – so lehnte sie empört ab: »Noch ist nicht die Zeit gekommen, an solche Dummheiten zu denken, wo so viele Arbeiterfamilien in einem Zimmer zusammen hausen!« Jedes bezwungene theoretische Buch war für sie eine Tat, auf die sie mit Genugtuung zurückblickte. Und immer wieder erfüllte es sie mit heimlicher Bewunderung, wenn ihr Sohn mit Leichtigkeit Bücher bezwang, die er bei Tageslicht, in Bibliotheken und Universitäten studieren durfte, während sie sich in früheren Jahren nächtlich, nach schwerer Arbeit bei einer Kerzenflamme hindurchbeißen musste. Sie waren beide aufeinander stolz, Mutter und Sohn. Nur hatten sie eigentlich gar keine Zeit, ihren Gefühlen Ausdruck zu geben. Auch wäre ihnen beiden das eher als unschicklich erschienen. Er wusste nur, dass er die lockendste Verabredung mit seinen Altersgenossen aufgab, wenn er einen Abend mit dieser unscheinbaren, etwas altmodisch gekleideten Frau im Kopftuch, mit diesem einfachen, klaren Gesicht, der starken Stirn, den breiten

Backenknochen, der Stupsnase und dem kräftigen, energischen Mund, die seine Mutter war, verbringen konnte. »Mama, wenn du lachst, gleichen deine Augen mit den vielen verschmitzten Fältchen in den Winkeln den Augen Lenins.« Sie wehrte erschrocken ab. Es gab nichts Höheres, nichts Heiligeres in ihrem Leben als Lenin. Wie durfte man sie mit ihm, wenn auch nur äußerlich, vergleichen? Seine Stimme war es gewesen, die sie zur Partei gerufen hatte, die dieses unerschütterliche Vertrauen zur Partei in sie gelegt hatte, das sie in all den Jahren nie verlassen hatte, wenn es manchmal auch Dinge gab, die ihr schwer verständlich waren. Nur an Lenin brauchte sie sich zu erinnern, um sich aller Zweifel und Anfechtungen zu erwehren. Ebenso wenig wie die meisten anderen Parteimitglieder bemerkte sie, dass sein Nachfolger den Namen Lenins schon längst missbrauchte, um sie auf einem Weg mitzureißen, der nichts mehr mit Lenins Weg zu tun hatte. Für sie war die Partei noch immer die Reinste, die Gerechteste, im Besitz aller Wahrheit und aller Weisheit. Und als ihre Stunde kam, und man ihr sagte: Lege Zeugnis ab für die Partei gegen deinen Sohn!, da opferte sie der Partei auch noch ihr Kind. Ihre Mutterliebe musste sie wohl verblendet haben – denn die Partei konnte nicht irren.

Erst im Gefängnis begriff sie, welches Unrecht sie ihrem Sohn getan hatte. Das Ungeheuerliche ihrer eigenen Verurteilung verblasste gegenüber der Verzweiflung über ihr Versagen als Mutter. Sie, die ihn hätte schützen, verteidigen müssen, als alle an ihm zweifelten, sie hatte ihm mit eigenen Händen den letzten Stoß gegeben.

Und der Viehwagen, der sie mit andern Gefangenen zusammen nach dem Fernen Osten führte, ratterte in ihren Ohren unaufhörlich: mein Sohn, mein Sohn, mein verlorenes Kind …

Zehntausende von Gefangenen gingen allmonatlich durch das Transitlager von Wladiwostok. Die Frauenbaracke, umgeben von einem kleinen Stückchen kahlen Hofes hinter dem Drahtverhau, lag auf einem Hügel. Die Männerbaracken lagen in getrennten Zonen etwas weiter unten. Nur einmal am Tag wurden aus jeder

Baracke ein paar Männer herausgelassen. Dann zogen sie zum Wasserholen jenen nackten, nur mit Stacheldraht bewachsenen Hügel hinauf, ganz nah an der Frauenzone vorbei.

Tag für Tag hielt die Mutter Ausschau nach ihrem Sohn. Und er kam. Er kam in schlotternden Elendslumpen auf dem abgemagerten Körper, das eingefallene Gesicht überwuchert von Bartstoppeln, mit kahl geschorenem, hängendem Schädel und apathischen, erloschenen Augen. Die blau-rot gefrorenen Knochenfinger hielten die Wassereimer. Nur eine Mutter konnte in diesem gebückten Schatten eines Mannes den Sohn wiedererkennen. Sie kniete am Zaun, die Hände um den Draht geklammert, das Gesicht so dicht hineingepresst, dass die Stacheln um ihre Stirn wie eine Dornenkrone lagen.

»Kind! Wolodja! Mein Sohn!«, schluchzte sie.

Er wandte sich um. Seine fremden, erloschenen Augen sahen gleichgültig durch das tränenüberströmte Gesicht der alten Frau hindurch, und schweigend schleppte er sich weiter den Hügel hinauf.

»Mein Sohn, mein Sohn«, schrie sie auf, als er mit den gefüllten Eimern langsam zurückkam.

»Verzeih, verzeih mir, verzeih deiner Mutter!«

Einen Augenblick setzte er die vollen Wassereimer ab, als ob ihm ihre Last unerträglich schwer geworden wäre, und sagte sehr leise und sehr ruhig:

»Ich habe keine Mutter mehr, meine Mutter hat sich von mir losgesagt!«, nahm die Eimer wieder auf und verschwand unter den gebeugten Gestalten am Fuße des Hügels.

Anna wird verurteilt – und ich auch

Als Anna eines Tages im Frühjahr 1938 in unsere Zelle kam, schaute sich kaum jemand von den 130 Zelleninsassen nach ihr um. (Fünf verschiedene Massenzellen des Butyrka-Gefängnisses habe ich kennengelernt. Damals befand ich mich in einer Zelle, die zur Zarenzeit zur Gefängniskirche gehörte.) Es war eine unscheinbare, kleine, magere Frau mit glattem, strähnigem Haar, blassblauen Augen und verhärmtem, schmalem Gesicht, das den üblichen Ausdruck grenzenloser Hilflosigkeit und Verstörtheit aller Neuankömmlinge trug. Auf die russischen Fragen der Zellenältesten, die ihr das enge Plätzchen auf den Brettern zumaß, konnte sie nur mit ein paar Brocken antworten – sie war eine Deutsche und beherrschte die Landessprache nicht.

Sie stellte die Turnschuhe, die sie an den Füßen trug, unter die Bretter, kletterte hinauf, rollte ihren dunkelblauen, schon reichlich schäbigen Mackintosh zusammen, schob ihn als Kissen unter den Kopf und streckte sich aus. Nachts legte sie Rock und Bluse ab, die ihr dann als Kissen dienten, während der Regenmantel die Rolle einer Decke übernahm. Meistens starrte sie schweigend auf das düstere Gewölbe der dunkelgrauen steinernen Decke über ihr. Von der Gefangenenkost, die kaum ausreichte, den ärgsten Hunger zu stillen, schob sie beständig noch einen Teil ihren Nachbarinnen zu, die sich gierig darüber hermachten. Am täglichen viertelstündigen Spaziergang auf dem Gefängnishof nahm sie nicht teil, sie nahm überhaupt an nichts teil, was diese eng begrenzte Außenwelt ausmachte, die sie umgab.

Einmal wurde sie zu einem kurzen, etwa einstündigen Verhör gerufen und kam von dort noch etwas verstörter zurück, als sie es ohnehin schon war.

Sie magerte zusehends und in erschreckender Weise ab, sodass es selbst dem Gleichgültigsten bewusst werden musste, dass diese kleine, unscheinbare Frau zugrunde ging, und dass sie es mit größter Bereitwilligkeit tat.

Ich hatte sie manchmal schon mit Unbehagen betrachtet. Mit Unbehagen deshalb, weil ich längst schon spürte, dass ich mich um diese Frau bemühen müsste. Und gerade das wollte ich nicht. Ich war schon so erfüllt von eigenem und fremdem Leid, dass ich keinen Raum mehr zu haben glaubte für den neuen Kummer, der aus den hilflosen Augen dieser Frau zu mir herüberkroch. War ich nicht genauso hilflos? Wer nahm sich meiner an? Hatte ich nicht monatelang in meiner Ecke gehockt, den Kopf an die kalten Steinwände gelehnt und die Wellen der fremden, unverstandenen Sprache über mich ergehen lassen, die an mir vorüberflüsterten, heiser, gleichgültig, neugierig, feindlich, herausfordernd – aber immer unverstanden? Zwar fand ich mich inzwischen einigermaßen zurecht in dem seichten Strom der alltäglichen Worte, doch hatte ich mich schon sosehr verliebt in meine Einsamkeit unter den viel zu Vielen, dass ich nur selten ein paar Worte mit meinen Nachbarn auf den Brettern wechselte. Zudem war mein Platz dicht am Fenster, wo ich ein Stückchen von einem Baum sehen konnte, eigentlich nur einen Ast mit ein paar Blättern. Mit diesem Ast und dem Wind in den Blättern pflegte ich täglich endlose Unterhaltungen.

Aber dann sah ich sie eines Nachts schlaflos auf den Brettern liegen, eingepresst zwischen ihren robusten Nachbarinnen, die sich ihres unruhigen kurzen Schlafes erfreuten – niemand schlief fest, denn alle erwarteten Verhöre, die immer nachts stattfanden –, ich sah sie zugedeckt mit ihrem allzu kurzen Regenmäntelchen, das die Beine freiließ, die sie nicht anziehen konnte, weil sie dann zu viel Platz eingenommen hätte. Sie lag so ergeben da, so ganz eingehüllt in ihre Verzweiflung. Nichts in dieser Gestalt sprach von Widerstand, von Empörung, von Protest. Es war das stumme, ergebungsvolle Leid eines Hundes, den man viel zu weit weg von seinem geliebten Herrn verkauft hat, als dass er je zu ihm zurückgelangen könnte, und der daran eingeht.

Ich schämte mich so in dieser Nacht, dass ich kaum den Morgen erwarten konnte, um zu ihr zu gehen. Und so erfuhr ich ihre Geschichte.

Anna war aus Hamburg. Dort war sie geboren, dort war sie aufgewachsen, dort hatte sie geheiratet. Bis zu ihrem vierzigsten Jahre hatte sie nie die Stadt verlassen. Das Schicksal hatte ihr keine Reisen geschenkt. Aber sie war es auch so zufrieden, denn sie hatte einen guten Mann, der als Chauffeur arbeitete, und sie schlugen sich durch, recht und schlecht. Kinder hatten sie nicht.

Es gab nur eine Quelle der Verstimmung zwischen ihnen: Er

war Kommunist – was sie nicht gestört hätte, denn sie verstand davon nichts und mischte sich in solche Dinge nicht hinein. Aber häufig brachte er seine Genossen nach Hause, dann saßen sie bis tief in die Nacht und diskutierten, wie sie es nannten, und wurden laut und heftig und verräucherten die Küche – und welche Hausfrau hätte das gerne gehabt? Ein paar Mal kam er zerrauft und zerschlagen von einer Demonstration zurück, sodass sie immer ein wenig in Sorge um ihn war. Aber alles in allem hatten sie – wie gesagt – ein gutes Leben miteinander. Bis zum Jahre 1933. Dann kam Hitler, und er musste sich verstecken. Aber sie waren ihm auf den Fersen, und so musste er eines Tages außer Landes flüchten.

Dann hörte sie lange nichts mehr von ihm. Dafür kam ab und zu einer seiner ehemaligen Freunde, und sie versteckte sie, wenn es ihr möglich war, denn es waren Menschen in Gefahr, und sie dachte nicht mehr daran, wie oft sie früher über diese Freunde gebrummt hatte.

Bis dann schließlich ein Brief ihres Mannes aus Russland kam. Er war in Sicherheit und hatte Arbeit. Und sein Verdienst würde auch für zwei ausreichen. So wollte er sie fragen – sie sollte ihn nicht falsch verstehen, es wäre nur eine Anfrage –, ob sie sich vielleicht dazu entschließen könnte, zu ihm zu kommen. Sie fehlte ihm sehr, aber er wollte sie in keiner Weise beeinflussen, denn es würde ihr vielleicht ein wenig schwer werden, sich hier einzugewöhnen. Dass er Sehnsucht hatte nach ihr, das könnte sie sich wohl vorstellen, aber sie sollte es sich gut überlegen. Falls sie sich entschließen könnte, würde er alles Notwendige für ihre Reise veranlassen.

Und sie entschloss sich. Sie entschloss sich, obwohl sie bisher in ihrem ganzen Leben nicht eine einzige Reise gemacht hatte; obwohl ihre ganze Familie Zeter und Mordio schrie; obwohl ein um Rat gefragter graubärtiger Freund der Familie – ein zur Ruhe gesetzter Schiffer –, der eine Art von sechstem Sinn besaß, bedenklich sein Haupt schüttelte; und obwohl die Karten, die sie – wie sie mit einem schüchternen Lächeln gestand, gut zu legen verstand, für eine bevorstehende Reise auf große Hindernisse hinwiesen. Sie fuhr trotzdem, einfach, weil sie der Ansicht war, dass sie zu ihrem Mann gehörte, dass sie immer zu ihm gehört hatte, und dass es keinen Grund gab, weswegen sie jetzt, wo er allein unter fremden Menschen in einem fremden Land war, nicht zu ihm gehören sollte.

Es stellte sich heraus, dass er in Sibirien lebte. Als er ohne die nötigen Dokumente die russische Grenze überschritt, hatte man ihn festgenommen und vorsichtshalber nach Sibirien verfrachtet. Später hatte man herausgefunden, dass er mit Erlaubnis der kommunistischen Partei emigriert war, und man ließ ihn frei.

So hatte er sich an Ort und Stelle häuslich niedergelassen, soweit man das häuslich nennen konnte. Sie konnte es nicht. Ebenso wenig wie sie sich daran gewöhnen konnte, dass sie tagtäglich um jede Kleinigkeit, die sie einkaufen wollte, stundenlang Schlange stehen musste. Ebenso wenig wie an die Gemeinschaftsküche. Ebenso wenig wie an die Sprache. Ebenso wenig wie an die Kälte. Sie konnte sich nicht eingewöhnen, obwohl sie sich alle Mühe dazu gab.

Ihren Mann sah sie weniger als früher in Hamburg. Denn obwohl die offizielle Arbeitszeit kürzer war als in ihrer Heimat, war die Bezahlung zu gering, sodass er wie die meisten seiner Kollegen Überstunden machte. (Die Arbeiter des Betriebes X haben sich freiwillig verpflichtet, den Plan für das erste Quartal des Jahres um zehn Prozent zu überbieten! – schrieben dann die Zeitungen. Aber die konnte sie ja nicht lesen.) Und obwohl die Revolution in diesem Land schon vollbracht war, gab es hier noch viel mehr Versammlungen als in Deutschland, wo sie immer nur darüber geredet hatten. Allmählich magerte sie mehr und mehr ab, und er glaubte zuerst, sie sei krank. Dann merkte er, dass es das Heimweh war und benutzte die erste Gelegenheit, um in den Kaukasus überzusiedeln, wo es deutsche Siedlungen gab.

Er arbeitete im Dorf als Schlosser, und sie hatte Nachbarinnen, mit denen sie sich in ihrer Sprache unterhalten konnte. Auch war es nicht mehr so kalt wie in Sibirien. Aber es nützte nichts –

sie hatte Heimweh, und es war nichts dagegen zu machen. Sie konnte hier nicht leben. Schließlich begriff das auch der Mann. Sie musste zurück in ihre Heimat.

Inzwischen gab es aber eine große Schwierigkeit: Sie hatten beide die sowjetische Staatsbürgerschaft annehmen müssen. So schrieb er nach Moskau an den Vertreter der deutschen kommunistischen Partei in der Komintern, erklärte den Fall und bat, seiner Frau zur Rückreise zu verhelfen. Er bekam von dort die Antwort, dass man die Sache prüfen und ihm darüber berichten werde.

Inzwischen schrieb man das Jahr 1937. Auch die kaukasischen Berge konnten die Verhaftungswelle nicht aufhalten, die sich über das ganze Land ergoss. Kommunistische Flüchtlinge aus Hitler-Deutschland? Ins Gefängnis mit ihnen! Deutsche Kolonisten, die vor dreihundert Jahren, einer Aufforderung Katharinas der Großen folgend, das Land besiedelt hatten und noch immer an ihrer merkwürdigen altschwäbischen Sprache festhielten? Ins Gefängnis mit ihnen! Die Dörfer leerten sich, in manchem Dorf blieb kaum ein Mann übrig. Laut heulend rannten die Weiber hinter den Lastwagen her, der ihnen Väter, Männer, Brüder und Söhne entführte.

Anna blieb allein zurück in dem abgelegenen Bergdörfchen. Sie tat, was sie für ihre letzte Pflicht hielt: Sie forschte mit allen Mitteln nach ihrem Mann, doch konnte sie nicht in Erfahrung bringen, in welches Gefängnis er verschleppt worden war. Er war verschwunden – sie war allein. Jetzt konnte sie nichts mehr in diesem Land zurückhalten.

Mithilfe ihrer Nachbarinnen verkaufte sie ihre Habe und fuhr nach Moskau. Mit einem Holzköfferchen kam sie an und fragte sich durch bis zur Komintern. Nach langem Warten führte man sie zum Vertreter der kommunistischen Partei Deutschlands. Sie erzählte ihre Geschichte. Aber kaum hatte sie das Wort Verhaftung ausgesprochen, da schob man sie schon zur Tür hinaus: Mit Spionen und ihren Familien habe man hier nichts zu schaffen. Und so stand sie wieder mit ihrem Köfferchen auf der Straße.

Sie erinnerte sich, dass ihr Mann manchmal von einer Organisation »Die Rote Hilfe« gesprochen hatte, und nach vielen Missverständnissen zeigte man ihr den Weg. Es war ein weiter Weg. Und als sie schließlich vor den rechten Mann gekommen war, war es dieselbe Geschichte. Wenn ihr Mann verhaftet sei, so sei er ein Volksfeind, und da könnten sie nichts für sie tun. Sie wusste, dass ihr Mann kein Volksfeind war und auch kein Spion, aber das wollte hier niemand hören.

Sie war sehr müde, als sie wieder mit ihrem Köfferchen auf der Straße stand. Sie ging ein paar Straßen weit ohne jedes Ziel und dann fiel ihr ein, dass sie es beim deutschen Konsulat versuchen könnte.

»Sie sind Sowjetbürgerin geworden«, sagte der Beamte auf dem Konsulat. »Wir können sie nur heimschaffen, wenn die Sowjetbehörden Sie von der Sowjetbürgerschaft befreien. Hier haben Sie die Adresse des zuständigen Amtes.«

Sie fand das Amt, sie fand schließlich auch einen Beamten, der sie einigermaßen verstand. »Wenn Sie mir eine Bescheinigung bringen, dass das deutsche Konsulat Sie wieder in den Besitz der deutschen Staatsbürgerschaft setzt, werden wir Sie von der Sowjetbürgerschaft befreien.«

Sie nahm ihr Köfferchen und wandelte zurück zum deutschen Konsulat. Man nahm ihre Personalien auf und bedeutete ihr, am nächsten Tag wiederzukommen.

Sie stand auf der Straße und überlegte, wo sie die Nacht zubringen sollte. Da wurde sie verhaftet und ins Gefängnis gebracht. Der Sorge um ein Nachtquartier war sie enthoben, auf lange, auf viele Jahre.

Beim Verhör sagte man ihr, sie sei eine Spionin, ebenso wie ihr Mann. Dann konnte sie wieder gehen – in die Zelle natürlich.

Ich hatte keine Zeit mehr, am Fenster zu liegen und auf einen vorüberfliegenden Vogel zu warten, und manchmal spiegelte sich eine rosige Abendwolke im Fenster und erlosch – ohne mich. Ich war beschäftigt. Ich hatte alle Hände voll zu tun, um Anna zu erklären, dass alles noch gut ausgehen werde. Ich weiß nicht, ob meine Beweisführung, die ich für sehr klug hielt, ihr einleuchtete, aber sie fasste Vertrauen zu mir, so ein stilles menschliches Vertrauen. Vielleicht war es auch nicht so wichtig, was ich ihr sagte, sondern wie ich es sagte, und dass überhaupt jemand da war, der es ihr sagte.

Obwohl sie fast um zwanzig Jahre älter war als ich, klammerte sie sich an mich mit ihrer ganzen verschüchterten Seele, wie ein Waisenkind, das endlich einen Menschen gefunden hat, zu dem es gehört. Sie vergaß, was vor ihr stand, das Urteil, die drohende Verschickung. Sie hatte nur noch eine Angst: dass man uns beide trennen könnte.

Während der vierzehn Monate meiner Untersuchungshaft wurde ich dreimal zum Verhör gerufen. Das erste Mal zur Aufnahme meiner Personalien, das zweite Mal wurde ein Protokoll aufgestellt, dessen Inhalt jedem normalen Menschen als völlig harmlos erscheinen musste, das aber offenbar für sowjetische Richter belastend genug war, um ein Urteil auszusprechen und die verdächtige Tatsache enthielt, dass ich aus einer bürgerlichen Familie stammte, sowohl in Holland als in der Schweiz aufgewachsen war, in Deutschland und in Italien studiert hatte und im Hause eines Verwandten gelebt hatte, zu dessen Gästen Vertreter der verschiedensten weltanschaulichen Richtungen gehört hatten. Das Protokoll schloss mit dem Satz: »Ich habe nie einer konterrevolutionären Organisation angehört«, und ich unterschrieb. Beim dritten Verhör las man mir die Aussage einer Gefangenen gegen mich vor, die behauptete, sie habe mit mir in meinem Hotelzimmer über meine konterrevolutionäre Tätigkeit, die nicht näher definiert wurde, gesprochen. Meiner Bitte, mit dieser Frau konfrontiert zu werden, wurde nicht stattgegeben. Später erfuhr ich durch Gefangene, die mit ihr die Zelle geteilt hatten, dass man sie auf den »Konveyer« genommen hatte und sie nach achtzehn schlaflosen Tagen und Nächten schließlich alles unterschrieben hatte, was man von ihr verlangte. All diese Verhöre fanden im achten Monat nach meiner Verhaftung statt. Im vierzehnten Monat wurde mir die gegen mich erhobene Anklage mitgeteilt und zwar: § 58, Punkt 4 = Unterstützung eines fremden Staates gegen die Sowjetunion. Gleichzeitig teilte man mir mit, dass für dieses Verbrechen die Höchststrafe vorgesehen sei, nämlich Tod durch

Erschießen, und dass ich mich auf das Kriegsgericht vorbereiten könne.

Als ich mit dieser Mitteilung in die Zelle zurückkam, schliefen die meisten. Von meinem Platz war nichts zu sehen. Die Reihe der Leiber hatten sich darüber geschlossen. Ich schob einige Beine und einige Wanzen beiseite und blieb mit untergeschlagenen Beinen am Rand der Bretter sitzen. In dieser Nacht brauchte ich keinen Platz und keinen Schlaf.

»Kriegsgericht«, hatte der Untersuchungsrichter gesagt und »Tod durch Erschießen«. Er hatte es weder besonders feierlich gesagt, noch drohend, etwa so wie ein Professor seinem Studenten: »Examen …« und »durchgefallen …«

So sehr lange war es noch nicht her, da ich als Studentin mit dem antifaschistischen Abzeichen auf der Mantelklappe Flugblätter verteilt und die Mappen meiner Kameraden im Vorraum der Universität festgehalten hatte, während sie sich mit den Nazistudenten herumprügelten.

Und jetzt – »Tod durch Erschießen«. Aber die Angst, die mich bei meiner Fahrt ins Gefängnis gewürgt hatte, kam nicht wieder. Es war dieselbe Starre wie im Augenblick der Verhaftung. Dieselbe grenzenlose Hilflosigkeit und Verlassenheit. Die Einsamkeit der Kreatur, die man hineingestoßen in eine Welt des Feindlichen, Drohenden, Unheimlichen, Unverstandenen. Nichts, woran man sich klammern, worauf man hoffen konnte. Das Unwirkliche war wirklich geworden. Urzustand der Menschheit. Aber nicht der offene klare Kampf der Urwelt, sondern ein angefaultes, stinkendes Chaos, wo von Reinheit der Idee geredet wurde, wenn ausgeschlagene Zähne gemeint waren.

»Tod durch Erschießen …«? – Worte, die unfassbar blieben. Solch ein Tod, so unverdient, so unerklärbar, so sinnlos, war zu ungeheuerlich, als dass er zur Vorstellung werden konnte. Auch nicht zu Angst.

Und dann kam aus der Einsamkeit ringsum die Stimme meiner greisen Nachbarin und ihre gelbliche Hand mit den Gichtknoten: »Kind! Du weinst?«

Einige Wochen später ging die Klappe in der Tür auf, und etwa ein Dutzend Frauen wurden aufgerufen: »Fertigmachen, mit Sachen!«, schnauzte der Wachsoldat und schloss die Klappe.

Mit zitternden Händen packte Anna ihre Waschsachen in ein Bündelchen und stellte sich kreidebleich zu den andern Aufgerufenen an die Tür.

Die kommen jetzt alle vor Gericht, vermuteten wir.

Aber daran dachte Anna nicht. Ihre entsetzten Augen suchten nach mir, die zurückblieb.

Und dann ging die Klappe noch einmal auf. Ein einzelner Name wurde noch nachträglich aufgerufen. Jetzt war es an mir, mit zitternden Händen mein Bündelchen zu schnüren.

Mehr als vierzehn Monate hatte ich auf diesen Augenblick gewartet. Vierzehn Monate hatte ich Frauen durch diese Zelle gehen sehen, Frauen die gehofft, geweint, geflucht und gebetet hatten und schließlich nach einigen Monaten hinter der eisernen Tür verschwunden waren. Nur ich war immer wieder zurückgeblieben. Manchmal glaubte ich schon, dass ich so auf Zeit und Ewigkeit in dieser Zelle bleiben würde.

Nun war es damit zu Ende. Was erwartete mich an diesem Herbsttag des Jahres 1938? Meine Knochen taten mir weh von den zärtlichen Abschiedsumarmungen, als ich mich schließlich neben Anna an der Tür aufstellte. Besorgt sah ich sie an. Aber ihr Gesicht war wieder ganz ruhig. Was auch immer kam – wir waren zusammen.

Dann wurde die Tür auf- und zugeschlossen und wir standen auf dem Korridor. Schweigend – jedes Wort war strengstens verboten – setzten wir uns in Bewegung.

Schließlich übergab uns der Soldat einem andern, der uns eine neue Zelle aufschloss. Eine Art von Warteraum, denn sie war ganz leer, bis auf ein paar steinerne Bänke an den Wänden. Etwa hundert Frauen aus verschiedenen Zellen standen und saßen dort herum. Manche erblickten ein bekanntes Gesicht und stürzten sich aufschluchzend in die Arme.

Eine Wartezelle ist zum Warten da. Wir warteten. Eine Stunde, zwei Stunden, drei Stunden. Ob wir jetzt vor Gericht kommen würden? Ob wir uns verteidigen durften? Ob Zeugen vorhanden waren?

Dann öffnete ein Gefängnisoffizier einen Spaltbreit die Tür und schrie: »Ruhe!«

Es war ganz überflüssig – alle waren wie erstarrt bei seinem Erscheinen.

Er sagte, wir sollten uns alle in einer Reihe an der Tür aufstellen, egal in welcher Reihenfolge, und verschwand.

Schlange stehen ist jedem Sowjetbürger eine vertraute Sache; im Nu stand eine hübsche, ordentliche Schlange an der Tür. Nur ging es hier ohne Drängeln und Stoßen ab, und niemand zeigte die verwerfliche Absicht, sich weiter nach vorn zu mogeln. Im Gegenteil, man konnte ein höfliches »vielleicht wollen Sie sich zuerst anstellen?« hören, was aber ebenso höflich abgelehnt wurde.

Nachdem man uns noch eine geraume Weile den Genuss des Wartens hatte auskosten lassen, öffnete sich die Tür wieder auf einen Spalt, und die vorderste Frau wurde herausgelassen.

Nach etwa drei Minuten kam sie zurück, und die nächste Frau ging. Es klappte wunderbar. Alle drei Minuten kam und ging eine Frau, und wenn sie zurückkamen, hatten sie ihr Urteil weg.

Mit jeder Zurückkommenden wurde das Schluchzen im Raum lauter, und in allen Ecken ballten sich Knäuel aus Verurteilten und noch nicht Verurteilten, aber es war nichts zu verstehen als ein gestöhntes, geflüstertes, geweintes: »Zehn Jahre« oder »acht Jahre«, seltener »fünf Jahre«.

Wir warteten, ob nicht zufällig einmal jemand freigesprochen würde, zum Beispiel die alte, etwa siebzigjährige Dame mit den weißen Haaren, aber auch sie kam mit einem Urteil von zehn Jahren Freiheitsentzug und einer Herzattacke zurück. Freisprüche gab es nicht.

Anna stand hinter mir in der Schlange, ihre Augen wurden immer größer und ihre schmächtige Gestalt immer kleiner. Ich hörte ihren gepressten Atem und spürte, wie sie zitterte. Vielleicht zitterte ich auch selbst – das kann ich nicht beschwören.

Dann führte mich ein Soldat über den Korridor in einen andern Raum, wo ein NKWD-Offizier an einem langen Tisch saß. Ich hatte mich ihm gegenüber auf einen Stuhl zu setzen. (Dieser Stuhl war offenbar vorhanden, weil die Verurteilten Neigung zeigten, in Ohnmacht zu fallen, was die schnelle Abfertigung verhindert hätte.) Er fragte nach meinem Namen, spuckte auf den Zeigefinger der rechten Hand und begann mit der Geschwindigkeit eines Noten zählenden Bankbeamten einen Stoß von schmalen Zetteln zu durchblättern. Als er den richtigen gefunden hatte, wiederholte er meinen Namen, räusperte sich und leierte dann mit der gleichgültigsten Stimme von der Welt herunter:

»Der Häftling E. L., geboren am … 19 … in Y., wurde vom besonderen Richterkollegium bei NKWD, Moskau, auf der Tagung vom … wegen konterrevolutionärer Tätigkeit zu fünf Jahren Freiheitsentzug, abzubüßen in einem Besserungs-Arbeitslager, verurteilt. – Unterschreiben Sie!«

Wenn man sich weigerte, wurde der Soldat aus dem Korridor gerufen und unterschrieb, dass man in seiner Gegenwart dem Gefangenen das Urteil mitgeteilt hatte. Während ich meine Unterschrift unter den Wisch setzte, knirschte ich so laut mit den Zähnen, dass der Offizier erstaunt und belustigt aufschaute. Dann schrie er: »Die Nächste!«

Die Nächste war Anna. Ich konnte ihr gerade noch einen aufmunternden Blick zuwerfen, als ich mit meinen fünf Jahren zurückkam.

Abermals wurde eine Frau herausgeführt, ohne dass Anna zurückgekommen wäre. Ich war so außer mir über ihr Verschwinden, dass ich keine Zeit hatte, über meine fünf Jahre nachzudenken. Schließlich kam sie halb tot vor Aufregung in die Zelle getaumelt. Der Offizier hatte ihr das Urteil wie allen andern heruntergerasselt, und sie hatte nicht ein Wort davon verstanden. Daraufhin hatte er nach einem Übersetzer telefoniert und sie inzwischen hinausführen lassen in eine der sogenannten »Hundehütten«.

Sie hatte überhaupt nichts begriffen und war überzeugt, dass schon alles vorüber sei. Da man sie nicht zu uns in die Zelle zurückgebracht hatte, war es klar für sie, dass sie ein anderes, noch furchtbareres Urteil bekommen hatte und wartete jede Minute darauf, dass man sie zum Erschießen holen würde. Stattdessen wurde sie noch einmal zu demselben Offizier geführt, dessen Bemühungen um einen Übersetzer offenbar fruchtlos geblieben waren.

Er stützte einen Ellbogen auf den Tisch, spreizte die Finger einer Hand auseinander und fuchtelte damit mehrmals vor ihrer Nase herum. Dann fragte er, ob sie verstanden hätte. Sie nickte. Sie hatte verstanden. Fünf Finger – fünf Jahre. Sie unterschrieb.

Das war die Urteilsverkündung.

Von den hundert Frauen hatten in dieser Nacht etwa zehn eine Strafe von fünf Jahren, etwa dreißig eine Strafe von acht Jahren und die übrigen sechzig eine Strafe von zehn Jahren bekommen.

Daraufhin erhielt jede einen Bogen Schreibpapier, worauf man einen Verwandten zu bezeichnen hatte, dem man seine zurückgebliebenen Eigentümer zur Aufbewahrung während der Jahre der Gefangenschaft anvertraute.

Ich hatte keine Verwandten in der Sowjetunion, so vertraute ich meine Habe den Organen der NKWD zur Aufbewahrung an. Ein übertriebenes Vertrauen. Denn ich sah nie auch nur einen Faden von meinen Sachen wieder. Als ich mich kurz vor meiner Heimschaffung mit einer schüchternen Anfrage in dieser Angelegenheit an einen Beamten der NKWD wandte, sah er mich so treuherzig erstaunt an, als ob ich mich nach mehr als zehnjähriger Haft nach den frischen Eiern erkundigte, die in meinem Zimmer zurückgeblieben waren.

Annas ganzes Besitztum war ihr hölzernes Köfferchen, das man bei ihrer Einlieferung ins Gefängnis in Verwahrung genommen hatte, sodass sie keine Verwendung für diesen weißen Bogen hatte.

Sie weinte leise vor sich hin, während wir durch verschiedene Höfe, die durch hohe Mauern, Wachttürme und eiserne Tore voneinander geschieden waren, zur Behausung der Verurteilten, der runden Turmzelle schlichen.

Dort stürzten sich alle in wilder Hast und Aufregung auf die

Bretter, um einen Platz zu erwischen. Man konnte meinen, dass das Wohl und Wehe der kommenden zehn Jahre von diesen knapp vierzig Zentimetern abhing, die von jedem mit verzweifelter Erbitterung verteidigt wurden. Weder Anna noch ich hatten die Situation rechtzeitig erfasst, und so blieben wir am Rande der Bretter sitzen, umgeben von den Füßen erschöpfter Kämpfer, die im Übrigen ebenso wie wir schlaflos den Morgen erwarteten. Am nächsten Tag klemmte man noch ein Brett in die Zelle, sodass auch wir unser Plätzchen bekamen.

Anna hatte aufgehört zu weinen. Ab und zu murmelte sie vor sich hin: »Fünf Jahre, wozu? Fünf Jahre ...«

Ich schluckte meine eigene Verzweiflung bis auf Weiteres herunter und machte einen Generalangriff auf die fünf.

»Fünf Jahre oder zehn Jahre oder zwanzig Jahre – das ist ganz egal«, erklärte ich ihr. »Sowieso werden wir sie nicht absitzen. Das musst du doch einsehen. Schließlich sind wir nicht bei den Hottentotten. Dies ist ein Rechtsstaat (oh, über meine heilige Einfalt!). Bei der ungeheuren Menge der Fälle sind Irrtümer unterlaufen, die bestimmt richtiggestellt werden. Wir werden Eingaben schreiben, unsere Unschuld darlegen, man wird unsern Fall revidieren und uns freilassen. Wir müssen nur an den richtigen Mann gelangen, dann wirst du sehen, wie sich alles aufklären wird.« (Im Laufe der nächsten zehn Jahre schrieb ich Eingaben an die verschiedensten Stellen, aber der rechte Mann muss wohl nicht darunter gewesen sein.)

Ich sagte ihr noch vieles Tröstliche und Hoffnungsvolle, so bemüht, sie zu überzeugen, dass ich schließlich selber ein wenig an meine Worte glaubte. Ab und zu sah sie mich an, voll schüchternen Vertrauens, und schließlich lächelten wir beide in unserm Elend.

Ein paar Tage später wurde sie krank. Sie bekam hohes Fieber und Nierenbluten. Etwa eine Woche wälzte sie sich Tag und Nacht in Schmerzen auf den Brettern, und ich konnte nichts für sie tun, als die Krankenschwestern verfluchen, die ihr Pülverchen durch die Klappe in der Tür überreichen ließen und sich nicht einmal zu ihr in die Zelle bequemten.

Einmal im Monat konnte man sich zur Gefängnisärztin einschreiben, die im Korridor ihren Empfang mit märchenhafter Geschwindigkeit abwickelte. Ich ging zu ihr und erklärte ihr, – wütend und in schlechtestem Russisch, worum es sich bei Anna handelte. Sie brüllte mich an, ich solle mich um meine eigenen Angelegenheiten kümmern, aber sie untersuchte Anna, die am selben Tag ins Gefängnisspital überführt wurde.

Sehr gegen ihren eigenen Willen. Denn was sollte aus ihr werden, wenn ich inzwischen abtransportiert würde? Tatsächlich ließ sie sich am Tag des Transports, von dem sie durch einen Zufall erfahren hatte, aus dem Spital entlassen, obwohl sie noch kaum auf den Beinen stehen konnte.

Die Kinderorganisation

Während Anna im Gefängnisspital war, hatte ich Zeit, mich nach meiner andern Nachbarin umzusehen. Eigentlich wusste ich gar nichts von ihr. Nur, dass sie in ihrer Heimatstadt Kostroma zu fünf Jahren verurteilt worden war und jetzt mit uns zusammen auf den Abtransport ins Lager wartete. Kurz vor ihrer Verhaftung hatte sie gerade angefangen, Medizin zu studieren. Dabei sah sie eher aus wie ein russisches Bauernmädchen mit ihren rötlichen Zöpfen, der etwas flachen Stupsnase, den vollen Lippen und den starken Händen. Die hohe weiße Stirn über den hellen Augen war von einer tiefen Falte durchschnitten, die den Schmerz verriet, der dahinter bohrte und bohrte.

»Lydia, woran denkst du?«

»An meinen Vater.«

»Ist er in der Freiheit?«

»Nein, wir wurden am gleichen Tag verhaftet.«

»Sitzt du seinetwegen?«

»Nein, ich wurde verurteilt wegen Nichtanzeige, § 58, Punkt 12 – zu fünf Jahren.«

»Wen hast du denn – nicht angezeigt?«

»Meinen kleinen Bruder.«

Lydia starrte schweigend auf die Bretter vor uns.

»Dein einziger Bruder?«

Lydia schnipste eine Wanze von ihrem Ärmel.

»Ja, ich hatte nur den einen. Er war drei Jahre jünger als ich. Damals war er sechzehn Jahre alt und ging zur Schule. Da kramte ich einmal in seiner Schublade, weil ich irgendetwas suchte, und dabei fiel mir etwas Furchtbares in die Hände. Es war ein Flugblatt, ein antisowjetisches Flugblatt. Und die Abziehmaschine, mit der es vervielfältigt worden war, stand auch in seinem Schrank.

Nun musst du wissen, dass zu jener Zeit die großen Verhaftungen anfingen, und viele Kinder in seiner Schule deswegen ohne Eltern blieben. Sie wussten, dass ihre Eltern unschuldig waren, und als sie nicht wieder freigelassen wurden, taten sich die Kinder in ihrer Verzweiflung zusammen und gaben ein Flugblatt heraus, worin sie gegen die Verhaftung ihrer unschuldigen Eltern protestierten.«

»Ich weiß«, unterbrach ich sie, »dass in den Jahren 1937/38 solch eine Kinderorganisation, die sich ›Rache für die Eltern‹ nannte, in vielen großen Städten existierte. Sie ist aber wohl sehr schnell liquidiert worden, sowohl durch Verhaftungen und Verschickungen als durch Ausschluss aus den Schulen. Ich habe mit solch einem Schulmädel zusammen in der Untersuchungszelle gesessen, die mir vieles darüber erzählte.«

»Wie sie meinen Bruder für sich gewonnen haben, weiß ich nicht. In unserer Familie war niemand verhaftet. Aber sie brauchten natürlich jemand, auf den kein Verdacht fiel.

Jedenfalls nahm ich ihn mir vor, als er aus der Schule kam. Zuerst war er sehr erschrocken über meine Entdeckung, aber dann wurde er störrisch. ›Mische dich gefälligst nicht in meine Angelegenheiten. Ich bin groß genug, um zu wissen, was ich tue‹, brauste er auf.

›Du bist gerade groß genug, um uns alle ins Unglück zu stürzen. Verstehst du nicht, dass man Vater und Mutter deinetwegen zur Verantwortung ziehen wird?‹

Daran hatte er nicht gedacht. Vielleicht hatte er sich romantische Vorstellungen darüber gemacht, wie er für eine gerechte Sache heldenhaft zugrunde gehen würde, aber dass man seine zarte, vergötterte Mutter seinetwegen ins Gefängnis schleppen könnte, das hatte er nicht erwogen. Alles, was an Zärtlichkeit in seinem heißen Bubenherzen steckte, gehörte nämlich seiner Mutter. Ebenso wie mein Vater und ich trieb er einen wahren Kult mit ihr. Von Kindheit an bemühten wir uns, alle Aufregungen, alle Härten des Lebens von der Kränklichen fernzuhalten, die zeitweilig an Depressionen litt. Sein trotziges Jungengesicht verwandelte sich. Mit schüchterner Stimme bat er: ›Lyda, Lydotschka, sag niemand etwas von der Sache. Heute noch bringe ich alles fort. Und ich verspreche dir, dass ich nichts mehr mit diesen Dingen zu tun haben werde!‹

Ich bewahrte Schweigen, und ich weiß, er hat sein Versprechen gehalten. Aber es war zu spät. Irgendeiner seiner Schulkameraden muss ihn verraten haben. Ein paar Monate später wurde er verhaftet, gerade eine Woche nach seinem siebzehnten Geburtstag. Schon in der Tür, zwischen den beiden NKWD-Beamten, die ihn abführten, drehte er sich noch einmal um – und sah die Mutter bewusstlos zusammensinken. Das war das Letzte. Mit diesem Bild der Mutter vor Augen wurde er ins Gefängnis eingeliefert.

Eines Abends klingelte an unserer Haustür ein alter bärtiger Droschkenkutscher. Flüsternd fragte er nach meinem Vater. Ich führte ihn hinein. Setzen wollte er sich nicht. Er schob seine Pelzmütze mit der rechten Hand aus der Stirn ins Genick und dann wieder mit der linken Hand vom Genick in die Stirn. Dann suchte er lange nach einem Stückchen Zeitungspapier, zerrte den Tabaksbeutel umständlich aus der Tasche seines Schafpelzes, drehte sich eine Zigarette, schaute meinen Vater an, dann mich, dann wieder seine Filzstiefel und bullerte plötzlich los: ›Hatten Sie einen Jungen im Gefängnis?‹

›Vor einem Monat wurde mein Sohn verhaftet‹, würgte mein Vater hervor.

›Bringen Sie uns Nachricht von ihm?‹, fragte ich voller Hoffnung.

›Ehäm‹, brummte der Kutscher, und dann schwieg er wieder eine Weile. ›Ich fahre nämlich manchmal Gefangene aus dem städtischen Gefängnis hinüber in das NKWD-Gefängnis zum Verhör, wenn die Gefängnisautos nicht ausreichen. Heute Morgen fuhr ich auch wieder einen Gefangenen, einen ganz jungen Burschen mit seinem Wachsoldaten. Als wir in diese Straße einbogen, bat er den Soldaten, er möge eine Minute anhalten, nur eine kleine Minute, weil hier an der Ecke im zweiten Stock seine Eltern wohnten. Nur einen Augenblick wollte er zu seiner Mutter hinaufspringen. Aber der Soldat sagte: Verboten! Und dann bettelte er wieder: nur auf eine ganz kleine Minute, nur einen Blick werfen auf meine kranke Mutter, dann bin ich wieder da! Aber der Soldat sagte wieder: Schweig! Verboten! – Wir fuhren gerade an diesem Haus vorbei, und auf einmal sprang der Junge vom Wagen. Noch ehe ich Prrr sagen konnte, um meinen Braunen anzuhalten, hatte der Soldat geschossen.‹

›Tot‹ – schrie mein Vater.

›Tot‹ – nickte der Kutscher. Dann ging er.

Nach ein paar Tagen mussten wir Mutter in eine Nervenheilanstalt bringen. So hat sie wenigstens nicht miterlebt, wie sie meinen Vater und mich verhafteten. Denn es war ihnen nicht genug damit, dass der Junge tot war.

Beim Verhör erzählte ich alles so, wie es gewesen war. Ich hoffte, sie würden wenigstens meinen alten Vater freilassen, der ja wirklich nichts gewusst hatte von der ganzen Flugblattgeschichte. Aber gerade ihn machten sie verantwortlich – als Erzieher. Acht Jahre Lager wegen konterrevolutionärer Tätigkeit bekam er für seinen toten Sohn. Eine Frau aus meiner Zelle, die mit ihm zur gleichen Zeit im Gefängnisspital lag, hat es in Erfahrung gebracht. Und mir gaben sie fünf Jahre wegen Nichtanzeige meines kleinen, toten Bruders.«

Drittes Kapitel

UNTERWEGS

Der Transport

Nach mehrwöchentlichem Aufenthalt in der Zelle für Verurteilte zogen wir eines Tages hintereinander aus dem Gefängnistor, ein schweigendes buntscheckiges Häuflein unglücklicher Frauen, junger und alter, jede noch in den Kleidern, die sie bei der Verhaftung getragen hatte, manche noch mit Spuren ehemaliger Eleganz; gleichmäßig bei allen war nur die durchgescheuerte Sitzfläche, die sich trotz emsiger Bemühungen nicht mehr stopfen ließ, vom ewigen Herumrutschen auf den ungehobelten Brettern.

Voll banger Erwartung vor dem Unbekannten überschritten wir die Schwelle. Das Erste, was wir erblickten, war der Gefängniswagen, der »Schwarze Rabe«, wie man dortzulande dieses finstere Gefährt nennt. Durch eine Gasse von gefällten Bajonetten, die unsern Weg zu beiden Seiten säumten, machten wir die paar Schritte zum »Raben«. Diese Bajonette durchbohrten unsere letzten Illusionen. Von diesem Moment an waren wir für jeden, der mit uns in Berührung kam, verurteilte Konterrevolutionäre, die schlimmste Sorte von Verbrechern, weit abgefeimter und verfehmter als irgendein Raubmörder. Der Wisch mit meinem Urteil, den ich unterschrieben hatte, war Papier geblieben; erst einen Monat später, beim Auszug aus dem Gefängnis, wurden diese fünf Jahre zu schauerlichem Leben erweckt. Meine letzten Hoffnungen auf Gerechtigkeit hängte ich an die Spitzen jener Bajonette.

Eine nach der andern kletterte auf den »Raben« und verschwand in seinem schwarzen Bauch. Anna hatten wir teils von unten geschoben, teils von oben heraufgezogen – diese gefährliche Verbrecherin war zu schwach, um sich allein hinaufzuziehen. Wortlos saß sie neben mir und hörte dem Schluchzen der Moskauerinnen zu, die auf immer Abschied von ihrer Heimatstadt nahmen.

Gegen Abend wurden wir auf einem Güterbahnhof weit außerhalb der Stadt in einen Viehwagen verladen. Einige ältere Frauen unter uns erinnerten sich, dass in der Zarenzeit diese Viehwagen die Aufschrift trugen: Zwölf Pferde oder achtundvierzig Menschen. Jetzt trugen sie keine Aufschrift mehr.

Aber als sich unsere Augen an die Dunkelheit im Innern des Waggons einigermaßen gewöhnt hatten, konnten wir feststellen, dass die Sowjetbehörden – eingedenk der Stalin'schen Parole »Einholen und überholen« – auch in diesem Punkt die Vergangenheit weit hinter sich gelassen hatten: Mit der Ankunft unserer Gruppe von fünfundzwanzig Frauen befanden sich etwa hundert Frauen in dem Waggon. Unsere nächste Feststellung bestand darin, dass es sich um lauter Kriminelle handelte, die unser Hereinkommen mit lautem Gejohle, schadenfroher Begeisterung, wenig schmeichelhaften Komplimenten und einem Geprassel schmutzigster Flüche feierten.

Wir standen vor ihnen, ein ziemlich jämmerliches, hilfloses Grüppchen, und ließen diese Empfangszeremonien über uns ergehen. Unser Horizont weitete sich. Wir bekamen einen ersten Vorgeschmack davon, dass nicht nur Gefängnisdirektoren, Lagerkommandeure und alle Arten von Wächtern, sondern in ebensolchem Maße unser eigener Bruder Gefangener uns das Leben in den kommenden Jahren zur Hölle machen würde.

In drei Etagen lagen sie auf den uns schon bekannten Brettern, neben-, über- und aufeinander, reckten die Hälse, zeigten mit ausgestreckten, tätowierten Armen auf uns, kicherten, gröhlten, feixten und spuckten verächtlich vor unsere Füße. Es war ein Anlass, für den es sich sogar lohnte, den wohlbehüteten Kerzenstummel anzuzünden, bei dessen Schein sie nicht nur uns, sondern auch die Gegenstände abtaxierten, um die sie uns zweifellos leichter zu machen gedachten, sobald der Zug sich in Bewegung setzen würde.

Im zuckenden Kerzenlicht sahen ihre Gesichter noch unheimlicher, lasterhafter, vertierter aus. Da gab es kein Mitleid, kein Erbarmen, weder mit sich noch mit andern, nur freche Herausforderung aller Heiligen und aller Teufel dieser Welt. Bunte Fetzen um wirre Haare geschlungen, brennende Zigeuneraugen in verlebten Kindergesichtern, ein Paar blendend weißer Brüste kaum von der zerlumpten Bluse bedeckt, neben einem männlich gekleideten Wesen, die Schiebermütze tief in das breite, dunkelhäutige, gewalttätige Gesicht gezogen, die die spöttischen, durchdringenden Augen fast völlig verbarg. Dieses Wesen mit einer heiseren männlichen Lache war ihre Anführerin. Mit dem Tabakstummel im Munde führte sie die Verhandlungen mit uns, als wir schließlich höflich darum baten, uns auch einige Plätze auf den Brettern frei zu machen. Wir sollten uns zu unserer Hündin von Mutter scheren, empfahl sie uns, umgeben von den Beifall grinsenden Gesichtern des Publikums.

Die Mutigste unter uns, eine kräftige junge Eisenbahnerin, die aus unerfindlichen Gründen wegen Trotzkismus verurteilt worden war – vermutlich hatte ihr Trotzki einmal aus einem vorbeirollenden Zug zugewinkt – versuchte es trotzdem, sich den Brettern zu nähern. Aber auch sie besann sich eines Bessern, als im selben Augenblick die Kerze ausgeblasen wurde: denn es war kaum ratsam, sich im Dunkel auf ein Handgemenge einzulassen.

So durchwachten wir fröstelnd aneinandergeschmiegt auch diese Nacht. Die Nächte in den Viehwagen sind lang. Die schwere eiserne Schiebetür ist von außen verschlossen, und nur durch den Filter zweier winziger, vergitterter Fensterchen fällt mageres, armseliges Licht.

Annas Gesicht konnte ich nicht sehen, nur ein leises Beben, eine Bewegung ihres Armes verriet, dass sie sich ab und zu die stillen unaufhörlichen Tränen wegwischte. Ein paar Mal ein Flüstern: »Oh, mein Gott, mein Gott, wofür, wofür?«

Wer beten konnte, hat es wohl in jener Nacht getan. Ich starrte unverwandt empor auf die Stelle, wo das Fensterchen sein musste und wo sich schließlich im Morgengrauen das dunkle Gitter gegen den helleren Himmel abzeichnete.

Zunächst beschlossen wir, die Annahme des Brotes bis zu unserer Überführung in einen anderen Waggon zu verweigern. Aber dann stellte sich heraus, dass in unserer kleinen Gruppe von zwei Dutzend Menschen keine Einigung in dieser Frage zu erreichen war. Teils aus Hunger, teils aus Angst. Es war zu gefährlich. Es sah nach Demonstration aus. Und Demonstrationen – außer den staatlich angeordneten – sind in der Sowjetunion nicht üblich. Auch nicht zu empfehlen. Da sie mit einer demonstrativen Verurteilung der Demonstranten enden. So wurde das also verworfen.

Als der Transportkommandeur bei der morgendlichen Zählung erschien, trugen wir ihm unsere dringende Bitte um einen anderen Viehwagen vor. Wir hatten Glück. Der Zug fuhr an diesem Tag noch nicht ab. Auch war genau so eine Gruppe von Konterrevolutionärinnen wie wir aus dem Gefängnis von Tula eingetroffen, sodass man uns mit ihnen in einem Viehwagen vereinte. Während der mehrwöchentlichen Fahrt hatten wir aber noch häufig das Vergnügen, unseren Waggon mit Kriminellen zu teilen, die unterwegs ein- und ausgeladen wurden. Alle übrigen achtundzwanzig Waggons des Zuges waren vollgepfropft mit gefangenen Männern.

Irgendwann in der Nacht rollte der Zug langsam davon. Wohin? Wir rollten tage- und wochenlang, und niemand wusste, wohin. Es gehört nicht zu den Gepflogenheiten der Sowjetjustiz, dem Gefangenen mitzuteilen, für welches Lager er bestimmt ist, obwohl das zusammen mit dem Urteil festgelegt wird. Es gibt drei Sorten von Lagern:

1. Die näheren = Lager im europäischen Russland.
2. Die entfernteren = Lager in Sibirien und Mittelasien (Kasakstan, Karaganda).

3. Die entlegenen = Lager in der Zone des nördlichen Polarkreises und im Fernen Nordosten.

Als unser Zug sich durch das Uralgebirge hindurchwand, wussten wir, dass die europäischen Lager für uns nicht infrage kamen. Anna und ich lagen schweigend auf den obersten Brettern. Wir hatten das Reden verlernt. Worte waren überflüssig, jetzt, wo die Tatsachen ihre vernehmliche Sprache führten. Wenn wir die Hand ausstreckten, konnten wir die gewölbte Decke des Waggons berühren, die allabendlich unter den Sprüngen der hin- und herjagenden Wachsoldaten krachte. Begleitet von ihren kläffenden Wolfshunden prüften sie die Festigkeit der Dächer, prüften, ob kein Fluchtversuch vorbereitet wurde.

Wir nährten uns von hartem, gefrorenem Brot und dem täglichen Teelöffel voll Zucker. Wasser genossen wir wie eine Kostbarkeit, obwohl es meistens Sumpfwasser war und immer in dreckigen Eimern verabreicht wurde. Manchmal verspürte man Lust, die durch die Kälte von weißem Reif überzogenen runden Eisenplättchen in den Wänden abzulecken. Obwohl der Zug immer nur wenige Stunden hintereinander fuhr – er legte gewöhnlich nicht mehr als zweihundertfünfzig Kilometer in vierundzwanzig Stunden zurück – um dann halbe Tage auf irgendeinem toten Geleise zu stehen, brüllten wir oft stundenlang im Chor: »Wasser, Wasser, einen Schluck Wasser; Wasser, Wasser …«, ohne dass sich irgendjemand darum bekümmert hätte. Dabei hatte unser Frauenwaggon – die kriminellen Frauen hatte man noch vor dem Ural ausgeladen – den Vorrang vor den Männern! Alle paar Tage einmal bekamen wir eine angeblich warme Suppe, die aber diese angenehme Eigenschaft meistens längst eingebüßt hatte, wenn sie zur Verteilung kam. Nach zehntägiger Fahrt gab es kaum jemand im Waggon, der nicht an Durchfall litt, was bei dieser Art von »Diät« natürlich nicht zu beheben war.

Wärmen konnten wir uns hauptsächlich am Anblick eines sympathischen, runden eisernen Öfchens. Nur selten belästigten wir diesen kleinen schwarzen Freund, denn Kohle oder Kohlenstaub bekamen wir höchstens alle paar Tage einmal, die wir dann eifrigst und mit bloßen Händen – in Ermangelung einer Schaufel – in den Ofen legten. Eine Stunde lang drängelten wir uns im Kreise um das Feuerchen, aufgeregt und gesprächig. Mit feierlichen Gesichtern wie bei einer religiösen Handlung streckten wir die grauen, ungewaschenen, abgemagerten Hände der Wärme entgegen.

Nach einer Stunde war alles vorbei. Nach einer Stunde kroch jeder stumm auf die Bretter, wieder jeder für sich, ein einsames, verlassenes, hilfloses Menschlein, mit zu wenig Decken, mit zu wenig Mänteln, mit zu wenig Blut für diesen eisigen sibirischen Winterwind, der durch die vielen Ritzen in den Waggon hineinpfiff. Die letzten roten Glutstückchen fielen durch den Rost in die Asche und erloschen. Finsternis, Kälte und das Rauschen des Zuges. Wohin? Wohin?

Nur ein altes Weibchen, eine ehemalige Nonne, hockte noch am Boden vor dem Öfchen. In vielen Gefängnissen hatte sie das Brot gekostet, alle Lager des Landes hatte sie durchwandert. Aber weder Gefängnisse noch Lager hatten sie überzeugen können, dass es besser wäre, von ihrem Glauben abzulassen. In das Rauschen des Zuges hinein sagte ihre alte, müde, ergebene Stimme: »Jetzt habe ich fast so viel gelitten wie Jesus Christus. Jetzt werde ich sicher bald erlöst werden.«

In dieser Nacht erwachte ich von einer Bewegung neben mir. Ich kroch vorsichtig unter meinem Mantel heraus in die Kälte und wusste sofort: Es war etwas mit Anna. Ich tastete nach ihr. Sie lag nicht neben mir. Sie kniete auf den Brettern.

»Anna«, flüsterte ich, »Anna, was tust du?«

Sie schreckte zusammen.

»Anna«, flüsterte ich wieder, »warum gibst du mir keine Antwort?«

Sie schwieg. Ich suchte nach ihren Händen, um sie zum Hinlegen zu bewegen. In ihren Händen hielt sie die Schlinge, die sie sich an der Waggondecke zu befestigen mühte.

Ich riss Anna gewaltsam an mich, warf die Schlinge weg, die

sie aus einem Handtuch gefertigt zu haben schien, hielt sie fest in meinen Armen und bedeckte die Zitternde mit unseren Mänteln.

»Anna, Anna, wie konntest du so etwas tun?«

»Oh, Kind, warum lässt du mich nicht sterben? Warum? Wozu soll ich mich noch jahrelang quälen lassen in diesem Land, in dem ich auch in der Freiheit nicht leben konnte? Kannst du mir sagen, wozu?«

Ich konnte es nicht. Ich konnte sie nur festhalten in meinen Armen und ihr ein wenig Wärme abgeben von meinem frierenden Körper.

Drei Wochen waren wir unterwegs, als der Zug in der sibirischen Stadt Mariinsk anhielt. Donnernd rollte die Schiebetür auf und der Transportkommandeur erschien mit einer Liste und zwei Wachsoldaten. Er las eine lange Reihe von Namen vor und bedeutete diesen Frauen, sich schleunigst fertigzumachen, da sie hier sofort ausgeladen würden.

Nur dreizehn Frauen blieben im Waggon zurück. Ich war unter ihnen. Anna war unter den Aufgerufenen.

So nahmen wir denn Abschied voneinander, Anna und ich. Ich stand an der Tür und schaute ihr nach, wie sie sich davonschleppte in ihrem dunkelblauen Regenmäntelchen und den Turnschuhen durch den tiefen sibirischen Schnee.

Bis die eiserne Tür wieder zugerollt und abgeschlossen wurde.

Ankunft in Wladiwostok

Am fünfunddreißigsten Tag der Fahrt blieb der Zug stehen, die Tür wurde aufgerollt, und die Wachsoldaten brüllten: »Alles fertigmachen, mit Sachen!« Blinzelnd im ungewohnten Tageslicht standen wir auf den Geleisen. Auf einen Augenblick. Dann standen schon die Wachsoldaten mit Hunden um uns herum und schrien: »Nieder! In die Hocke! Jedes Aufstehen wird als Fluchtversuch betrachtet und ohne vorherige Warnung geschossen!« Zweitausendachthundert Männer und dreizehn Frauen, die der

Zug ausgespuckt hatte, in Fünferreihen geordnet, hockten sich nieder, die Köpfe gesenkt, mit starren Gliedern, mühselig das Gleichgewicht wahrend. Die auf Gefangene dressierten Wolfshunde zerrten an der Leine, fletschten die Zähne und ließen japsend die rosige Zunge aus dem Maul hängen. Die Soldaten riefen sich Befehle zu, jagten ein paar neugierige Zivilisten davon und zählten immer wieder von Neuem die Reihen, die Gewehre mit den aufgespießten Bajonetten im Anschlag. Im kalten Novembersturm liefen die graugrünen Sträflingsgesichter bläulich an. Er brachte den Geruch des Stillen Ozeans mit. Wir waren in Wladiwostok angekommen. Von der Stadt sahen wir nicht viel. Quer über die Geleise hinweg, dann eine Landstraße entlang jagten wir dahin, vor uns, hinter uns, neben uns die Meute aus fluchenden Wachsoldaten und keuchenden Hunden.

Nach etwa einstündigem Marsch öffnete sich vor uns das erste Tor unseres ersten Lagers. Transitlager Wladiwostok. Kahle Hügel mit hölzernen Baracken und Stacheldraht gespickt. Nachdem sich sowohl die Transport –, als auch die Lagerkommandanten an uns sattgezählt hatten, wurden wir auf einen Platz innerhalb des hölzernen Palisadenzauns getrieben, die kleine Frauengruppe abseits von den Männern. Zum ersten Mal seit dem Tag der Verhaftung sahen wir Männer, die nicht Untersuchungsrichter und nicht Wachsoldaten waren. Zum ersten Mal sahen sie Frauen. Gespräche zwischen männlichen und weiblichen Gefangenen waren verboten. Nur die stumme Rede hungriger, trauriger Augen ging hin und her.

Den ganzen Tag verbrachten wir draußen auf dem Platz in Gesellschaft des Novembersturms. Immer wieder wurden wir gezählt, registriert und aufgerufen. Später wurden die Männer in kleinen Gruppen ins Bad abgeführt. Das Bad fasste nur zwanzig Menschen auf einmal. Die Frauen mussten bis zuletzt warten. Zu essen gab es nichts. Die Dunkelheit war längst hereingebrochen, als schließlich auch die Frauengruppe ins Bad geführt wurde. Es befand sich in einer ungeheizten Hütte, die in drei Räume geteilt war, den Auskleideraum, den Waschraum und den Ankleideraum. Die Verbindung zwischen Aus- und Ankleideraum neben dem Waschraum bildete die Desinfektionskammer.

Wir hatten uns nackt auszuziehen, unsere sämtlichen Kleidungsstücke auf einen eisernen Ring zu hängen, der dem Desinfektor übergeben werden musste. Der Desinfektor war ein Mann und keineswegs ein alter. Seine von oben bis unten tätowierten Arme und seine Bemerkungen über die vor ihm defilierenden nackten Frauen verrieten den Kriminellen. Dann warteten wir, blaurot vor Kälte, bis abermals zwei Kriminelle vom Lagerdienst, diesmal ein Friseur und ein Sanitäter, erschienen. Der Sanitäter untersuchte unsere Köpfe auf Läuse. Wer verlaust war, wurde kahl geschoren. Dann hatten sich sämtliche Frauen in einer Reihe vor dem Friseur aufzustellen, der ihnen die Haare unter den Achseln und auf der Scham abrasierte. Schluchzen und Proteste der Frauen halfen nichts. Es gab keinen weiblichen Friseur im Lager. Auf unsere Weigerung erschien der Verwalter des Bades, ebenfalls ein Krimineller, der uns nach einigen zotigen Bemerkungen über unsere Schamhaftigkeit mit dem Kommandanten von der Wache drohte. Wir fanden, dass schon genug Lumpenaugen unsere Nacktheit abgetastet hatten und resignierten. Mit einem einzigen stumpfen Rasiermesser, das zwischendurch weder abgewaschen noch desinfiziert wurde, wurde die Prozedur vollzogen. Im Waschraum bekam jede zehn Gramm Seife und einen hölzernen Bottich, den man zweimal mit lauwarmem Wasser füllen konnte. Dann wurde das Wasser abgestellt. Im Ankleideraum lagen unsere angeblich desinfizierten Kleider in einem Haufen auf dem keineswegs sauberen Zementboden, wo sich vor uns die zweitausendachthundert Männer von unserem Transport angezogen hatten. Nach wie vor zitternd vor Kälte zogen wir uns an. Der Schmutz von fünfunddreißig Reisetagen im Viehwagen hatte sich durch die Hitze in der Desinfektionskammer auf alle Zeiten in die Kleider eingefressen.

Über einen von Scheinwerfern grell beleuchteten, von Stacheldraht eingefassten Weg wurden wir einen Hügel hinauf zur speziellen Zone für Konterrevolutionäre geführt. Die Frauenbaracke war von einem mehrfachen Kordon von Stacheldraht umgeben. Der Wachsoldat schloss ein hölzernes Tor auf, öffnete die Barackentür, kündigte die Ankunft von dreizehn Neuen an und verschwand. Von der Türschwelle aus sahen wir das Licht in der Baracke und hörten Frauenstimmen. Wir freuten uns auf die erste ruhige Nacht nach fünfunddreißigtägiger Fahrt. An Hunger dachten wir nicht mehr, wir dachten nur noch an Schlafen. Es war ungefähr Mitternacht, als wir uns durch die Tür hineinschoben. Weiter kamen wir nicht. Denn der ganze Fußboden war über und über besät mit Frauenleibern. Die Bretter, die in zwei Etagen übereinander beide Längsseiten der Baracke einnahmen, waren ebenfalls bis zum Biegen mit aneinandergepferchten Frauen besetzt.

Die Barackenälteste, ein rothaariges Wesen, turnte über die Leiber hinweg und teilte uns mit, dass sie uns keine Plätze anweisen könnte, da keine vorhanden wären. Trotzdem rückten einige Mitleidige auf dem Boden zusammen, sodass die Neulinge sich irgendwie hinhocken konnten. Ich war als Letzte hineingekommen und auch als Schüchternste, und ich fand keinen Platz. Die Luft in der Baracke war stickig, erwärmt von den Ausdünstungen von etwa zweihundertfünfzig Frauen. Die Baracke war zwanzig Meter lang und sieben Meter breit. Ab und zu turnte jemand hinaus, um zu der auf dem Hof gelegenen Latrine zu gelangen. Um nicht jedes Mal im Weg zu stehen, gab ich meinen Stehplatz an der Tür auf und ging hinaus auf den Hof. Zum ersten Mal seit sechzehn Monaten genoss ich das Gefühl, eine Tür auf- und zumachen zu können.

Der Sturm hatte sich gelegt. Wir standen ja nicht mehr draußen auf dem Platz. Naturgewalten schienen immer gegen Gefangene zu sein. Ein herrlich ausgestirnter Nachthimmel breitete sich voll unendlichen Gleichmuts über Wachttürme und Baracken, über Wachsoldaten und Gefangene. Ganz überflüssig bemühte sich der Mond dort oben, dessen sanftes Leuchten vom blendenden Licht der Scheinwerfer verschluckt wurde.

Ich ging auf und ab im Hof, von einer Stacheldrahtwand zur

anderen, und jedes Mal, wenn ich an der Baracke vorbeikam, suchte ich nach einem Nagel. Ein passender Nagel war nicht zu finden. Dafür bemerkte ich das Glitzern eines Bajonetts oben auf dem Wachttürmchen. Mit lautem Schnaufen schnäuzte sich der Soldat hinunter auf den Boden (Taschentücher werden von der breiten Masse als Luxusartikel betrachtet.) Also war es nichts mit dem Aufhängen. So wanderte ich noch eine Weile auf und ab, bis mich die Kälte wieder in die Baracke trieb. Ich bemerkte ein winziges Plätzchen auf der unteren Bretteretage, wo eine Frau im Schlaf die Beine angezogen hatte. Kaum hatte ich mich vorsichtig auf dem Bretterrand niedergelassen, als sie sich streckte, einen Fremdkörper zu ihren Füßen entdeckte, ohne die Augen zu öffnen mit einem Bein ausholte und mir solch einen Tritt versetzte, dass ich im Bogen auf dem Fußboden landete. Aber, wie das russische Sprichwort sagt: Es gibt kein Glück, wo nicht ein Unglück mitgeholfen hätte. Auf diese Weise ergatterte ich mir ein paar Zentimeter auf dem Boden, lehnte meinen Kopf an einen Holzpfosten und schlief ein.

Transitlager Wladiwostok

Die für Kolyma (Nordost-Sibirien) bestimmten Gefangenen wurden zunächst aus den Gefängnissen des ganzen Landes nach Wladiwostok verfrachtet und bis zu ihrer Verladung auf einen Frachtdampfer im Transitlager untergebracht. Da es von Dezember bis Mai des Eises wegen keine Schifffahrt nach Kolyma gibt und jedes Schiff »nur« ungefähr siebentausend Gefangene nimmt, so mussten die Gefangenen oft ein halbes Jahr und länger in diesem Transitlager verbringen. Auch mir war es beschieden, hier 6 1/2 Monate lang die Wanzen zu füttern.

Der Aufenthalt in diesem Lager war außerordentlich aufschlussreich. Vor allem für solche, die noch in dem Wahn befangen waren, das Wüten von Staatsanwalt und Untersuchungsrichtern sei eine lokal bedingte Angelegenheit gewesen. Hier in dem Auffangbecken für Gefangene aus dem ganzen Land konnte man sich davon überzeugen, dass auch nicht ein Winkel der Sowjetunion von den Massenverhaftungen verschont geblieben war; dass überall dieselben Untersuchungsmethoden angewendet worden waren; dass mit der Gesetzmäßigkeit der Willkür überall zuerst die verantwortlichen Funktionäre aus Staats-, Wirtschafts- und Militärapparat darangekommen waren, dann alle, die zu ihnen in einem dienstlichen oder freundschaftlichen Verhältnis gestanden hatten und zum Schluss jene, die mit ihnen verwandt, verschwägert oder verheiratet waren.

In aller Augen stand die Frage: Warum? Und keiner wusste die Antwort. Wenn im Gefängnis noch ein erschrockenes Staunen über den Gesichtern gelegen hatte, die ungläubige Verwunderung des Menschen über den ihn peinigenden Menschen, über schuldlos erduldete Schmach und Grausamkeit, so konnte man jetzt etwas anderes lesen: Furcht und Verbitterung.

Nicht nur Erbitterung über das eigene Geschick erfüllte mich. Nicht nur Scham darüber, dass ich noch vor anderthalb Jahren dieses sowjetische System, das solch unendliches Leid über die Bewohner dieses Landes brachte, als das werdende Paradies auf Erden gepriesen und verteidigt hatte. Stärker als alles andere empfand ich das ohnmächtige Erbarmen, das einem die Seele wund drückte beim Anblick dieser geduldigen russischen und kaukasischen, tartarischen und mittelasiatischen, mongolischen und sibirischen Menschen aus dem Dorf, die ihr unverständliches Schicksal mit der stummen Ergebenheit misshandelter Tiere hinnahmen. »Vor Bettelsack und Gefängnis kann man nie sicher sein«, – das war alles, was sie dazu zu sagen hatten. Denn dieses uralte russische Sprichwort hat bis auf den heutigen Tag seine traurige Gültigkeit bewahrt.

Im Transitlager Wladiwostok gab es zwei Zonen: eine für Kriminelle, eine für Konterrevolutionäre. Die Kriminellen wurden für alle möglichen Arbeiten verwendet, erhielten bessere Ernährung, ihre Baracken wurden geheizt und beleuchtet, sie hatten pro Mann eine eigene Pritsche mit Strohsäcken und Decken, und ein Teil von ihnen erhielt Passierscheine und konnte sich ziemlich frei bewegen. Die Zone der Konterrevolutionäre war in mehrere kleine Zonen aufgeteilt. Jede Zone war von einem mehrfachen Kordon von Stacheldraht umgeben, das hölzerne Tor war stets verschlossen, an den Ecken hölzerne Wachttürmchen mit schussbereiten Wachsoldaten. Nachts erhellten grelle Scheinwerfer das ganze Gebiet, um das unaufhörlich Wachpatrouillen mit speziell auf Gefangene dressierten Hunden die Runde machten.

In den Baracken für Konterrevolutionäre, die ungeheizt und häufig ohne Beleuchtung waren, gab es zwei bis drei Etagen ungehobelter Bretter übereinander, Strohsäcke oder Decken gab es nicht.

Von Hygiene konnte überhaupt keine Rede sein. Während die Kriminellen sich jederzeit mit Wasser versehen durften, wurde eine viel zu kleine Anzahl von Konterrevolutionären einmal am Tag mit ihren Eimern zum Wasserholen herausgelassen, das in einer Entfernung von hundert bis hundertfünfzig Metern geholt werden musste. Die kleine Wasserration, die jeder erhielt, reichte kaum zum Trinken, geschweige denn zum Waschen aus. Nur die weiblichen Gefangenen erbettelten sich ab und zu ein paar Extraeimer, um die dann die erbittertsten Kämpfe unter ihnen ausbrachen: mit hysterischem Gekeife stürzten sie sich auf die Eimer, rissen sie sich gegenseitig aus den Händen, schleiften einander bei den Haaren weg, prügelten sich und weinten. Und immer waren es die Gleichen, die von ferne traurig, verschüchtert und sehnsüchtig auf das Wasser blickten, das sich immer die gleichen großmäuligen und großfäustigen Weiber ergatterten.

Zwei- bis dreimal im Monat wurden wir in das sogenannte Bad getrieben, wo sofort ein Sturm auf die völlig unzureichende Menge von Waschtrögen begann. Jene, die sich zuerst einen ergattert hatten, wobei abermals Frechheit und physische Kraft eine große Rolle spielten, wuschen sich in Seelenruhe, die Übrigen warteten und fluchten; denn bis die Reihe an sie kam, wurde das Wasser gewöhnlich gerade wieder abgestellt, sodass man häufig mit Seifenschaum am ganzen Körper in den Ankleideraum hinüberspazierte. Die Kleider waren in der Zwischenzeit wieder einmal entlaust worden. Da aber die Desinfektionskammern von Kriminellen bedient werden, die in jeder Arbeit nachlässig und faul sind, so wurde die Temperatur nicht bis auf hundert Grad gebracht, was tödlich auf die Läuse wirkt, sondern die Wärme in den Kammern war gewöhnlich so, wie es Läuse gerade gernhaben – recht gemütlich und belebend.

Wir waren so verlaust, dass wir schließlich gar nicht mehr den Versuch machten, die Läuse zu knacken, sondern wir griffen nur ab und zu unter das Hemd, wenn wir es vor Jucken gar nicht mehr aushielten, fischten eine Handvoll des Geziefers heraus und warfen es von uns. Meistens landeten die Läuse gar nicht auf dem Boden, sondern auf anderen Gefangenen, die dort saßen.

Da die Kleiderläuse die Träger von Flecktyphus sind, so brach 1938 im Transitlager von Wladiwostok eine furchtbare Flecktyphusepidemie aus, der Tausende von Gefangenen erlagen.

Das Lagerkrankenhaus war mit Kranken auf sämtlichen Pritschen, Korridoren, Fußböden so überfüllt, dass an eine regelrechte Pflege der Kranken gar nicht zu denken war. Die Hauptaufgabe des Personals – wozu auch einige Frauen aus unserer Baracke ausgewählt wurden, die nach dem Ende der Epidemie wieder zu uns zurückkehrten – bestand in der Feststellung, dass wieder so und so viele »hinüber« waren. Sie entgingen dem Jammer der Goldgruben, der auf die Übrigen wartete.

Schweigend starrten wir über die Stacheldrähte hinweg auf die Leichenwagen, die allabendlich das Lager verließen. Hochbepackt mit nackten Leichen, mit Stricken festgebunden, von einer Zeltbahn notdürftig bedeckt, schwankten sie hinaus in die ewige Freiheit. Moskau reagierte wie üblich erst dann, als der Epidemie in Wladiwostok bereits Zehntausende zum Opfer gefallen waren. Da wurde der Lagerkommandeur verhaftet. Sein Nachfolger führte eine gründliche Entlausung durch, die zum allmählichen Abflauen der Epidemie im Jahre 1939 führte.

In Bezug auf Wanzen ist der Sowjetbürger wahrhaftig nicht verwöhnt. Ihr Vorhandensein nimmt er eigentlich als eine natürliche Tatsache hin. Auch gibt es kaum einen Ort in der Sowjetunion, der nicht verwanzt wäre. Aber die Wanzen im Transitlager Wladiwostok wurden zur Legende, die in schaudernder Erinnerung späteren Generationen von Gefangenen, die dieses Lager nicht mehr durchgemacht hatten, überliefert wurde.

Die Baracken waren derartig verwanzt, dass nachts – zur Hauptarbeitszeit der Wanzen – an Schlafen kaum zu denken war, ganz abgesehen von der Enge. Aus den Wänden, aus den Brettern, über und unter uns kamen sie angekrabbelt, überfielen die Gepeinigten, die sich unter ihren brennenden Stichen wanden und drehten, sie zu fangen strebten, da doch die Erwischten stets von neuen Wanzen ersetzt wurden, und dieser Kampf dauerte allnächtlich bis zum Morgengrauen, das den erschöpften Opfern endlich den Schlaf brachte. Als im Frühling mit der wärmeren Temperatur immer größere Scharen von Wanzen über uns herfielen, beschlossen wir, draußen, außerhalb der Baracke, auf der Erde zu nächtigen. Und da spielte sich ein Schauspiel ab, das wir mit sprachlosem Entsetzen verfolgten: Aus der leeren Baracke zogen die Heerscharen der Wanzen in geschlossenen Formationen, ein langer, dunkler, kribbelnder Zug über die Schwelle hinter ihren fassungslosen, von Ekel geschüttelten Opfern her.

Das waren die Wanzen von Wladiwostok, die sich unbehelligt fort und fort vermehren durften.

Schiffe

Wer im Transitlager Wladiwostok saß, musste sich damit abfinden, dass sein Weg nach Kolyma führte. Niemand wusste etwas Genaues über dieses Gebiet. »Das Ende der Welt«, seufzten die einen, »völlig abgeschnitten«, die andern. Dann geriet eines Tages ein Geografiebuch in unsere Baracke und wanderte von einer Gruppe zur andern. Was dort über Fisch- und Pelztierreichtum stand, überflogen wir. Ebenso die Vorkommen von Edelmetallen. Was sich uns für immer einprägte, waren die Sätze über den

Permfrost: »Die Erde taut dort auch im Sommer nur auf einundzwanzig Zentimeter auf. In diesem Gebiet wurden die niedrigsten Temperaturen der Erde gemessen. Im Winter sinkt die Temperatur auf minus 70 Grad Celsius und darunter.«

Wir wurden sehr schweigsam und sehr nachdenklich nach dieser Lektüre. Am nächsten Morgen sah ich meine Nachbarin, eine junge Pianistin aus Moskau, angestrengt in ihrem Koffer herumkramen. Nach einer Weile tauchte sie mit einem Paar dicker wollener Strümpfe auf, die sie mir zum Geschenk machte. »Du musst sie nehmen«, bat sie, »ich habe dich heute Nacht im Traum gesehen mit abgefrorenen Füßen.« – Als ich im nächsten Winter durch den Schnee von Kolyma stapfte, dachte ich immer wieder mit Befriedigung: Ich habe ja noch Lilians dicke Strümpfe. Immer wieder schob ich den Tag ihrer Einweihung hinaus: noch kann ich es aushalten, vielleicht wird es noch kälter. Das Vorhandensein dieser Strümpfe, die bloße Möglichkeit, sie zu tragen, wirkte beruhigend, ja erwärmend. Bis ich eines Tages den aus einem Stück Decke improvisierten Rucksack öffnete, um sie herauszuholen. Aber die Strümpfe waren weg. Die Strümpfe waren längst gestohlen. Von jenem Tag an empfand ich die Kälte noch bitterer als zuvor.

Lilian und ich wurden noch in Wladiwostok getrennt. Sie hatte ein verkürztes Bein und gehörte zu der kleinen Gruppe von Schwerkranken und Krüppeln, die nach Mariinsk in Mittel-Sibirien zurücktransportiert wurden, wo solche Gefangene in einem Invalidenlager dahinsiechten.

Denn kein Lager ist so trostlos wie das Invalidenlager – wie ich später von vielen, vielen Augenzeugen erfuhr. Der ärztlich anerkannte Invalide ist zwar von der Arbeit befreit, aber er erhält nur 400 Gramm Brot am Tag. An den Abfallhaufen vor der Lagerküche schlagen sich die vor Hunger rasend gewordenen Krüppel um einen Heringskopf. Im Gegensatz zu allen übrigen Gefangenen, die nur darauf sinnen, wie sie zu einem arbeitsfreien Tag kommen können, lassen sich die Invaliden immer wieder auf Arbeit schicken, in der Hoffnung, etwas mehr Brot zu erhalten, aber immer wieder werden sie von den Vorarbeitern als unbrauchbar zurückgeschickt.

Die Überführung in ein Invalidenlager bedeutet keineswegs, dass man dort seine ganze Straffrist verbüßen wird. Auch in den Invalidenlagern werden regelmäßig ärztliche Kommissionen durchgeführt, die immer wieder einen Teil der Insassen für arbeitsfähig erklären und sie in die allgemeinen Lager schicken. Diese wiederum senden ihren Ausschuss an Menschenmaterial in die Invalidenlager, sodass ein dauernder Austausch zwischen Arbeits- und Invalidenlager besteht.

Was aus Lilian geworden ist, weiß ich nicht. Sie hatte acht Jahre Gefangenschaft vor sich wegen »konterrevolutionärer trotzkistischer Tätigkeit«, die ihr die flüchtige Bekanntschaft mit einem jungen Cellisten, dem deutschen Emigranten S. K. eingebracht hatte, der nach der Verbüßung einer dreijährigen Gefängnisstrafe bei den Nazis wegen illegaler kommunistischer Tätigkeit 1936 nach der Sowjetunion gekommen war, wo er 1937 als Trotzkist verhaftet und verurteilt wurde. Lilians Mann, der in Moskau lebte, hatte sich von ihr losgesagt. Trotzdem zweifelte sie nicht einen Augenblick daran, dass er sie liebte wie zuvor. Auch zürnte sie ihm nicht deswegen. Sie wusste, was seine Weigerung bedeutet hätte: Aufgabe seiner künstlerischen Laufbahn als Komponist und als Lehrer des Konservatoriums. Lilian gehörte zu den wenigen, die 1938 im Winter in Wladiwostok ein Paket von zu Hause erhielten. Unter all den märchenhaften Dingen, die ihre Mutter mit zärtlicher Sorge zusammengestellt hatte, befand sich ein kleines Päckchen, das in Notenpapier eingeschlagen war und die Aufschrift »Vitamin C« trug. Sonst nichts. Aber dieses trockene Wort in der Handschrift ihres Mannes auf seinem Notenpapier bedeutete für sie ebenso viel wie ein langer, heißer Brief, bedeutete die stumme Versicherung eines gequälten Menschen, dass er trotz allem zu ihr gehörte.

Mit der Abreise der Invaliden nach Mariinsk schwand für uns Zurückgebliebene die letzte Hoffnung, Kolyma zu entrinnen. Zwar wurden ein paar Hundert Gefangene in der Zeit der Frühjahrsaussaat nach dem in der Nähe befindlichen Sowchos (Staatsgut) Dubininsk zum Kartoffelsetzen geschickt, aber sie kehrten nach wenigen Wochen ins Lager zurück. Spät am Abend kamen sie an, ein merkwürdiger, taumelnder, tastender Zug von stolpernden, aneinandergeklammerten Gestalten, denn die meisten Frauen waren nachtblind geworden. Erst nach einiger Zeit, als es den Ärzten gelungen war, etwas Lebertran aufzutreiben, konnte dieses plötzliche massenhafte Auftreten von Nachtblindheit geheilt werden.

Es war im Mai 1939, als die ersten Gerüchte über ein Schiff durchsickerten, das im Hafen für uns bereitstünde. Es war der Frachtdampfer »Dalstroi«, in dessen Laderäumen wir an einem strahlenden warmen Sonnentag verschwanden. Siebentausend Gefangene, davon fünfhundert Frauen in einem besonderen Verschlag.

Während der ganzen Fahrt, die eine Woche dauert, betritt niemals ein Mitglied der Wachmannschaft oder der Schiffsmannschaft die Laderäume mit den Gefangenen. Sie fürchten sich hinabzusteigen, besonders wenn eine größere Anzahl von Mördern und Banditen transportiert wird, da sie ja eine verschwindende – wenn auch schwer bewaffnete – Minderheit gegenüber den Gefangenen darstellen. Schussbereit stehen sie da, wenn die Gefangenen zur Benützung des Abtritts in kleinen Grüppchen auf Deck gelassen werden. Was unten geschieht, darum kümmert sich niemand. Infolgedessen herrscht bei allen Überfahrten in den Laderäumen der offene Terror der Kriminellen. Wer von den Konterrevolutionären ein Kleidungsstück besitzt, das den Kriminellen gefällt, wird ausgezogen. Wehrt er sich, wird er zusammengeschlagen. Den Alten und Schwachen wird das Brot mit einem Faustschlag weggerissen. Es gibt keinen Transport, bei dem nicht mehrere Gefangene an diesen Misshandlungen zugrunde gehen.

Bei jeder Überfahrt springen ein paar »Konterrevolutionäre« über Bord, um ihrem Leben ein Ende zu machen. Gewöhnlich versinken sie in aller Stille. Manche haben den Absprung bei der Durchfahrt durch die schmale Tatarische Meerenge gewagt, wo das Schiff in einer Entfernung von wenigen Kilometern an Sachalin vorüberfährt. Hier besteht die Möglichkeit, dass er sich rettet oder von einem Fischkutter aufgenommen wird. Die Fahrt wird gestoppt, und wenn es nicht gelingt, den Flüchtling aufzufischen, wird ihm eine Kugel nachgesandt.

Im Herbst 1939 stach der Frachtdampfer »Dshurma« mit einem Gefangenentransport in See. Den Kriminellen gelang es, die Wand ihres Laderaums zu durchbrechen und zu den Lebensmitteln zu gelangen, die sich im Laderaum neben ihnen befanden. Sie räuberten das Magazin aus, und um die Spuren zu verwischen, setzten sie es schließlich in Brand. Eine furchtbare Panik entstand unter den Gefangenen, die auf dem brennenden Schiff eingeschlossen waren. Nur mit Mühe gelang es, das Feuer einzudämmen, und brennend lief die »Dshurma« in den Hafen ein.

Anfang Dezember 1939 verließ der Frachtdampfer »Indigirka« als letztes Schiff der Saison den Hafen von Magadan. An Bord befanden sich außer freien Bürgern eine Anzahl ehemaliger Gefangener, die die Ausreiseerlaubnis aus Kolyma erhalten hatten. Auch zwei Gefangene befanden sich unter den Reisenden, eine Russin, deren Prozess revidiert werden sollte, und eine deutsche Kommunistin, Erna D., die ehemalige Sekretärin von Ernst Thälmann und Wilhelm Pieck, die von einem Militärgericht in Moskau zu fünfzehn Jahren Lager verurteilt worden war, und die jetzt zu Ehren des Freundschaftspakts zwischen Stalin und Hitler den Nazis ausgeliefert werden sollte.

Aber vergeblich warteten die sowjetischen wie die deutschen Häscher auf ihr Opfer. Niemals ist die »Indigirka« im Hafen von Wladiwostok angekommen. Gleich in den ersten Tagen geriet sie in Seenot. Hin- und hergepeitscht von Stürmen kam sie vom Kurs ab und rannte schließlich auf einen unter Wasser schwimmenden Eisberg, an dem sie zerschellte. Von den Schiffbrüchigen wurden nur zweihundert Personen durch einen japanischen Dampfer gerettet. Erna D. war nicht unter ihnen. Als eine der Ersten wurde sie über Bord gespült und ertrank. Aber die revolutionäre Arbeiterschaft in allen Ländern hat ein kurzes Gedächtnis. Wer fragt nach den Tausenden von aufrichtigen Revolutionären, die nicht im Krieg und nicht im Nazi-Konzentrationslager, sondern in sowjetischen Gefängnissen und Lagern zugrunde gegangen sind?

Die von den Japanern Geretteten wurden nach Wladiwostok gebracht und den Sowjetbehörden überliefert, die als Erstes die Schiffbrüchigen einem strengen Verhör über ihren Aufenthalt auf dem japanischen Schiff unterwarfen. Auch jene russische Gefangene war unter ihnen, die über die Einzelheiten des Schiffbruchs der Transitgefangenen in Wladiwostok berichtete, die sie wiederum ein halbes Jahr später zu uns nach Magadan mitbrachten.

1944 kamen mehrere Hundert junger Mädchen nach Kolyma, die sogenannten Ukasniki, die sich des unerlaubten Fernbleibens von einem Kriegsbetrieb oder ähnlicher Vergehen schuldig gemacht hatten. Während des Krieges mussten die Wachmannschaften wie überall so auch auf den Schiffen auf ein Minimum reduziert werden, die zudem bei der Durchfahrt durch japanische Gewässer Zivilkleidung anlegen mussten, da die Japaner keine Militärpersonen passieren ließen. Die Kriminellen, die den größten Teil der menschlichen Fracht dieses Schiffes ausmachten, hatten freie Hand in den Laderäumen. Sie durchbrachen die Wand zu dem Laderaum der weiblichen Gefangenen und vergewaltigten alle, die ihnen gefielen. Ein paar männliche Gefangene, die die Frauen schützen wollten, wurden mit Messern niedergestochen. Ein paar alte Männer, die sich nicht zur Wehr setzen konnten, wenn man ihnen täglich das Brot wegnahm, gingen an Erschöpfung zugrunde. Einem Kriminellen, der einem andern, dem Anführer der Bande, eine Frau weggenommen hatte, wurden die Augen mit einem Nagel ausgebohrt. Als das Schiff in Magadan anlegte und die Gefangenen aus den Laderäumen herausgejagt wurden, fehlten fünfzehn Menschen, die von den Kriminellen unterwegs ermordet worden waren, ohne dass die Wachmannschaft auch nur einen Finger gerührt hätte. Für diesen besonders krassen Fall wurde der Kommandeur, dem die Wachmannschaft des Schiffes unterstellt gewesen war, zur Verantwortung gezogen; er wurde nach Bekanntwerden der Tatsachen in Magadan verhaftet. –

Wir lagen zusammengepfercht auf dem teerbeschmierten Boden des Laderaums, während sich die Kriminellen auf den Brettern breitmachten. Wenn wir es nur wagten, den Kopf herauszustrecken, hagelte es von oben Heringsköpfe und Eingeweide. Die Seekranken erbrachen sich von oben herunter. Nachts bestachen die Banditen den Wachsoldaten, der oben an der Treppe am Eingang zu unserem Laderaum postiert war, der dafür ein paar Dirnen zu ihnen herunterließ. Sie wurden mit dem Brot bezahlt, das die Banditen ihren Mitgefangenen geraubt hatten.

Viertes Kapitel

KOLYMA

Möge der Himmel den Menschen davor bewahren,
das aushalten zu müssen,
was ein Mensch aushalten kann!

Ankunft in Magadan

Wir standen am Ufer. Wir taten die ersten Schritte über die Pflastersteine am Quai der Hafenstadt Magadan. Wir standen auf der Erde Kolymas, wo ich acht Jahre meines Lebens, acht Jahre der Gefangenschaft, verbringen sollte. Nur langsam überzeugten wir uns davon, dass der Boden unter unsern Füßen nicht mehr schwankte, nur langsam wich der Schwindel der Seekrankheit unter dem kalten Wind, der über das Ochotskische Meer und den Hafen an seinem Ufer dahinbrauste. Rings um die Bucht erhoben sich bläuliche Berge, deren zarte gerundete Linien sich gegen den blassen Himmel abhoben und mit dem stahlgrauen Meer zu ihren Füßen verschwammen. Frühlingsgrüne Lärchenwälder kletterten an ihnen empor, zwischen denen die leuchtend roten und violetten Flächen des blühenden »Iwan-tschai«, des Feuerkrautes, hervorschimmerten. Wir wandten uns um, doch auf allen Seiten stieß das Auge auf Kaskaden von Hügeln, die gegen den Horizont aufgebaut waren, größere und kleinere, deren höchste die Tausend-Meter-Grenze kaum überstiegen. Eine etwa sechs Kilometer lange Landstraße, zum Teil aus den Felsen zur Linken herausgesprengt, wand sich der noch unsichtbaren Stadt entgegen. Zur Rechten begleiteten uns hin- und herschießende Möven, silbrig, kreischend und frei. Wir waren nicht frei. Daran gemahnten uns die hölzernen Wachttürmchen als Vorboten aus dem Reich der Gefangenen.

Allmählich tauchten die ersten Holzhäuser der Stadt vor uns auf, wir bogen ein in Straßen, die schon einen Namen trugen, aber nur wenige weit auseinanderliegende Häuschen, unterbrochen von weiten, unbebauten Plätzen, die von Gestrüpp und Gerümpel bedeckt waren. Wir zogen auf der damals noch ungepflasterten, holprigen Stalinstraße dahin, einer der Hauptstraßen der werdenden Stadt, die zwischen staubigen, abgeholzten Hügeln und zurückgedrängten Wäldern aufwächst. Am Ende der Stalinstraße erwartete uns der »Sanpropusknik«, das Bad von Magadan, der Stolz der Stadt, wo in großen Duschräumen für die Reinlichkeit der Bevölkerung gesorgt wird, abwechselnd an verschiedenen Tagen für Freie und Gefangene. Als ein Haufen Neulinge traten wir ein in unsern verschiedenartigen Zivilkleidern und traten heraus als Sträflinge von Kolyma, alle in der gleichen wattierten dunklen Jacke und dem schwarz-weiß gewürfelten Kattunkopftuch.

Wir bogen rechts ab von der Stalinstraße, etwa hundert Meter entlang an zweistöckigen hölzernen Wohnhäusern, dann sahen wir links hinter dem Straßengraben, ungefähr zwanzig Meter abseits das Frauenlager liegen (Shen-Olp). Wir sahen die Stacheldrahtwand, wir sahen den unverkennbaren Palisadenzaun, wir sahen die Wache und die Wachttürmchen, wir sahen durch die Latten des breiten Tores die Gestalten auf dem Lagerhof in den gleichen Jacken und den gleichen Kopftüchern wie wir.

Bald hatten wir uns mit ihnen vermischt, teilten mit ihnen die Bretter, den Hunger und die Arbeit, teilten mit ihnen die bissige Umarmung grimmiger Fröste, teilten Hoffnungslosigkeit und mürrisches Schweigen.

Einiges über die Entwicklung von Kolyma: Bersin – Garanin – Wischnewezki – Nikischow

Kolyma heißt ein Gebiet im nordöstlichen Teil Sibiriens nach dem gleichnamigen Strom, der es beherrscht. Im Norden wird es begrenzt vom Nördlichen Eismeer, im Osten vom Ochotskischen Meer, einem Busen des Stillen Ozeans, im Süden und Westen von undurchdringlichen Urwäldern (Taiga). Eine Eisenbahnverbindung in dieses Gebiet gibt es nicht, obwohl es verwaltungsmäßig zum Chabarowsk-Gebiet (Chabarowski krai) gehört. Auf russischen Landkarten befindet sich über diesem Gebiet ein Aufdruck, der es als unmittelbar dem Exekutiv-Komitee des Ministeriums für Inneres (NKWD) unterstellt kennzeichnet. Eine zivile Gewalt gibt es nicht. Örtliche Wahlen gibt es nicht. Nur der dem Gebiet zugeteilte Kandidat für den Obersten Sowjet wird in allgemeiner Wahl bestätigt.

Im Jahre 1932 beendete eine größere Gruppe von Geologen ihre Forschungen auf diesem Boden. Selbstverständlich war dieses Gebiet auch früher schon bekannt gewesen durch Seefahrer, Forschungsreisende und Pelzjäger, auch hatte es ehemals einige japanische Fischereikonzessionen am Ufer des Ochotskischen Meeres gegeben. Doch das Innere des Landes war den spärlichen Siedlungen der Jakuten, Tschukten und Ewenen vorbehalten geblieben, die sich mit Jagd und Fischfang und der Zucht von Rentierherden beschäftigten. Sie dürften wohl dem Untergang geweiht sein, da sie von Alkoholismus, Tuberkulose und Syphilis gezeichnet sind.

Wie weit auch die Geologen ins Innere dieses Landes vordrangen, überall bot sich ihnen die gleiche, jedoch nicht einförmige Landschaft: Unendliche Wälder, riesige Sümpfe, runde Hügel vulkanischer Formation (Sopki), das alles durchschnitten von riesigen Strömen mit ihrem ausgedehnten Netz reißender Flussarme. Einen halben Monat Frühling, drei heiße Sommermonate mit Wolken von Stechmücken (Komari und Moschkara), einen halben Monat Herbst und acht Monate Winter, in dem die Temperatur bis auf minus 65 Grad Celsius und darunter sinkt. Acht Monate Schnee und Eis über den Wäldern, den Sümpfen, den Strömen und Hügeln; eiserstarrt das Ochotskische Meer.

Und in diesem Land fanden die Geologen unermessliche Goldlager. Diese riesigen Schätze konnten nur von einer riesigen Menschenmenge gehoben werden. Wer aber würde sich freiwillig in dieses unzugängliche, unwirtliche Land begeben? Man fand eine schnelle und einfache Lösung, man fand ein Menschenmaterial, das in der Sowjetunion unerschöpflich ist: Gefangene.

Im Jahre 1934 wurden sie zum ersten Mal zu Tausenden in Wladiwostok in die Laderäume eines Frachtdampfers gepfercht und an jener Stelle am Ufer des Ochotskischen Meeres ausgeladen, wo jetzt die Hafenstadt Magadan steht und die den schönen Namen »Buchta Wesjolaja« = die »Fröhliche Bucht« trägt; eine zweite Bucht, die zum Hafen von Magadan gehört, heißt Buchta Nogajewo. Damals guckten den Ankömmlingen dort drei kleine Holzhütten aus dem Wald entgegen.

Als Bevollmächtigter über Kolyma war ein Mitarbeiter des Volkskommissariats für Inneres (NKWD), ein langjähriger Kommunist und gebürtiger Lette namens Bersin eingesetzt worden.

Aus dem Nichts, aus dem Urwald, aus dem Eis sollte er Gold stampfen. Nach riesigen Menschenverlusten während der ersten Jahre begriff er, dass man dieses Heer von Gefangenen, das damals zum größten Teil aus Kriminellen bestand, nur dann zu ertragreicher Arbeit bringen konnte, wenn man es gut ernährte, gut kleidete, gut bezahlte. All diese Voraussetzungen schuf Bersin in den letzten Jahren seiner Verwaltung bis 1937, trotzdem er in sechs Wintermonaten, wo es keine Schifffahrt gab, vom Festland völlig abgeschnitten war.

Wälder wurden gerodet, eine ausgezeichnete breite Autostraße, die heute Tausende von Kilometer weit das ganze Land durchzieht, wurde begonnen. Diese Autostraße, dort »Trasse« genannt, ist auf den Knochen Tausender von Gefangenen errichtet worden. Sie verbindet Magadan über das nordwestlich gelegene Goldgebiet der Kolyma mit dem weiter westlich gelegenen Goldgebiet der Indigirka und führt von dort aus südwestlich über den Aldan, einen Nebenfluss der Lena, nach Jakutsk, der an der Lena gelegenen Hauptstadt der Jakutischen ASSR. Diese Trasse ist bis jetzt aber nur im Winter fahrbar. Entsprechend dieser Trasse ist eine Eisenbahnlinie geplant, die das Land von seiner inselhaften Isolierung befreien soll. Magadan, die Hafenstadt, wurde gebaut, und überall in der Nachbarschaft der großen Goldgruben entstanden außer den Lagerbaracken der Gefangenen die kleinen Siedlungen der Freien. Auf gerodetem Urwaldboden wurden fünf große Staatsgüter mit dazugehöriger Viehwirtschaft geschaffen:

1. Duktscha, zehn Kilometer nordwestlich Magadan.
2. Ola, fünfundzwanzig Kilometer nordöstlich Magadan.
3. Talon, hundertfünfundachtzig Kilometer südlich Magadan.
4. Elgen, fünfhundertvierzig Kilometer nordwestlich Magadan.
5. Susuman, siebenhundert Kilometer nordwestlich Magadan.

Die Namen klingen an die Benennungen ehemaliger jakutischer Siedlungen an. Auf diesen Staatsgütern, die ausschließlich von gefangenen Frauen bearbeitet werden, wird mit unendlicher Mühe der Kohl gezogen, der einen großen Teil der Gefangenenernährung ausmacht. Und zwar sind es fast nur die äußeren großen, dunklen Blätter, die für die Gefangenen verwendet werden, während die Kohlköpfe den Freien zukommen. Khakisuppe nennen die Gefangenen das Gebräu aus diesen Blättern wegen seiner grünbraunen Farbe. In weit geringeren Mengen werden Kartoffeln angepflanzt, die immer durch die frühen Fröste gefährdet und ausschließlich für die freie Bevölkerung bestimmt sind. Außerdem werden Futterrüben (Repa, Turneps) angebaut; auch Hafer wird gesät, obwohl er nicht reif wird, doch wird er auch in unreifem Zustand als sogenanntes Grünfutter (Seljonka) für das Vieh hoch geschätzt.

Jagd und Fischfang bleiben wegen Menschenmangels immer noch zum größten Teil den Eingeborenen überlassen, die den ungeheuren Fischreichtum des Landes aber nicht entfernt ausnützen. Fünf große Fischereibetriebe, wo ebenfalls in der Hauptsache gefangene Frauen die Fische säubern, einsalzen und verpacken, die von Männern eingebracht werden, befinden sich:

1. in Nogajewo (Magadan),
2. in Ola,
3. in Balagannoje – hundertachtzig Kilometer südlich von Magadan,
4. in Jana – janische Verwaltung, hundert Kilometer südlich von Magadan,
5. in Armanj – sechzig Kilometer südlich von Magadan.

Die gefangenen Fische verteilen sich auf Heringe, verschiedene Lachssorten, Walfische und Walrosse. Gesalzene Heringe und gesalzener Fisch sind ein weiterer wesentlicher Bestandteil der Gefangenenkost. Unter Bersin war die Lagerkost, soweit sie nicht durch Transportschwierigkeiten verspätet eintraf, ausreichend, und bei guter Arbeit hatte der Gefangene das Recht, sich in der Lagerkantine zusätzliche Nahrungsmittel zu kaufen. Auch hielt man es in jener Zeit für angemessen, den Gefangenen in Anbetracht des mörderischen Klimas häufiger Wodka oder, wie es dort üblich ist, reinen Alkohol, der zum Trinken mit Wasser vermischt wird, zu verabfolgen. Im Winter erhielten die Gefangenen Pelze, Pelzmützen und warme Filzstiefel. Allerdings war die Behandlung der Kriminellen erheblich besser als die der Konterrevolutionäre. Auch wurden fast nur Kriminelle bei guter Arbeitsleistung vorfristlich entlassen, was ihnen den größten Ansporn gab. Diese Behandlung der Gefangenen – bis 1937 – zeitigte große Erfolge: das Gold von Kolyma strömte nach Moskau.

Die Goldgewinnung wird in Kolyma zum größten Teil unter Tage betrieben. Doch wird auch über Tage mit einem einfachen Goldwaschgerät gewaschen, wobei meistens zwei Mann miteinander arbeiten. Die Durchschnittsleistung beträgt zwanzig Gramm reinen Goldes pro Tag und pro Mann. Die eigentliche Goldwaschsaison beträgt ungefähr hundert Tage. Doch bereits monatelang vorher werden die Vorbereitungsarbeiten durchgeführt, die in der Abdeckung der Torfschichten bestehen, mit denen die ganze Erde Kolymas bedeckt ist. Unter Tage kommen sowohl automatische Bohrer als auch mit »Ammonal« gefüllte Sprengkapseln zur Verwendung. Infolge des Hetztempos kommen bei diesen Sprengungen häufig Unglücksfälle vor, die mit der Verstümmelung und dem Tod von Gefangenen enden. Auch wird immer wieder von verzweifelten Goldgräbern berichtet, die sich selbst mithilfe solch einer Kapsel in die Luft gesprengt haben.

Die Kontrolle der Arbeiter am Ende jedes Arbeitstages ist ungeheuer scharf, sowohl für Freie als für Gefangene. Es wäre auch zwecklos, Gold herauszuschmuggeln, da man es nirgends verkaufen kann. Das gesamte geförderte Gold gehört dem Staat, und jeder, der Gold zum Verkauf anbieten würde, würde sich damit selbst des Diebstahls überführen. Es entbehrt nicht der Komik, dass in diesem reichen Goldland niemand, auch nicht ein Freier, das Recht hat, sich eine Goldplombe machen zu lassen. In der Sowjetunion wird stattdessen Stahl verwendet.

Trotzdem der Anreiz des persönlichen Interesses fehlt, werden auch die Gefangenen, besonders jene, die das Gold über Tage direkt aus dem Flusssand waschen, von einem gewissen Goldrausch erfasst. Viele haben mir erzählt, wie ein Zittern ihren ganzen Körper überfiel, wenn das reine Metall in ihren Händen funkelte. Diese »Lotoschniki«, wie sie nach dem Goldwaschgerät, dem »Lotok«, genannt werden, genießen ziemlich viel Bewegungsfreiheit, da sie sich eine goldhaltige Stelle selber ausfindig machen müssen. Stoßen sie auf einen ergiebigen Platz, so halten sie ihn sorgsam geheim, damit sie in aller Ruhe ihr tägliches Arbeitssoll von etwa zwanzig Gramm herauswaschen können. Liefern sie im Laufe von mehreren Tagen eine merkbar größere Menge Goldes ab, so erhalten sie zwar mehr Tabak, aber sie erregen dadurch die Aufmerksamkeit der Produktionsleiter, die sofort eine größere Menge von Arbeitern an diese Stelle schicken – sodass die Tagesnorm nur noch bei größter Anstrengung erreicht werden kann – oder aber bei entsprechend großen Funden eine Goldwaschmaschine aufstellen.

Der Goldreichtum an den Flussläufen der Kolyma und der Indigirka ist so groß, dass man vorläufig gar nicht daran denkt, die Goldgruben bis zum Letzten systematisch auszubeuten. Man schöpft den Rahm ab und geht an die Ausbeutung neuer Gruben. Unaufhörlich werden neue Goldgrubenlager eröffnet, die von den Gefangenen um ihrer besonders primitiven Wohnverhältnisse, die meistens in Zelten bestehen, besonders gefürchtet werden. In solchen Lagern kann natürlich weder von Strohsäcken noch von sonstigem Zubehör die Rede sein, die Gefangenen können froh sein, wenn sie eine Decke erwischen, und Tag- und Nachtschicht wechseln sich auf demselben engen Plätzchen auf den Brettern ab, die wie Kistendeckel in drei Etagen aneinandergereiht sind.

Je mehr Gold, desto mehr Gefangene, desto mehr Läuse.

Zur Zeit der Schneeschmelze, also im Mai, wenn sich alles ringsum in Sümpfe auflöst, sind solche neuen Lager, die abseits von der großen Fahrstraße liegen, und noch nicht über die notwendigen Zufahrtsstraßen verfügen, oft völlig abgeschnitten von der Umwelt und müssen tagelang auf ihre Brotration warten. So ging es zum Beispiel dem 1944 eröffneten Goldlager namens »Spokoiny«, in der nördlichen Bergwerkverwaltung, das heißt der »Ruhige«, das seinem Namen alle Ehre antat, denn unzählige Gefangene fanden dort in kürzester Zeit die ewige Ruhe.

Bei einer Fahrt durch dieses Gebiet mit seinen unberührten Wäldern, seinen steilen Abgründen, wo tief unten reißende Flüsse ihre kurze Freiheit von der Umklammerung des Eises tobend feiern, stößt der Blick immer wieder auf hässliche graue Erdhügel, Hügel ausgewaschenen Goldsandes neben einem verlassenen Förderturm.

Während einer Goldwaschsaison von hundert Tagen und bei einer Beschäftigung von zweihunderttausend Mann beträgt die Förderung an Gold jährlich 400 Tonnen, was einem Wert von rund zwei Milliarden Schweizer Franken entspricht.

Die Terrorwelle von 1937 riss auch den Goldmachthaber von Kolyma in ihren Strudel. Mit dem Fall Jagodas, des Volkskommissars für Inneres (NKWD), stürzte auch sein ganzer Apparat. Bersin wurde verhaftet und in Moskau erschossen. Bersin, der nicht nur die größten Erfolge bei der Goldgewinnung gezeitigt, sondern der auch die Grundlage für die erfolgreiche Arbeit seiner Nachfolger geschaffen hatte. Mit ihm wurde seine Frau verhaftet, ein blasses, durchsichtiges Wesen, mit der ich im Jahre 1938 eine Massenzelle des Moskauer Butyrka-Gefängnisses teilte.

Es war die Blütezeit der von Stalin veranlassten Menschen verschlingenden Tätigkeit der NKWD. Der Nachfolger Jagodas, Jeshow, zusammen mit dem damaligen Obersten Staatsanwalt der Sowjetunion, zermalmten Millionen von Menschen in Tausenden von Gefängnissen.

In den Jahren von 1937-1939 wurde die Elite des russischen Geisteslebens vernichtet. All jene, die noch zu selbstständigem Denken, zu selbstständigen Entschlüssen fähig waren, all jene, die noch wussten, was das Wort Sozialismus wirklich bedeutet, die nach der Reinheit dieser Idee strebten, all jene schließlich, die noch ein unverzerrtes Bild von Freiheit in sich trugen – sie alle sollten nicht nur ihres Einflusses beraubt, sie sollten liquidiert werden.

Die Strafgesetzgebung wurde 1937 verschärft. Während bis 1937 das Höchstmaß für Freiheitsentzug zehn Jahre betragen hatte, wurde es jetzt auf fünfundzwanzig Jahre heraufgesetzt. Die Todesstrafe wurde beibehalten – bis 1948. Die bisher praktizierte vorfristige Entlassung von Gefangenen aufgrund einer guten durchschnittlichen Arbeitsleistung wurde gestrichen. Die Behandlung, Ernährung und Bekleidung der Gefangenen wurde in unsäglicher Weise verschlechtert.

Der würdige Kumpan der tonangebenden Männer in Moskau war 1938 in Kolyma Garanin, der Nachfolger Bersins. Noch heute erblassen die Gefangenen bei der Nennung dieses Namens.

Die »Bevölkerung« Kolymas erlebte damals einen unerhörten Aufschwung, ungefähr hunderttausend Gefangene wurden von nun an jährlich nach Kolyma gebracht, und zwar war es jetzt das sogenannte konterrevolutionäre Element, das überwog, d. h. Menschen, die zum größten Teil niemals physische Arbeit geleistet hatten.

Wissenschaftler, Künstler, Politiker, Pädagogen, die Führenden aus Industrie, Handel, Staatsverwaltung traten allmorgendlich den Elendsmarsch in die Goldgruben an.

1938 nahm also Garanin die Liquidierung von Tausenden von Intellektuellen in seine Mörderhände. Von nun an gab es keine Pelze mehr für Gefangene. Wattierte Jacken und Hosen, die nach kurzer Zeit zerlumpt und zerfetzt um ihre mageren Besitzer hingen, bildeten die Ausrüstung. Die Filzstiefel wurden durch ein Schuhwerk aus Sackleinen ersetzt, und es gab kaum einen Goldgrubenarbeiter, der nicht Erfrierungen an den Füßen davontrug. Aber, wie das russische Sprichwort sagt: Wer den Kopf verliert, weint nicht um die Haare. Und hier ging es um den Kopf. In der fettarmen, kläglichen Hungerration der Gefangenen war der wesentlichste Bestandteil das Brot. Die Menge des Brotes richtet sich aber in allen Sowjetlagern nach der Menge der geleisteten Arbeit. Je nach der Erfüllung, Nichterfüllung oder Übererfüllung des Arbeitssolls erhält er eine größere oder kleinere Menge. Die Arbeitsleistung wird sowohl von freien »Brigadieren« (Vorarbeitern) registriert als auch von Kriminellen, die mit Vorliebe auf solche Posten eingesetzt werden. Eine allgemein übliche Praxis bei den Brigadieren ist das Überschreiben eines Teils der von Konterrevolutionären geleisteten Arbeit auf die Kriminellen, die die Brigadiere auf alle Arten »schmieren«, wozu die Konterrevolutionäre nicht die geringste Möglichkeit haben. Aber selbst bei einer gerechten Registrierung der geleisteten Arbeit ist es für einen an körperliche Arbeit nicht gewohnten Menschen unmöglich, das Arbeitssoll zu erfüllen. So gerät er sehr schnell in einen circulus vitiosus. Da er nicht hundert Prozent Arbeitsleistung liefert, erhält er auch nicht die volle Brotration, sein unterernährter Körper ist noch weniger imstande, die geforderte Arbeit zu leisten, infolgedessen erhält er immer weniger Brot und ist schließlich so geschwächt, dass ihn nur noch Kolbenschläge dazu bringen können, sich vom Lager zur Goldgrube zu schleppen. Im Schacht angelangt, ist er zu schwach, die Schubkarre zu halten, geschweige denn hinaufzufahren, zu schwach, den Bohrer zu führen, zu schwach, sich zu wehren, wenn ihm ein Krimineller das Stück Brot, das für den ganzen Tag bestimmt ist, mit einem Faustschlag ins Gesicht entreißt. Seine letzte Kraft verwendet er darauf, ein verborgenes Plätzchen zu entdecken, wohin weder die Flüche der Wachsoldaten dringen, noch die rohen Fäuste der Brigadiere, noch ihr ewig antreiberisches Geschrei »Dawai, dawai« (Los, los), nur die eisige Kälte findet zu ihm und bringt ihm in ihrer Barmherzigkeit das Einzige, wonach er sich noch sehnt: Ruhe, Schlummer, Tod.

Doch diese Art der Liquidierung von »Volksfeinden« schien Garanin nicht gründlich, nicht schnell genug. Er reiste selbst von Lager zu Lager und ließ sich die Liste der Konterrevolutionäre geben. Sein Hauptaugenmerk war auf jene mit der Formulierung KRTD (Konterrevolutionäre trotzkistische Tätigkeit) gerichtet.

»Wer von diesen erfüllt das Arbeitssoll nicht?«

Die meisten von ihnen konnten es nicht. Nach der Rückkehr aus der Grube beim abendlichen Appell ließ er diese Unglücklichen vortreten, bezeichnete sie als Saboteure, die ihre verbrecherische, konterrevolutionäre trotzkistische Tätigkeit auch im Lager fortzusetzen gedächten, ließ sie zum Tor hinausjagen und einige Kilometer vom Lager entfernt auf der Stelle und unter seiner persönlichen Aufsicht erschießen.

Nicht genug damit, ließ er nächtlicherweise Tausende von »Volksfeinden« aus allen Lagern Kolymas auf Lastwagen laden und in ein Gefängnis verfrachten.

Dieses Gefängnis, »Serpantinka« genannt, das etwa sechshundert Kilometer westlich von Magadan entfernt mitten im Urwald liegt, ist wohl einer der grauenhaftesten Orte der Sowjetunion. Nur Eis und Schnee, nur Berge und Urwald waren Zeugen jenes letzten Röchelns der Gefolterten, ihres letzten Angstschreis vor dem Erschießen.

Nur wenige Glückliche, die in Hinzufügung zu ihrer ursprünglichen Straffrist zu zusätzlichen zehn Jahren verurteilt worden waren, kehrten in die Arbeitslager zurück. Doch noch jahrelang nachher hielt sie das Entsetzen so umklammert, dass sie es nicht wagten, ihren gefangenen Kameraden Kunde zu bringen von dem Unmenschlichen, das sie gesehen und erlebt. Und wenn sie sich schließlich dazu überwanden, so blickten ihre Augen angsterfüllt in die Runde, ob kein Spitzel in der Nähe sei, und teilten flüsternd in kargen Worten mit, wie im Jahre 1938 im Gefängnis »Serpantinka« in Kolyma auf Befehl des Kommunisten Garanin Tausende von Unschuldigen hingemartert, hingemordet wurden.

Nach allgemein bestätigten Schätzungen war es der Tod von ungefähr sechsundzwanzigtausend Menschen, den Garanin auf seinem Gewissen hat. Sechsundzwanzigtausend Unschuldiger mussten in einem Jahr zugrunde gehen, bis Moskau sich aufgrund der alarmierenden Berichte einiger Mitarbeiter Garanins gezwungen sah einzuschreiten. Er wurde abberufen. Die eine Überlieferung sagt, er sei zu fünfzehn Jahren Lager verurteilt, die andere, er sei erschossen worden. Die von ihm gefällten zusätzlichen Urteile wurden zum größten Teil rückgängig gemacht, doch ein gewisser Prozentsatz von Gefangenen musste – trotz aller schriftlichen Proteste und Eingaben – ohne Erklärung für die Gründe auch noch diese zehn Jahre absitzen, soweit sie das überlebten.

Zur gleichen Zeit wie Garanin verschwand sein oberster Chef in Moskau, Jeshow, dessen Konto an unschuldig Verurteilten mit Wissen der Führer des Staates in die Millionen geht. Offiziell wurde er Ende 1938 in das Volkskommissariat für Wassertransport versetzt, von wo er endgültig ins Dunkel verschwand. Der Vollstrecker und Mitwisser von tausendfachen Verbrechen wurde beseitigt. Sein Mitarbeiter jedoch, der damalige Oberste Staatsanwalt der Sowjetunion, trat in Bälde seine Karriere im Volkskommissariat, jetzigem Ministerium für Äußeres an.

Als Nachfolger von Garanin fungierte von 1938-1941 Wischnewezki als Oberster Chef von Kolyma. Weder die Behandlung, noch die Kleidung, noch die Ernährung der Gefangenen erfuhr eine Änderung. Nur die Terrorprozesse und Erschießungen von Gefangenen ohne Prozess hörten auf. Die Sterblichkeitsziffer unter den Goldgrubenarbeitern von etwa dreißig Prozent wurde eine Konstante, an der niemand Anstoß nahm. Nicht darüber ist Wischnewezki gestolpert. Sondern über der Expedition nach der Bunten Bucht (Buchta Pjöstraja) Dreswa.

Auch in dieser Gegend hatten Geologen große Lager von Nichteisenmetallen und Edelmetallen entdeckt. Im Frühjahr 1940 wurde ein Schiff ausgerüstet, das sowohl mehrere Tausende von Gefangenen als auch etwa achthundert freie Bürger an Bord nahm. Im Sommer 1940 stach es von Magadan aus in See nach Norden. Es gab warnende Stimmen, die darauf aufmerksam machten, dass der Augenblick für die Abfahrt des Schiffes zu spät gewählt sei. Aber Wischnewezki bestand auf der Expedition noch in diesem Jahr.

Bereits nach den ersten Wochen seiner Fahrt geriet das Schiff in eisige Stürme. Die Gefangenen hatte man in ihrer Sommerausrüstung, d.h. ohne wattierte Hosen, ohne Fäustlinge und in dünnen Schuhen verfrachtet. Als man jetzt die Winterausrüstung an sie verteilen wollte, stellte sich heraus, dass sich diese dringend benötigten Kleidungsstücke in den Laderäumen ganz zuunterst befanden, sodass man während der Fahrt nicht an sie gelangen konnte. Noch ehe das Schiff seinen Bestimmungsort erreicht hatte, wiesen viele der Gefangenen Erfrierungen an Händen und Füßen auf.

In der Bunten Bucht angelangt, machte man sich an den Bau des Lagers. Während ein Teil der Gefangenen die Blockhäuser für die Freien und die Stallungen für die mitgebrachten Pferde in Angriff nahm, – sie selbst wohnten in Zelten – rammten andere die ersten Pfähle des hohen Palisadenzauns ein, denn wie hätten Gefangene in dieser Einöde ohne Palisaden und Stacheldraht leben können?

Sie schwitzten unter den schweren Balken trotz des eisigen Windes, der vom Meer herüberkam. Der Wind wurde zum Sturm, aber sie rammten einen Balken nach dem andern in die unwillige Erde, denn es waren sowjetische Gefangene, die sich ihr Gefängnis selber bauen, und die Wachsoldaten standen dabei mit gefälltem Bajonett.

Jahrtausende hatte dieses Land unbesiedelt gelegen unter den Stürmen des Meeres. Jetzt kamen Menschen, um es zu schänden mit den Wahrzeichen ihrer Kultur: Wachttürmen und Stacheldraht. Da wuchs der Sturm zum Orkan, zum Taifun.

Der Taifun machte keinen Unterschied zwischen Freien und Gefangenen. Er packte sie in seine rasenden Fänge und schleuderte sie hinab ins Meer. Wächter und Bewachte versanken in den Fluten. Ihre Habe wurde zerstreut und zerrissen. Ihre Zelte flatterten zerfetzt durch die Luft. Pferde wurden aufgehoben, Pferde wurden emporgewirbelt und ertranken im Meer, vor dem sie sich gefürchtet hatten während der ganzen langen Fahrt.

Übrig blieben jene, die sich in letzter Minute an die eingerammten Pfähle festgebunden hatten. Sie hatten gute Arbeit geleistet – die Palisaden hielten stand, auch im Taifun. Aber da war kein Einziger, der nicht mit erfrorenen Händen und Füßen, mit erfrorenen Ohren oder Nase und Wangen für sein Leben bezahlte.

Im Frühjahr 1941 wurde der Rest der Expedition im Hafen von Magadan ausgeladen: zweihundert Freie und hundertfünfzig Gefangene.

Im Gefangenenkrankenhaus von Magadan, wo ich zu jener Zeit als Krankenschwester arbeitete, lagen diese hundertfünfzig in drei Baracken nebeneinander auf den Pritschen, hohläugige Überreste von Menschen, aber nur die, die im Fieber der Lungenentzündung lagen, schrien in ihrem Delirium das Entsetzen heraus, das die Übrigen verschwiegen. Der grauenhafte Gestank von faulendem, menschlichem Fleisch erfüllte die Baracken.

Am Morgen kam der Chirurg mit seinen Assistenten und seinen Instrumenten und schritt die Reihe ab. Mithilfe der Schwester wurden die Kranken aufgesetzt, mussten die Arme im rechten Winkel zur Brust ausstrecken, Handflächen nach unten, und der Chirurg knipste die abgefrorenen eitrigen Fingerglieder ab.

Fünfundzwanzig Pritschen an der einen Wand, fünfundzwanzig Pritschen an der andern Wand. Die Fleischfetzen in der nierenförmigen Schale häuften sich. Nach den Fingern kamen die Zehen daran.

Das waren die leichten Fälle. Den andern blieben nur Stümpfe statt Arme und Beine. Manche überwanden die Lungenentzündung, mit der man sie vom Schiff getragen, und wenn sie zum ersten Mal aufwachten nach langen bewusstlosen Fiebertagen, suchten sie nach ihrem Bein, aber das Bein war weg. Für viele war es zu spät. Sie gingen an Blutvergiftung zugrunde.

Unbekannte sowjetische Helden. Keine Zeitung spricht von ihnen. Auf ihren namenlosen Gräbern steht eine Nummer.

Noch wenige Monate vorher hatte Wischnewezki, begleitet von unterwürfigen Chefärzten und Wachoffizieren die Krankenbaracken inspiziert, und lächelnd war er vorbeigeschritten an den elenden Gestalten auf den Pritschen.

Er hatte gemeint, sich durch die übereilte und oberflächlich vorbereitete Expedition nach der Bunten Bucht Dreswa leicht und rasch einen neuen Orden zu verdienen. Stattdessen wurde er nach Moskau abberufen. Nicht etwa der paar Tausend Gefangenen wegen, denen diese Expedition das Leben gekostet hatte, sondern der freien Bürger wegen, die dabei zugrunde gegangen waren.

Beim Betreten des Schiffes, das ihn nach Wladiwostok bringen sollte, wurde er von NKWD-Offizieren zum Gefangenen erklärt. Als er in Moskau zu fünfzehn Jahren Freiheitsentzug verurteilt wurde, hat er wohl nicht mehr gelächelt.

Auf Wischnewezki folgte dann Generalleutnant Nikischow, Iwan Fjodorowitsch, der sich während des Krieges bis in die jüngste Zeit als Oberster Chef Kolymas gehalten hat. Der hochgewachsene, ansehnliche Mann ist von rücksichtsloser kalter Grausamkeit. Damit hat er die Erfüllung und Übererfüllung der Goldpläne durchgedrückt, damit hat er sich Orden und hohe Geldprämien erworben. 1942 trennte er sich im Alter von fünfzig Jahren von seiner ersten Frau, einer literarisch gebildeten Dame, die die Machtstellung ihres Mannes nie zur persönlichen Bereicherung missbraucht hatte, setzte sie mitsamt seines erwachsenen Sohnes, der in Magadan als Staatsanwalt tätig gewesen war, auf ein Schiff Richtung Wladiwostok und heiratete die damals etwa neunundzwanzigjährige Gridassowa, eine Jungkommunistin aus dem Dorf, ein primitives, grobes, gieriges Wesen, die den weiblichen Gefangenen und mir selbst als harte Kommandeuse des Frauenlagers Magadan (Shen Olp) nur zu bekannt ist. Inzwischen ist auch sie, dank der Stellung ihres Mannes, zu höherem militärischen Rang aufgerückt und mit Orden geschmückt. Sie amtiert als die Chefin von MagLag, dem Lagerbezirk von Magadan und Umgebung, dem Zehntausende von Gefangenen unterstehen. Zweiundsiebzig Kilometer nordwestlich auf der Autostraße von Magadan befindet sich das Landhaus des Ehepaars, mit sämtlichem Komfort ausgestattet und von einem Schongebiet umgeben, wo Nikischow der Jagd obliegt.

In der Nähe arbeiten die Gefangenen des Invalidenlagers »Zweiundsiebzigster Kilometer« in einer Glasfabrik, die dem besonderen Protektorat Gridassowas untersteht und infolgedessen immer die herrlichsten Produktionsziffern aufweist. Während des Krieges wurden dort ausgebrannte Glühbirnen repariert, da neue Glühbirnen kaum zu haben waren und eine kleine Birne mit hundertfünfzig Rubeln gehandelt wurde. Als ich 1946 Kolyma verließ, befand sich in diesem Lager der Sohn des sächsischen Ministerpräsidenten K. Seidewitz, der als Emigrant in die Sowjetunion gekommen und zu zehn Jahren wegen konterrevolutionärer Tätigkeit verurteilt worden war, die er auf Kolyma verbüßte.

Und was H. A. Wallace dazu sagt

Ein Schulbeispiel für die Oberflächlichkeit und Haltlosigkeit ausländischer Berichte über die Sowjetunion von Besuchern, die nach kurzem Aufenthalt die Wahrheit über dieses Land zu berichten glauben, ist das Buch von Henry A. Wallace »Soviet Asia

Mission«. Bewundernd spricht er über das erstaunlich schnelle Wachstum der Stadt Magadan, in der »zwölf Jahre vorher das erste Holzhaus aufgestellt wurde und die heute vierzigtausend Einwohner zählt«. Dass es ausschließlich Gefangene sind, die unter unmenschlichen Bedingungen diese Stadt aufbauten und bauen – darüber schweigt Wallace – oder er weiß es nicht. Er bewundert »die dreihundertfünfzig Meilen lange Chaussee, die vom Hafen über die Berge nach Norden führt und das ganze Jahr hindurch befahrbar ist«. Dass diese Straße ausschließlich von Gefangenen erbaut wurde, dass Tausende und Abertausende ihr Leben beim Bau dieser Straße ließen – darüber schweigt Wallace – oder er weiß es nicht. Seine Behauptung, die »Russen beschäftigten im Bezirk Kolyma etwa tausend Mann beim Straßenbau«, ist ebenso unwahr wie grotesk im Hinblick auf die immensen Schwierigkeiten, die die Natur dort dem Straßenbau entgegenstellt, und Tausende von Gefangenen sind allein damit beschäftigt, die bereits gebaute Straße in den dauernden Schneestürmen fahrbar zu erhalten.

Er beschreibt Nikischow, »der wie ein Junge herumsprang«. Schade, dass Wallace diesen über fünfzigjährigen Jungen nicht herumspringen sah, wenn er betrunken in den Gefangenenlagern herumtobte, die erschöpften, verhungerten Gefangenen mit wilden unanständigen Flüchen überschüttete, sie für nichts und wieder nichts in die Karzer sperren ließ und sie auf vierzehn, sechzehn Stunden in die Goldgruben jagte, wie viele auch immer zusammenbrachen. Aber die Goldgräber von Kolyma sind laut Wallace »hochgewachsene raue Burschen aus dem europäischen Russland«. Auch weiß er zu berichten, dass im Bezirk Kolyma »jetzt etwa dreihunderttausend Menschen beisammen leben«. Eine Zahl, die der Wahrheit erstaunlich nahekommt. Nur dass diese dreihunderttausend Gefangene sind, darüber schweigt Wallace – oder er weiß es nicht.

»... so kehren Kinder und Enkel der einst nach Sibirien Verbannten im Maschinenzeitalter dorthin zurück: als Pioniere des Fortschritts, als Städtegründer.« Ist dieser grausame Hohn Wallace bewusst? Wie die Väter und die Großväter sind auch die Kinder und Enkel Verbannte, Gefangene, nur dass die Bedingungen jetzt noch unmenschlicher geworden sind als zur Zarenzeit. Denn wenn damals die Familienangehörigen die Gefangenen in die Verbannung begleiten durften, so sind sie heute lebendig Begrabene, abgeschnitten von allen. Niemand, der einen Verwandten in den Lagern Kolymas hat, bekommt die Einreise nach Kolyma.

Auch von der Lagerkommandeuse Gridassowa weiß Wallace eine rührende Geschichte zu berichten. »... all diese Eigenschaften (... Tüchtigkeit ... mütterliche Fürsorge ... kleine, unauffällige Aufmerksamkeiten) fand ich vereinigt in der Gattin Iwan Nikischows ... wir machten ihre Bekanntschaft in Magadan auf einer Sonderausstellung von Kunststickereien und handgefertigten Gobelins ... sie waren von Frauen und Mädchen aus dem Ort angefertigt, die während der langen Wintermonate regelmäßig zusammenkamen, um sich in der altrussischen Kunst der Gobelinstickerei zu vervollkommnen ...« Wallace erhält von Nikischow zwei Gobelins zum Geschenk und erfährt von der Ausstellungsleitung »... von wem die kunstvollen Arbeiten stammten: ›von einer der Kunstgewerbelehrerinnen‹, die zufällig – Iwan Nikischows Frau war ...« Weder war Gridassowa je Kunstgewerbelehrerin, noch hat sie sich überhaupt mit Handarbeiten befasst. »Die Frauen und Mädchen aus dem Ort« sind weibliche Gefangene, zumeist ehemalige Nonnen, die in der Handarbeitszeche des dortigen Promkombinats mit dem Sticken solcher Bilder für hochgestellte Damen, wie zum Beispiel die Gattin Nikischows, beschäftigt sind. Aber diese ganze süßliche Erzählung passt ebenso gut in das Genrebildchen hinein, das Wallace von Nikischow und Gattin malt, dieser Sklavenausbeuter, für die der Tod Tausender unschuldig Gefangener nicht mehr bedeutet als die gefangenen Fische, mit denen sie Wallace so reichlich und so delikat bewirteten.

Fünftes Kapitel

FRAUENLAGER

Reise in die Taiga

Frauenlager Magadan. Morgendlicher Ausmarsch. Die Arbeitsbrigaden rücken nach und nach zum geöffneten Lagertor vor. Heute wird besonders streng kontrolliert. Und aus jeder Brigade werden ein paar Frauen zurückgestellt. Sie brauchen heute nicht auf Arbeit auszumarschieren. Aber sie freuen sich nicht darüber. Blass, verstört treten sie zur Seite, lassen die Reihen an sich vorüberziehen, bis das Tor hinter den Letzten verschlossen wird. Es ist geschehen. Wochenlang, monatelang haben sie vor diesem Augenblick gezittert. Etappe (Transport) in den Urwald. Taiga! Das Wort, das immer wieder voll Grauen von Mund zu Mund geht.

Man teilt ihnen mit, dass sie sämtliches Lagerinventar abzuliefern und sich mit ihren Sachen bereitzuhalten haben. Ihre Frage nach dem Ziel des Transports bleibt unbeantwortet. Das gehört mit zum sowjetischen Strafsystem: ob man von Zelle zu Zelle, von Gefängnis zu Gefängnis, vom Gefängnis ins Lager, von Lager zu Lager überführt wird, ob man zur Befreiung oder zum Verhör oder zu zusätzlichen Jahren von Gefangenschaft aufgerufen wird, niemals wird eine Erklärung vorher abgegeben. Aber diese Frauen wissen ohnehin, wohin es geht. Sie kennen einander. Mehr als die Hälfte von ihnen ist schwanger. Die letzte ärztliche Kommission, die vor einigen Wochen stattfand, hat das sorgsam gehütete Geheimnis an den Tag gebracht. Jetzt geht es nach Elgen ins Straflager für Frauen. Wie weit ist das? Fünfhundert Kilometer? Sechshundert Kilometer?

»Ungefähr fünfhundertvierzig Kilometer«, sagt eine kleine stupsnäsige Blonde, während sie die Hobelspäne aus dem Sack schüttelt, die das nicht vorhandene Stroh ersetzt hatten. »Ich weiß es genau, weil mein Grischa Chauffeur ist, der war schon oft dort.«

»Du Glückliche«, seufzen die andern, »dann wird er dich sicher dort besuchen.« Aber die Stupsnäsige macht sich keine großen Illusionen. »Meint ihr vielleicht, die Kerle warten auf uns? Wenn wir da jahrelang in der Taiga hocken? Aus ist es. Einen Neuen muss man sich suchen, wenn es in dem verfluchten Wald überhaupt Männer gibt.«

»Ich will die Kerle nicht mehr sehen«, knurrt eine finstere Frau, die dem Aussehen nach etwa fünfzig Jahre, in Wirklichkeit achtunddreißig Jahre alt ist. »Immer hat die Frau alles auszufressen. Die Männer gehen frei aus. Und es ist schon so, wie Katja sagt, kaum sind wir weg, haben sie eine andere am Bändel. Die legen sich ja schon hin, wenn sie bloß ein Stück Weißbrot von Weitem sehen. Überhaupt die weißhändigen Dämchen, diese verhurte Intelligenz!« Sie schaut giftig auf ein junges Weib, das vergeblich versucht, seine Tränen zu unterdrücken. Schweigend geht es mit dem leeren Sack in die Baracke. Kann man diesem Gesindel erklären, dass es auch im Lager ausnahmsweise so etwas wie Liebe gibt? Sie wirft sich auf die Bretter, drückt das Gesicht auf den Sack mit den fertig gepackten Habseligkeiten, umfasst ihn mit beiden Armen und schluchzt. Ein paar Pritschen weiter stopft das finstere Weib mit den stechenden Augen und der bräunlich-gelben, verschrumpelten Haut ihre Sachen in den Sack. »Hätte ich lieber die Syphilis auf den Hals bekommen als so ein Balg.«

Der Lastwagen steht bereit. Ein rechteckiger Kasten aus dünnen Holzbrettchen erhebt sich über dem Auto. In der Mitte ein winziges eisernes Öfchen mit einem noch winzigeren Vorrat an Brennholz. »Werdet schon nicht erfrieren«, meint der Wachsoldat, »werdet euch schon gegenseitig wärmen.« Eng genug ist es. Dreißig Frauen mit Sack und Pack stolpern übereinander. Finster wie ein Sarg ist der Kasten, seit die Tür verschlossen ist. Nur ein paar Lichtstrahlen fallen auf die Ofenröhre, dort, wo sie durch einen runden Ausschnitt in der Decke ins Freie führt.

Mit mäßiger Geschwindigkeit rollt der Lastwagen über den vereisten Schnee der Landstraße. Fünfundzwanzig Kilometer ist der Stundendurchschnitt. Nachts um drei Uhr kommen sie in Strelka an, wo sie in der »Dispetscherskaja« (Warte- und Abfertigungsraum für Reisende der Überlandomnibusse) eine warme Suppe zu sich nehmen. Im Nu hat es sich herumgesprochen, dass ein Frauentransport angekommen ist. Alles, was Beine hat, stolziert um die Frauen herum. Ein Blick, ein Lächeln, schon öffnen sich die Tabaksbeutel und werden freigebig herumgeboten, Landsmänninnen aus allen Gegenden werden gesucht – und immer gefunden, denn wo sind diese kleinen Diebinnen nicht schon herumgekommen? Katja, die Stupsnäsige, ist in ihrem Element, mit einem jungen Stutzer verschwindet sie laut lachend in einem Nebenraum, von wo sie nach einer Weile mit den für solche Fälle vorgesehenen Schätzen zurückkommt: Butter, Zucker, Weißbrot. Den Wachsoldaten kümmert es nicht – wenn nur niemand das niedrige Holzgebäude verlässt. Auch wird er, von den verschiedenen Bräutigämern in der Gaunersprache »Chachel« genannt, reichlich bewirtet.

Dann rüttelt sie wieder der dunkle Kasten durcheinander, in dem jede mit Schimpfen, Stößen und Fußtritten ihren Platz zu behaupten sucht. Am Nachmittag des zweiten Tages kommen sie in Elgen an. Valentina Michailowna Zimmermann, die langjährige gefürchtete Kommandeuse des Lagers, ist persönlich zugegen und lässt schweigend einen kritischen eisigen Blick über die ausgeladene Fracht gleiten. Katjas Schicksal ist besiegelt, denn sie ist hübsch, trotz der plumpen Lagerkleidung. Zimmermann, deren kluges Gesicht durch stark hervorstehende Vorderzähne verunziert ist, was ihr bei den Gefangenen den Spitznamen »Hecht« eingetragen hat, kann hübsche Frauen nicht leiden. Sie wird alles dazu tun, um Katja auf eine Arbeit zu schicken, wo weit und breit keine Männer mit Weißbrot herumlaufen.

Zum Holzfällen in den Wald werden die Neuen nicht geschickt. Das ist vom sechsten Monat der Schwangerschaft an untersagt. Schneeschippen im Winter, Feldarbeiten im Frühjahr. Den letzten Monat der Schwangerschaft sind die Frauen von der Arbeit befreit und werden nach der höchsten Kategorie (sechshundert Gramm Brot) ernährt.

Das Kinderkombinat

Im Krankenhaus für Gefangene kommen die Kinder zur Welt. Eine Woche lang bleiben Mutter und Kind beieinander. Dann wird die Mutter aus dem Krankenhaus entlassen und kehrt ins Lager zurück, das Kind kommt ins Kinderkombinat. Noch einen Monat nach der Geburt ist die Mutter von der Arbeit befreit. Dann kommt sie auf einen Arbeitsplatz, der nicht allzu weit vom Kinderkombinat entfernt ist. Denn nach russischer Sitte hat die Mutter neun Monate lang das Recht, ihr Kind zu stillen. Zur bestimmten Zeit sammeln sich die stillenden Mütter, »Mamki« genannt, und werden unter Bewachung ins Kombinat gebracht.

Die Mütter haben keinen Zutritt zum Kinderzimmer. Die Babies werden ihnen in einen leeren Raum, das »Stillzimmer« herausgebracht, wo sie auf Holzbänken sitzend ihre Kinder nähren, je nach dem Alter des Kindes sieben-, fünf- oder zweimal am Tag. Nach einer halben Stunde werden die Babies wieder eingesammelt und die Mütter gehen wieder unter Bewachung zurück auf ihre Arbeit. Nach Ablauf von neun Monaten hat die Mutter das Recht, ihr Kind einmal im Monat auf zwei Stunden zu sehen, falls sie sich dann noch im Lager Elgen oder dessen näherer Umgebung befindet. Die Kommandeuse Zimmermann, die die »Mamkis« mit ihrem besonderen Hass verfolgte – einerseits, weil sie empört war, dass Gefangene trotz aller Drohungen und Strafen immer wieder Kinder zur Welt brachten, andererseits, weil die Mamkis dank ihrer verkürzten Arbeitszeit während der Stillperiode dem Lager weniger einbrachten – strich auch diese kargen

Besuchsstunden für die Monate Mai bis September mit der Begründung, dass in dieser Zeit die Gefangenen unabkömmlich von der Feldarbeit seien.

Sobald die Mutter aus dem Lager entlassen wird, hat sie nicht nur das Recht, sondern die Pflicht, ihr Kind aus dem Kombinat für Gefangenenkinder abzuholen. Da die Institution der Alimente für unehelich oder außerehelich gezeugte Kinder in der Sowjetunion durch Gesetzesbeschluss überhaupt aufgehoben ist, muss die Mutter allein für das Kind aufkommen.

Das Kinderkombinat von Elgen beherbergt durchschnittlich zweihundertfünfzig bis dreihundert Kinder. Sie bleiben dort bis zum vollendeten siebenten Lebensjahr, dann werden sie in das Internat von Talon (am Flusse Taui, sechsunddreißig Kilometer von Balagannoje flussaufwärts) überführt, wo sie zusammen mit den Jakutenkindern zur Schule gehen. Von da an sind Mutter und Kind getrennt, da man die gefangene Mutter selbstverständlich nicht mitschickt.

Das Kinderkombinat umfasst mehrere große Baracken, worin die Kinder je nach dem Alter in verschiedene Gruppen eingeteilt sind. Die Leiterin ist eine freie Ärztin, der eine gefangene Ärztin zur Seite steht. In jeder Gruppe ist eine freie Erzieherin und je eine gefangene Wärterin für Tag- und Nachtschicht, wobei eine Wärterin auf zwanzig bis fünfundzwanzig Kinder kommt. In den Kleinkindergruppen besteht das Personal nur aus Gefangenen, ebenso in Küche, Wäscherei und Nähstube.

Für die Arbeit im Kinderkombinat werden prinzipiell Kriminelle ausgesucht. Da sie sich aber in keiner Weise dafür eignen, besteht ein ewiger Kampf zwischen der Leiterin des Kombinats und der Lagerkommandeuse, die keine Konterrevolutionäre auf solch bevorzugte Arbeit schicken will. Aber selbst eine gute Wärterin kann bei dem dortigen Massenbetrieb dem einzelnen Kind nicht die geringste Aufmerksamkeit schenken. Sie wird gerade damit fertig, die Kinder der Reihe nach auf die paar vorhandenen Töpfchen zu setzen, ihnen unter dem üblichen Wasch-Tröpfel-Apparat über die Gesichtchen zu fahren, die kleinen Kahlgeschorenen alle mit dem gleichen Handtuch abzuwischen und das Essen mit möglichster Geschwindigkeit in sie hineinzustopfen. Selten haben diese Kinder Spielzeuge. Selten können diese Kinder lachen. Sprechen lernen sie spät, Zärtlichkeit nie.

Die Kleineren vergessen die Mutter von einem Besuchstag zum andern. Gerade wenn sie anfangen, ein wenig aufzutauen, kommt der Wachsoldat und ruft die Mütter: »Los, los, sammeln! Es ist Zeit!« Schon auf dem Hof – horchen sie noch auf das Weinen der Kinder. Immer weinen Kinder im Kinderkombinat, und immer scheint es der Mutter, es sei ihr eigenes. Die Größeren drücken sich ans Fenster und schauen sachkundig zu, wie ihre gefangenen Mütter in Fünferreihen davonmarschieren – und als Letzter der Soldat mit aufgepflanztem Bajonett.

Im Internat von Talon

NKWD war oft sehr delikat. Man sagte nicht: Sie sind verhaftet. Das gab immer unliebsame Szenen, besonders mit Frauen, hysterische Schreie, schluchzende Kinder … Darum sagte man: Wir brauchen eine Auskunft von Ihnen, es wird etwa eine halbe Stunde dauern. Wir haben ein Auto unten stehen, damit werden wir Sie hinbringen.

Die ahnungslosen Frauen nahmen manchmal ihre Kinder mit, die ihnen dann meistens bei ihrer Ankunft im Gefängnis sofort abgenommen wurden. Es geschah aber auch – besonders in kleineren Gefängnissen in der Provinz –, dass die Kinder monatelang mit der Mutter in einer Zelle blieben und nach ihrer Verurteilung mit ihr sämtliche Etappen durchmachten. Erst wenn sie endgültig in dem Lager ankam, für das sie bestimmt war, nahm man ihr das Kind weg, auf das sie erst am Tage ihrer Entlassung wieder ein Recht hat.

Auf Kolyma wurde die Trennung von Mutter und Kind in den Jahren 1936/1940 sehr streng gehandhabt. Die Mutter blieb niemals an dem Ort, wo sich ihr Kind im Kinderheim befand.

So kam 1938 in Talon im Frauenlager eine junge Mutter mit ihrem viereinhalbjährigen Bübchen an, das ihr sofort weggenommen wurde. Sie selbst wurde weiter in ein anderes Lager in der Taiga geschickt.

Nun ist es üblich, die Gefangenen ununterbrochen von einem Lager ins andere zu schleppen, damit die Freien, mit denen sie auf der Arbeit zusammentreffen, sich nicht zu sehr an die »Volksfeinde« gewöhnen und etwa anfangen, in ihnen einfach unglückliche Mitmenschen zu sehen.

So geschah es, dass die Mutter jenes Bübchens nach einigen Jahren zufällig wieder nach Talon, an den Ort gebracht wurde, wo sich ihr Kind befand. Die Lageradministration hatte diesen Umstand vergessen, die Mutter hielt ihn geheim. Es gelang ihr, sich zusammen mit andern Gefangenen als Putzfrau in das Kinderheim ihres Söhnchens abkommandieren zu lassen.

Sie sah es täglich, aber es erkannte sie nicht mehr. Und die Mutter eröffnete sich ihm nicht, aus Angst, das Kind könnte sich verraten und sie würde dann abermals von ihm getrennt werden. Sie wusch die Fußböden und sah ihr Kind, und das war ein ungeheures Glück.

Das Frauenlager Elgen

Fünfhundertachtunddreißig Kilometer nordwestlich von der Hafenstadt Magadan liegt das Frauenregimelager »Elgen«. Regime ist so ein sowjetisches Verdunkelungswort und bedeutet in diesem Fall verschärftes Regime oder Straflager. Also Magadan kann man von dort aus in anderthalb Tagen mit dem Lastwagen erreichen. Theoretisch, natürlich. Denn wer einmal im Urwald ist, erreicht Hafenstädte nur noch in den seltensten Fällen. So etwas Anziehendes hat der Urwald, dass die meisten Gefangenen gar nicht mehr davon loskommen können. Und erst die lauschigen, versteckten Friedhöfe in der Taiga, die so gut in die Landschaft hineinpassen mit ihren kleinen Täfelchen, auf denen nichts wei-

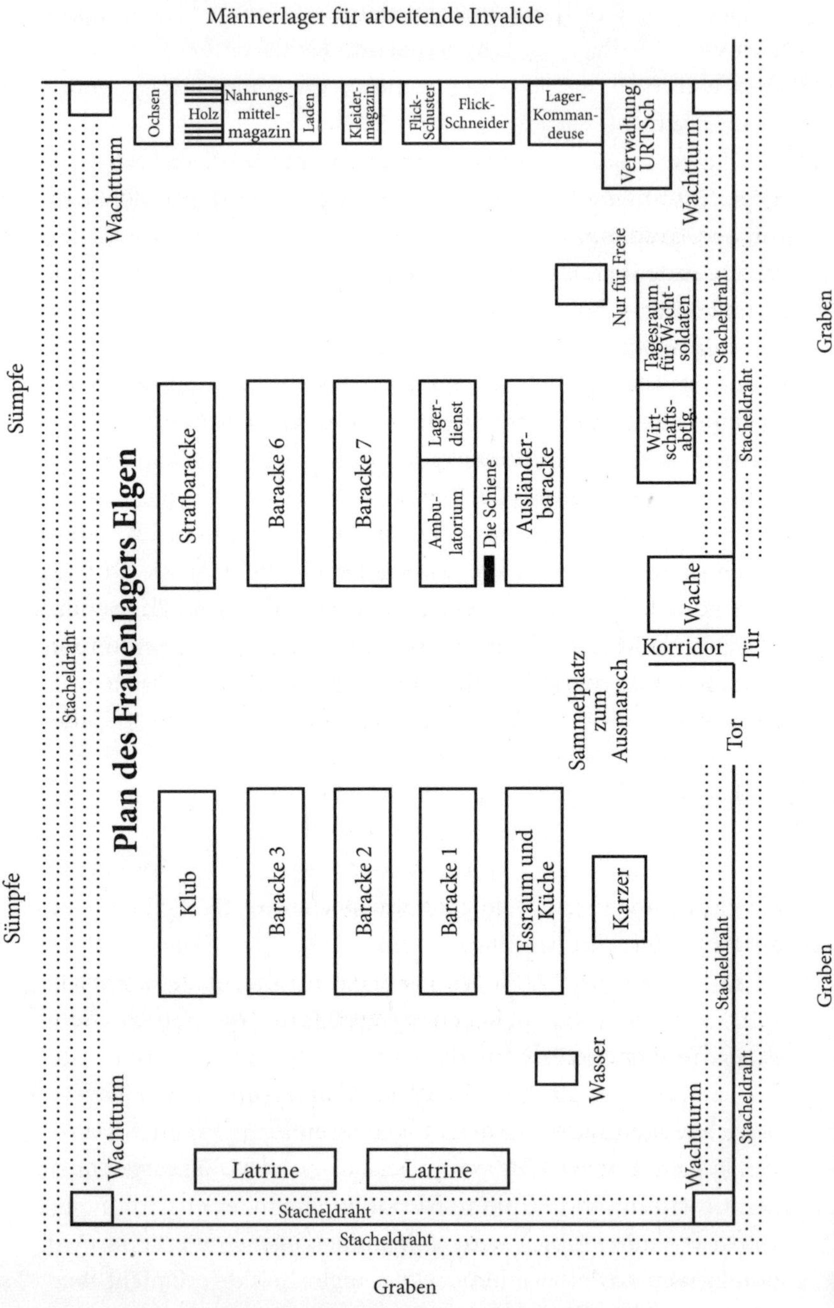
Männerlager für arbeitende Invalide
Plan des Frauenlagers Elgen
Sümpfe
Sümpfe
Graben
Graben
Graben
Wachtturm
Wachtturm
Wachtturm
Wachtturm
Stacheldraht
Stacheldraht
Stacheldraht
Stacheldraht
Stacheldraht
Stacheldraht
Stacheldraht
Ochsen
Holz
Nahrungsmittelmagazin
Laden
Kleidermagazin
Flick-Schuster
Flick-Schneider
Lager-Kommandeuse
Verwaltung URTSch
Nur für Freie
Tagesraum für Wachtsoldaten
Wirtschaftsabtlg.
Strafbaracke
Baracke 6
Baracke 7
Lagerdienst
Ambulatorium
Die Schiene
Ausländerbaracke
Wache
Korridor
Tür
Tor
Sammelplatz zum Ausmarsch
Klub
Baracke 3
Baracke 2
Baracke 1
Essraum und Küche
Karzer
Wasser
Latrine
Latrine

ter steht als eine Nummer. Wie viele Gefangene können sich dem Reiz eines solchen Grabes nicht entziehen!

Ich hatte bereits die Frauenlager in Magadan, Balagannoje, Talon und das Krankenhauslager am 23. Kilometer (außerhalb Magadans) hinter mir, als ich im vierten Jahr meiner Gefangenschaft auf Kolyma nach Elgen verfrachtet wurde. Nicht als Strafe für ein begangenes Vergehen, sondern weil ich Ausländerin war. Und Ausländer oder Angehörige von Nationen, die mit der Sowjetunion im Kriege lagen – auch wenn sie ihr Leben lang Sowjetbürger gewesen waren – wurden während des Krieges möglichst weit von der Hafenstadt Magadan entfernt in der Taiga, d.h. im Urwald, isoliert. Balagannoje und Talon sind kleinere Lager, wo sich gewöhnlich nur einige Hundert Frauen befinden. Die beiden größten Frauenlager Kolyma's sind in Magadan und Elgen, die durchschnittlich eine Belegschaft von 1000 Frauen und darüber haben. Ich nehme die Beschreibung von Elgen vorweg, weil ich mit dem typischen Lagerbetrieb beginnen möchte, ehe ich auf meine Erfahrungen in Magadan eingehe, die hauptsächlich mit meiner Arbeit im dortigen Gefangenen-Krankenhaus zusammenhängen.

Bei der Einfahrt in die kleine Siedlung Elgen grüßt uns ein grün angestrichener Holzbogen, so eine Art von Triumphbogen, auf dem in großen roten Lettern geschrieben steht: »Es lebe der große Stalin!« Man fühlt sich gleich heimisch. Wenn wir auch zerlumpt und hungrig, verlaust und erfroren sind – der große Stalin ist mit uns auf allen unseren Wegen.

Dann kommt wieder ein Bogen, ein großer hölzerner Torbogen mit Stacheldraht und einer Inschrift geschmückt, die zwar weniger erhebend, aber auch sehr zutreffend ist:

HAUPTLAGER ELGEN
FRAUENLAGER DER VERWALTUNG FÜR NORDÖSTLICHE BESSERUNGSARBEITSLAGER DER NKWD

Rundherum ein hoher Palisadenzaun, gekrönt von Stacheldraht, zwei Reihen von Stacheldraht außen um das ganze Lager herum, mit Ausnahme des Eingangs, ebenso innerhalb des Lagers zwei Reihen von Stacheldraht, denen man sich nur auf einen Meter Entfernung nähern darf, da sonst die Wachsoldaten das Recht haben, ohne vorherige Warnung zu schießen. An den Ecken des Lagers erheben sich die hölzernen Wachttürmchen mit je einem Wachsoldaten. Das Tor ist so breit, dass es die übliche Fünferreihe von Gefangenen bequem hindurchlassen kann. Daneben ist eine schmale Tür, die nur einem einzelnen Menschen auf einmal Durchgang gewährt. Sie ist verbunden mit der Wache und kann nur vom Wachkommandanten geöffnet werden.

Die Wache ist ein kleines Holzhäuschen, in dem sich der Kommandant der Wache und Wachsoldaten befinden. Sie hat ein Fensterchen, das auf die Landstraße sieht, sodass der Kommandant von Weitem erblickt, wer sich dem Lager nähert; ein zweites Fensterchen vor ihm öffnet sich auf einen schmalen Korridor, zu dem die schmale Tür den Zugang gewährt. Vor dem Kommandanten auf einem Tischchen liegt ein Buch, in dem die Namen sämtlicher Gefangenen des Lagers verzeichnet sind, und zwar brigadenweise nach ihren Arbeitsplätzen. Kein Gefangener kann ohne Erlaubnis des Kommandanten das Lager betreten oder verlassen.

Wenn man die Wache passiert hat, steht man auf dem Sammelplatz der Gefangenen zum Ausmarsch auf die Arbeit, der in die Lagerstraße mündet. Links gegenüber der Wache steht der Karzer. Dann folgen rechts und links der Straße entlang die Baracken, je fünf auf beiden Seiten. Die erste Baracke links ist der Essraum, dann folgen drei Wohnbaracken, dann der Klub; auf der rechten Seite eine Wohnbaracke, dann eine Baracke, die zur Hälfte Ambulatorium, zur Hälfte Wohnbaracke für Gefangene vom Lagerdienst ist, dann weitere zwei Wohnbaracken und als Letzte die Strafbaracke.

Parallel zu den Wohnbaracken auf der linken Seite, in einer Entfernung von etwa dreißig Metern hinter ihnen, befinden sich zwei Latrinen. Auf der rechten Seite in fünfzig Meter Entfernung ist eine Toilette mit der Inschrift »Nur für Freie«, deren Benutzung den Gefangenen streng verboten ist.

Parallel zu den Wohnbaracken rechts befinden sich: die Verwaltungsbaracke mit Büros für die Lagerkommandeuse und die Chefin für Statistik und Arbeitsverteilung (URTsch); eine Baracke mit Flickstuben der Flickschneiderinnen und Flickschusterinnen für Lagerbedarf; eine Baracke, wo Gefangene ihre Kleidung erhalten und ausgetauscht bekommen; eine Baracke, die das Nahrungsmittelmagazin des Lagers darstellt, mit dem Laden für Gefangene. Außerdem befinden sich dort noch ein Holzplatz mit den Holzvorräten des Lagers und ein Ochsenstall mit den beiden Ochsen, die die Wassertonnen ins Lager befördern. Selbstverständlich gibt es keine Wasserleitung, und das Wasser wird in einer Entfernung von einigen Hundert Metern aus einem Flüsschen geschöpft. Sobald das Flüsschen zugefroren ist – und das ist es acht Monate im Jahr – muss das Schöpfloch alltäglich mit einer eisernen Brechstange künstlich erneuert werden.

Hinter dem Essraum befindet sich die Wasserküche (Kipjatilka), wo das Trinkwasser in einem großen eisernen Kessel gekocht wird. Die Gefangenen nennen dieses heiße Wasser gewöhnlich »Tee« …

Auf der rechten Seite hinter der Wache gibt es noch die Wirtschaftsabteilung des Lagers und einen Tagesraum für die Wachmannschaft; ihre Kaserne ist außerhalb des Lagers. Bäume, Sträucher oder sonstiges Grün gibt es nicht im Lager. Nicht, als ob wir das vermissten. Wer so ein naturnahes Leben verbringt wie die Gefangenen, die zum Beispiel zwölf Stunden täglich als Holzfällerinnen im Urwald arbeiten, hat seinen Hunger nach Naturschönheiten vollauf gestillt. Auch seinen Bedarf an frischer Luft. Und es stört uns nicht im Geringsten, dass die Fenster in den Baracken fest eingesetzt, also nicht zu öffnen sind. In den drei kurzen Sommermonaten würde ein offenes Fenster nur den Stechmücken Einlass gewähren, die auch so in genügender Menge ihren Weg durch die Tür finden. Und im Winter ist man beständig auf der Suche nach Lumpen, Werg, Brettchen und Papier, um die Löcher und Sprünge in den Scheiben zuzustopfen, denn Doppelfenster gibt es nicht in diesem Land, wo die Temperatur jeden Winter bis auf sechzig Grad unter Null fällt.

Die Wohnbaracken sind im Durchschnitt zwanzig bis zweiundzwanzig Meter lang und sieben bis acht Meter breit und haben ungefähr hundert Insassen. Sie sind einstöckig, aus Balken gefügt, deren Zwischenräume mit Torf abgedichtet sind. Die Außentür führt in einen winzigen Vorraum, den sogenannten Tambur, wo man rauchen darf, dann kommt eine zweite Tür, die in die Baracke führt. Links ist mit ein paar Brettern der Waschraum abgeteilt. Er hat ein eisernes Öfchen, über dem an Stricken die nassen Utensilien der Gefangenen baumeln, als da sind: Fäustlinge, Fußlappen und Schuhwerk. Diese Dinge darf man über Nacht aufhängen, am Tage ist es verboten; die Nachtschicht kann sehen, wo sie bleibt. – Wenn man kein Magenleiden von dem Fraß im Essraum bekommt, so bekommt man es von dem täglichen Ärger über das Trocknen der Sachen. Im Lager gilt im Allgemeinen der Satz: Wer zuerst kommt, mahlt zuerst. Wer mit seiner Brigade am Abend vor der Nase einer andern Arbeitsbrigade in die Baracke gestürzt kommt und mit wehenden Fußlappen zum Öfchen eilt, hat eben Glück gehabt und kann sich einen guten Platz auf den Stricken sichern. Dann tritt aber noch ein anderer Satz in Kraft: Frechheit ist im Lager das zweite Glück. Wenn man also ursprünglich kein Glück gehabt hat, verschiebe man fremde Fußlappen in eine entfernte Ecke, werfe sie eventuell einfach auf den Boden und hänge seine eigenen auf den wärmsten Platz. Auf empörte Proteste antworte man mit einem Schwall von Schimpfworten nebst Püffen seiner kräftigeren Ellbogen. Dies ist eine beliebte Praxis der Kriminellen, die in allen Baracken gemischt mit den sogenannten Konterrevolutionären leben. Man muss seinem Schöpfer danken, wenn man am Morgen überhaupt seine Fußlappen wieder findet, da besagte Kriminelle auch noch die angenehme Eigenschaft haben, fremde Fußlappen anzuziehen, wenn sie ihnen besser gefallen als die eigenen. Was aber Fußlappen bedeuten, kann nur der ermessen, der weiß, was es heißt, zwölf Stunden in Regen, Schnee und Frost auf Feldern, in Sümpfen und Wäldern draußen zu arbeiten, bekleidet mit einem Schuhwerk, das diesen Namen in keiner Weise verdient.

Wenn man sich also erschöpft von der Arbeit in die Baracke schleift, schlägt einem als Erstes das Gekeife aus dem Waschraum entgegen. Es ist so selbstverständlich und unentrinnbar wie das Summen der Moskiten im Sommer, das Heulen der Schneestürme im Herbst und das nächtliche Stöhnen und Aufschreien der Gefangenen im Schlaf.

Die Waschvorrichtung ist eine äußerst sinnige Erfindung: in einem Blechbehälter befindet sich das Wasser, das durch drei Löcher herauströpfelt. Darunter ist ein schmales Auffangbecken aus Blech mit einem Abflussloch in der Mitte. Das schmutzige Wasser fließt in einen Eimer, der unter dem Loch steht. Wenn er nicht dasteht, kann man sich nicht waschen. Er dient außerdem beim Fußbodenwaschen und beim – illegalen – Wäschewaschen. Sollte jemand auf den luxuriösen Einfall kommen, sich in diesem Eimer ein Fußbad zu gestatten, so kann er das nur nachts tun, wenn der Eimer von sämtlichen übrigen Pflichten befreit ist. Damit das Waschwasser aber nur aus seinem Behälter heraustropft, wenn es gebraucht wird, sind die Löcher durch eiserne bewegliche Stifte, mit Eisenplättchen an beiden Enden, verschlossen. Man schiebt den Stift hoch, fängt etwas Wasser mit der anderen Hand auf, seift damit die Hände ein, lässt wieder etwas Wasser nachtröpfeln, schmiert sich das Ganze ins Gesicht, lässt den Stift zehnmal hintereinander auf- und abspringen, ohne eine nennenswerte Wassermenge zu sammeln, die Seife brennt in den Augen, und hinter einem brüllt die Nächste: »Wie lange gedenkst du dich noch zu putzen? Wir wollen auch noch heute fertig werden!«, und resigniert wischt man sich die Seife ins Handtuch, das aus einem Stück Sack verfertigt ist.

Wenn das Handtuch, das man vom Lager bekam, nicht längst zerfetzt ist, so hat man es bestimmt zu Fußlappen zerschnitten, da man seit Beginn des Krieges weder Strümpfe noch Fußlappen vom Lager erhält und infolgedessen dauernd auf der Suche ist, was man sich um die Füße wickeln könnte. Wie haben wir die Amerikaner gesegnet, die das von ihnen gelieferte Mehl in so herrlichen weißen Säcken verfrachten! Ich glaube kaum, dass die amerikanischen Mehllieferanten geahnt haben, welche Luxusgegenstände vom Büstenhalter bis zur gestickten Bluse wir aus diesen Säcken angefertigt haben. Büstenhalter trug man übrigens nur noch aus einer komischen Gewohnheit, sozusagen der zusätzlichen Wärme halber, denn zu halten war da längst nichts mehr, dank der allgemeinen Abmagerung. Bei den amerikanischen Säcken hatten wir übrigens sehr gegen die Konkurrenz der freien Bürgerinnen zu kämpfen, die zwecks Anfertigung aller möglichen gestickten Deckchen auch sehr darauf versessen waren; dazu kam das Risiko, bei der täglichen Leibesvisitation an der Wache mit solch einem Sack erwischt zu werden, was natürlich eine Karzerstrafe nach sich zog, da der Sack irgendwo gestohlen werden musste. Da ich gerade bei amerikanischen Gütern bin: Unsere sämtlichen Trinkbecher und Essnäpfe wurden aus amerikanischen Konservenbüchsen gefalzt, deren Inhalt natürlich die freien Bürger gegessen hatten, und während wir unsere Kohlsuppe mit gesalzenen Fischköpfen schlürften, buchstabierten wir nachdenklich: »Chopped pork; to serve with …«

In der Baracke stehen links und rechts zwei Etagen von Pritschen, in der Mitte zwischen zwei Reihen von Holzpfosten, die die Decke stützen, ein oder zwei Öfen, aus Backsteinen gebaut und geweißt und immer unzulänglich geheizt, und ein schmaler Tisch mit zwei Bänken, über dem die – von den Gefangenen gekaufte – elektrische Birne baumelt. Mit der Elektrizität hapert es in Elgen allerdings sehr, sodass man meistens nur an einem schwachen rötlichen Glühen erkennt, wo die Birne hängt, ohne durch einen Lichtschein von ihr belästigt zu werden. Um Mitternacht wird dann die Elektrizität ganz abgestellt, außer der Leitung, die die Scheinwerfer des Lagers und die Wache bedient.

An jedem Pritschenständer sind zwei Bretter in der Breite von ein Meter zwanzig in einer Entfernung von fünfundachtzig bis neunzig Zentimetern übereinander angebracht. Das sind vier Plätze, sodass in der Breite auf jeden sechzig Zentimeter kommen und der Untere sich gerade aufrecht hinsetzen kann, ohne sich den Kopf am oberen Brett zu stoßen. Bei dem oberen Bewohner hängt die Möglichkeit des Sitzens von der Höhe der Baracke ab, in einer niedrigen Baracke muss man oben halt auf den Luxus verzichten, sich auf seiner Pritsche hinzusetzen, worüber sich dann der untere Bewohner freut, weil ja das Sitzen des Oberen zur Folge hat, dass er seine Beine vor dem Gesicht des unten Sitzenden hin- und herbaumeln lässt – und für die Reize weiblicher Beine hat man in einem Frauenlager auch nicht das geringste Gefühl. Ganz im Gegenteil, besonders wenn diese Füße nur zwei- bis dreimal im Monat im obligaten Bad gewaschen werden. Zwischen den Pritschenständern ist ein Zwischenraum von einem halben Meter, in dem sich morgens beim Anziehen vier Frauen drehen, bücken, stoßen und beschimpfen.

Sowohl die oberen als auch die unteren Plätze haben ihr Plus und ihr Minus. Die unteren Plätze sind bequem zu erreichen und etwas weniger verwanzt, dafür aber kälter, dunkler, und man bekommt Staub, Krümel und ab und zu andere Gegenstände von oben auf den Kopf. Um die oberen Plätze zu erreichen, muss man jedes Mal das Schuhwerk ausziehen und hinaufklettern, dafür sind sie wärmer, heller, und außer Wanzen fällt einem nichts auf den Kopf. Dass jemand, etwa im Schlaf, von oben herunterfällt, kommt selten vor, es sei denn, zwei Kriminelle prügeln sich und werfen sich gegenseitig von oben herunter. Dann haben noch die Rottenältesten – Gefangene, die den Lagerdienst versehen – die unangenehme Eigenschaft, einen an den Beinen von oben herunterzuziehen, wenn man sich nicht schnell genug zu einer Stoßarbeit innerhalb des Lagers, so gegen zehn Uhr abends, bequemt.

Zum Bett eines jeden Gefangenen gehört ein sogenannter Strohsack, in dem sich aber kein Stroh befindet, was es dort nicht gibt, auch selten Heu, weil es nicht einmal für das Vieh ausreicht, sondern zum Beispiel Hobelspäne oder irgendwelche privaten Kleidungsstücke, falls man solche noch besitzt. Außerdem eine wollene Decke und ein Kissenüberzug, in den man ebenfalls hineintun kann, was man will, denn Kissen gibt es keine. Dann erhält man noch zwei Betttücher, eines davon zum persönlichen Gebrauch, das zweite Betttuch – man höre und staune – wird zur Verschönerung des Barackenbildes auf höheren Befehl oben über die Wolldecke gebreitet, sodass ein harmloser Fremder oder eine der in der Sowjetunion so beliebten und gut bezahlten Kommissionen den Eindruck von freundlichen, weißen Bettchen bekommt.

Die Bewohner der Baracken sind die Arbeitsbrigaden, sodass es zum Beispiel die Baracken der Feldarbeiterinnen, der Bauarbeiterinnen, der Arbeiterinnen des Viehhofs usw. gibt. Man hat somit die Möglichkeit, Streitigkeiten, die man auf der Arbeit begonnen hat, mit Erfolg in der Baracke fortzusetzen. Außerdem wird auf diese Weise das Prinzip der Mischung von Kriminellen und sogenannten Konterrevolutionären aufrechterhalten, die sich aus tiefster Seele hassen und kein größeres Vergnügen kennen, als sich gegenseitig wegen aller möglichen Vergehen gegen die Lagerdisziplin bei der Administration anzuzeigen. Allerdings liegt diesbezüglich die größere Aktivität bei den Kriminellen, denen auch mehr Vertrauen von Seiten der Administration geschenkt wird – ungeachtet ihres pathologischen Hangs zum Lügen.

Eine Ausnahme von diesem Wohnprinzip bilden nur zwei Baracken. Erstens die Strafbaracke. Sie ist die schlechteste, niedrigste und wanzenreichste Baracke des Lagers. Nach dem abendlichen Appell wird sie von außen verschlossen. Ihre Bewohner werden unter verschärfter Bewachung und mit Hunden auf die schwersten Arbeiten geführt. Meistens handelt es sich um die verstockteste und verkommenste Sorte von Kriminellen, die Arbeitsverweigerung, Fluchtversuche, Diebstähle, Messerstechereien, Saufereien und Kartenspiel auf ihrem Konto haben. Wenn man Pech hat, kann man aber auch wegen eines kleinen Vergehens in diese Baracke kommen, und dann gnade Gott dem »Kontrik« (Abkürzung für Konterrevolutionär), der in ihre Mitte fällt! Die Perspektive für die Bewohner der Strafbaracke ist gewöhnlich Abtransport nach dem Lager Mylga, das sich in einer Entfernung von achtundzwanzig Kilometern von Elgen befindet, und wo solche Sitten und Gebräuche herrschen, dass Elgen im Vergleich mit Mylga ein wahres Paradies ist. Doch auch das ist noch nicht die letzte Stufe, auch das Straflager Mylga hat noch sein eigenes Straflager, genannt Iswestkowoje, Gipsbrüche für Frauen. Die dort die Spitzhacke schwingt, braucht nicht mehr nachzurechnen, wie viel Jahre der Gefangenschaft sie noch vor sich hat. Sie kann ganz sicher sein, dass sie in einem Jahr von allem irdischen Leid erlöst sein wird.

Die zweite Ausnahme vom Wohnprinzip bildet die sogenannte deutsche Baracke, die während des Krieges eingeführt wurde. In ihr wurden Deutsche aus Deutschland, aus dem Wolgagebiet, aus den sibirischen und kaukasischen Dörfern, Juden aus Deutschland, außerdem Österreicher, Rumänen, Ungarn, Finnen, Letten – also »feindliche Ausländer«, die aber alle bis auf ganz seltene Ausnahmen die Sowjetbürgerschaft besaßen – konzentriert. Auch sie wurden nur für die schweren, sogenannten »allgemeinen« Arbeiten verwandt, wurden in erster Linie zu den abendlichen Stoßarbeiten hinausgejagt, aber im Übrigen unterschied sich ihr Los nicht von dem der andern Gefangenen. Nur zeitweilig isolierte man sie vollständig in speziellen entfernten Lagern mit verschärfter Bewachung. Obwohl der Sinn dieser Baracke in der Hauptsache darin bestand, dass man es nicht einmal einer russischen Gefangenen zumuten könne, mit Deutschen zusammenzuleben – wenn es sich auch in der Hauptsache um längst russifizierte Wolgadeutsche handelte –, zeigten die russischen Gefangenen eine bedenkliche Neigung, sich gerade in dieser Baracke anzusiedeln, weil sie als relativ sauber, ruhig und diszipliniert galt, auch wurde dort seltener gestohlen und wenig geflucht.

In allen Baracken versieht eine ältere Frau, die ärztlich als Invalidin anerkannt worden ist, den Barackendienst. Sie fegt und wäscht den Fußboden, trägt Trink- und Waschwasser herbei und bringt das schmutzige Wasser und Abfälle hinaus, heizt die Öfen und sägt und spaltet das Brennholz, zusammen mit einer der Barackeninsassinnen, die ihr abwechselnd helfen. Von der Arbeit befreiten Kranken bringt sie das Essen, sammelt einmal im Monat die schmutzige Wäsche ein, die in der Gefangenenwäscherei außerhalb des Lagers gewaschen wird, bringt sie fort und teilt sie wieder aus und bekommt außer dem üblichen Essen fünfhundert Gramm Brot täglich, wenn der Höchstsatz für Gefangene sechshundert Gramm ist; bei fünfhundert Gramm Höchstverdienst (1941/43) erhält sie vierhundert Gramm Brot und keinerlei Bezahlung vom Lager. Doch ist es üblich, dass die Barackenbewohner allmonatlich eine freiwillige Sammlung veranstalten, sodass sie meistens mehr Geld bekommt als jede andere Gefangene. Aber alle wissen, dass das bisschen menschenähnliche Dasein, das es überhaupt im Lager gibt, von dieser alten Frau abhängt. Jeder ist dankbar, wenn er durchnässt, erfroren, erschöpft in die Baracke kommt, und ihn ein freundliches, mütterliches Gesicht grüßt, wenn sie irgendwo im Lager so viel Brennholz zusammengestohlen hat, dass wenigstens das kleine Öfchen im Waschraum brennt – die offizielle Holzration ist immer lächerlich gering –, wenn der »Tee« heiß und ausreichend ist, und wenn sie nicht wegen jeden bisschen Schnees, den man an den Füßen mit in die Baracke geschleppt hat, ein lautes Gezeter anfängt. Und sie ist es, die uns am Morgen weckt, wenn wir hartnäckig das Läuten zum Aufstehen überhören. –

Die Bekleidung der weiblichen Gefangenen besteht aus:

1. Hemd,
2. kurzes Höschen (beides aus dünner Leinwand),
3. Bluse aus bedrucktem Baumwollstoff,
4. Rock aus Baumwollstoff im Sommer oder wattierte lange Hose im Winter,
5. grau gewürfeltes Kopftuch aus Kattun im Sommer oder dunkles Kopftuch aus Flanell im Winter,
6. Wattierte gesteppte Khakijacke im Sommer oder warm gefütterte wattierte Jacke nach Matrosenart, genannt Buschlat, im Winter,
7. Moskitonetz zum Schutz des Gesichts im Sommer oder wattierte Fäustlinge im Winter,
8. kunstlederne Männerschuhe im Sommer oder sackleinenes Schuhwerk, genannt »Burki«, im Winter.

»Burki« ist an und für sich die örtliche Bezeichnung für einen warmen, weichen Schaftstiefel. Doch unsere speziellen Gefangenenburki waren eine Erfindung von Kolyma. Möge der Erfinder sie bis zu seinem Lebensende tragen! Sie sind aus leicht wattiertem, durchgestepptem Sackleinen angefertigt mit hohen weiten Schäften, die bis unter die Knie reichen, der Fuß ist durch eine Wachstuch- oder Kunstlederkappe an Spitze und Ferse verstärkt, als Sohle dienen drei Gummiquerstreifen von ausgedienten Autoreifen, das Ganze wird mit Stricken am Fuß befestigt und mit einem Strick unter dem Knie festgebunden, damit von oben der Schnee nicht hineinfällt. Sie sind so geräumig, dass man drei Fußlappen übereinander um jeden Fuß wickeln kann. Nach eintägigem Gebrauch sind sie schiefgetreten und laufen von nun an, wohin sie wollen – und wohin man selbst gar nicht will. Feuchtigkeit nehmen sie mit unglaublicher Geschwindigkeit in sich auf – besonders wenn die Säcke früher als Salzsäcke gedient haben –, um sie nur höchst widerwillig von sich zu geben. Während der acht Wintermonate ist das Trocknen der Burki das Problem der Gefangenen. Ihr Gewicht ist so beträchtlich, dass man nach einem Marsch von mehreren Kilometern vom Lager zur Arbeitsstelle kaum noch die Beine heben kann, obwohl dann erst die Arbeit anfängt. Schwere genagelte Bergschuhe sind traumhaft elegante Tanzschuhchen im Vergleich mit unsern »Tsche-te-se«, wie sie von den Gefangenen genannt werden: Das ist die russische Abkürzung für »Tscheljabinsker Traktorenfabrik«.

Die Bekleidung der männlichen Gefangenen besteht aus:

1. Hemd,
2. lange Unterhose (beides aus dünner Leinwand),
3. Militärhemd,
4. leichte Baumwollhose im Sommer oder lange wattierte Hose im Winter,
5. dicke Stoffmütze im Sommer, mit heruntergeklappten Ohrenschützern im Winter,

6. gesteppte, wattierte Khakijacke im Sommer oder Buschlat im Winter,
7. Moskitonetz im Sommer oder wattierte Fäustlinge im Winter,
8. kunstlederne Schuhe im Sommer oder sackleinene »Burki« im Winter.

Diese Gegenstände bleiben Eigentum des Lagers, und das Verkaufen oder Vertauschen von Kleidungsstücken oder Decken wird mit Karzer und mit einer Geldbuße bestraft. Und zwar wird dem Gefangenen der fünffache Preis des fehlenden Gegenstandes von seinem Verdienst abgezogen, wegen »Promot«, das heißt »Vergeudung« von Lagerinventar.

Der Schneesturm

Balangannoje ist ein kleiner Hafenort mit kleinen einstöckigen Holzhäuschen und Hütten, die sich längs der einzigen Hauptstraße dahinziehen. Die übrigen Häuschen liegen verstreut im Halbkreis zu beiden Seiten hinter der Hauptstraße. Etwas außerhalb, etwa anderthalb bis zwei Kilometer vom Ufer entfernt, liegt das Lager mit seinen lang gestreckten dunklen Holzbaracken, die nicht wie die meisten übrigen Häuschen mit Lehm beworfen und geweißt sind. (Das Lager »Balagannoje« nimmt in der Reihenfolge meiner Kolyma-Lager den zweiten Platz ein, doch war ich nur kurze Zeit in diesem Lager, das unter den Gefangenen als eines der erträglichsten Lager von Kolyma galt.) Durch einen hohen hölzernen Palisadenzaun und Stacheldraht ist das Lager in zwei Teile geteilt, der eine für die gefangenen Frauen, der andere für gefangene Männer, die verkrüppelt, zu schwach oder zu krank sind, um in den Goldgruben zu arbeiten und als Lastträger, Fuhrleute, Waldarbeiter und Handwerker verwendet werden.

Dann kommen weiter draußen die Felder, die sich bis an den Rand des Urwalds hinziehen.

Vom Meer her kommt immer ein frischer Wind, und wenn

die Gefangenen im Sommer auf den Feldern oder in den Fischereibetrieben arbeiten, leiden sie nicht so unter den Stechmücken wie anderorts in Kolyma. Hier tragen die gefangenen Frauen im Sommer sogar kurze Kattunröcke, während sie anderwärts ängstlich bemüht sind, kein unbedecktes Stückchen Haut zum Fraß für die Mücken herausgucken zu lassen und sich aus Säcken lange Hosen nähen, die sie sorgfältig über den Knöcheln zubinden, ehe sie die schweren Sträflingsschuhe mit den dicken Holzsohlen darüberziehen.

Hier kann man manchmal sogar ein paar Frauen ein Lied summen hören, während sie, in verschiedene Gruppen aufgeteilt, die großen Buckellachse mit dem leuchtend roten Fleisch aufschneiden, den roten Kaviar und Herz und Leber in ihre Behälter und die Fische mit den aufgeschlitzten Bäuchen blitzschnell auf die langen Holztische werfen, wo sie eingesalzen werden. Die letzte Gruppe verpackt sie in hohen Fässern zum Versand. Zwischen den Tischen am Ufer gehen Brigadiere und Wachsoldaten auf und ab, alle aufgeregt, alle vom allgemeinen Tempo erfasst, denn die Fische verderben schnell, und der Fang ist in dieser Bucht des Ochotskischen Meeres immer reichlich.

Zwölf Stunden, vierzehn Stunden stehen die Frauen über die Fische gebeugt, die Messer blitzen, der nächste Fisch, immer die gleiche, rasche geübte Bewegung, und alles erfüllt und durchtränkt von Fischgeruch, die Messer, die Luft, die Kleider, die Haare. Die Hände der Frauen an den Tischen sind rot und geschwollen, in die aufgesprungenen Handrücken frisst sich das Salz hinein und brennt.

Und doch möchte keine der Hunderte von Gefangenen diese Arbeit mit einer andern tauschen, denn in der kurzen Mittagspause wird schnell ein Holzfeuer angelegt, Eimer daraufgestellt, gefüllt mit Fischen, unter die man heimlich eine Schicht von Herzen und Lebern gesteckt hat, was ein großer Leckerbissen ist. Andere sind indessen beschäftigt, ein Päckchen mit Kaviar beiseitezuschaffen, um es abends vor dem Heimmarsch ins Lager an der Brust zu verstecken, – ein wertvoller Zusatz zur dünnen Abendsuppe, ein Tauschobjekt gegen Brot oder eine Gabe an die hungrigen Frauen von der Feld- und Waldarbeit …

Im Winter, wenn die Hütten im meterhohen Schnee versinken, arbeiten die Gefangenen fast ausschließlich im Wald. Im Winter wird die Brise vom Meer zum Orkan, zum eisigen Schneesturm, in dem man keinen Schritt mehr vor sich sieht, wo die ganze Welt eine einzige weiß-wirbelnde, heulende Masse ist. Dann spannen die Bewohner des Ortes dicke Taue von einem Häuschen zum andern, an die sie sich anklammern mit aller Kraft, um nicht hinweggeschleudert zu werden in den Schnee und den Tod. –

Den ganzen Tag heulte der Sturm und übertönte das Jammern der Sägen im Wald. Heute drängten die Wachsoldaten selbst zum verfrühten Abmarsch ins Lager. Die gefangenen Fuhrleute, Männer wie Frauen, banden mit Flüchen, die ungehört im Sturm zerflatterten, die letzte Holzladung auf den niedrigen Schlitten fest, und während sie neben den kleinen, mageren Pferden herliefen, schlugen sie unaufhörlich mit der Knute auf die scharf hervorstehenden Knochen der Hinterhand, auf das dicke, wollige Fell, in dem der Schnee sich verfing und schmolz.

Der Himmel verfinsterte sich rasch und der Sturm raste. Zwei Schlitten kämpften im Wald. Zwei Pferdchen ächzten durch den Sturm, blieben stehen und senkten die Köpfe. Ihre Haut zuckte unter jedem Knutenschlag, aber sie rührten sich nicht. Die Fuhrleute, ein Mann und eine Frau, banden mit erstarrten Fingern die Stricke los, warfen mit Händen und Fußtritten das Holz von den Schlitten und zerrten die widerstrebenden Pferde am Zügel vorwärts. Immer langsamer schoben die Tiere ein Bein vor das andere, zitterten und blieben abermals stehen. Als die beiden keuchenden Menschen die Pferde aus dem Schlitten spannten, kam die Finsternis. Die Tiere tasteten sich noch ein paar Schritte weiter, gingen schnaufend in die Knie und warfen sich schließlich nebeneinander in den Schnee.

Die Frau schob sich zwischen die Pferdeleiber und empfing ein wenig Wärme und ein wenig Schutz von ihnen. Der Sturm riss an den gesenkten Pferdeköpfen und dem Kopftuch der Frau, die in der heulenden Dunkelheit auf das Ende wartete. Eine tiefe Müdigkeit überkam sie, und immer seltener schüttelte sie den Schnee von sich, der sich sofort wieder von Neuem anhäufte.

Der Mann war verschwunden. Er hatte ihr noch ins Ohr geschrien, dass das Lager nicht mehr weit sein könne und er versuchen wolle, sich durchzuschlagen.

Er taumelte, fiel, erhob sich, machte ein paar Schritte, wurde an einen Baum geschleudert, tastete sich weiter, bis er abermals stürzte, auf allen vieren vorwärtskroch, sich noch einmal hochkämpfte und weitertorkelte. Dunkelheit, Schnee und das rasende Geheul des Sturmes. Einsamkeit, Angst und Erschöpfung überkamen ihn. Hin- und hergeschleudert vom Sturm kämpfte er um sein Leben, sein schändliches, armseliges Gefangenenleben. Über ihm, um ihn brüllte die feindliche nördliche Welt.

Er brach erst zusammen, als er auf die Gruppe von Gefangenen traf, die sich freiwillig erboten hatten, ihre beiden vermissten Kameraden zu suchen. In Wirklichkeit waren die beiden Unglücklichen nur wenige Hundert Meter vom Lager entfernt, sonst hätte man sie nie in dieser Nacht gefunden.

Sie stießen auf die Frau, schneebedeckt zwischen den schneebedeckten Pferdeleibern.

Als sie sie in das hell beleuchtete, warme Ambulatorium des Lagers hineintrugen, sahen sie die beiden zu Eis gefrorenen Tränen, die über den geschlossenen Augen an ihren Wimpern hingen. Man flößte ihr ein wenig Alkohol und viel heißen Tee ein, rieb sie ab, machte ihr eine Spritze zur Belebung der Herztätigkeit – und mit qualvollem Kribbeln und Stechen in Händen und Füßen kehrten allmählich Leben und Wärme in den starren Körper zurück.

Als die Ärztin ihren rechten Fuß umfasste, schrie sie zum ersten Mal laut auf. Eine große Blase bedeckte den äußeren Rand der großen Zehe. »Abgefroren«, murmelte die Ärztin, nahm Pinzette und Skalpell zur Hand, entfernte mit wenigen Schnitten die abgestorbene Blasenhaut, legte ein gelbes, rivanolgetränktes Mullläppchen auf die freigelegte Wunde und machte einen kleinen Verband.

Dann wurde die Frau auf ihre Pritsche gebracht, mit Decken, Jacken und wattierten Hosen zugedeckt und schlief sofort ein.

Die Ärztin hingegen stellte noch rasch das bei Erfrierungen obligatorische Papier aus, in dem sie niederschrieb, dass es sich bei der Gefangenen Krylowa, Anna Wassiljewna, 34 Jahre alt, §: KRD (Konterrevolutionäre Tätigkeit), Straffrist: 10 Jahre, um einen Unfall bei der Arbeit und nicht um eine selbst verschuldete Erfrierung, d. h. Selbstverstümmelung handelte. Selbstverstümmelungen kamen häufig vor, besonders bei männlichen Gefangenen, und waren strafbar.

Gegen Morgen, als der Sturm langsam abflaute, holte man auch die beiden Pferde aus dem Wald in ihren Stall.

An diesem Tag war Krylowa von der Arbeit befreit und durfte sich ausruhen. Aber im Morgengrauen des nächsten Tages stand sie schon wieder frierend mit hochgezogenen Schultern, das Gesicht vermummt, sodass nur die Augen mit den weiß bereiften Wimpern heraussahen, zwischen ihren ebenso frierenden und ebenso vermummten Gefährtinnen beim Ausmarsch. Über und über geflickte, wattierte Hosen und Jacken, einen Strick um den Leib gebunden, damit der Wind nicht von unten hereinblies, die nackten Füße in schmutzige, zerfetzte Fußlappen gewickelt, die in den riesigen sackleinenen »Burki« steckten, unförmige Gestalten, die in Wirklichkeit nur Haut und Knochen waren.

Als Krylowa mit ihrer Gruppe in den Viehhof einbog, winkte ihr ein Gefangener zu, der bereits sein Pferdchen in den Schlitten gespannt hatte. Es war jener Mann, mit dem sie im Wald fast umgekommen wäre.

»Na, lebst du noch?«, rief er ihr über den Hof zu.

»Nitschewo«, rief sie gleichmütig zurück, »eine Zehe hab' ich mir abgefroren.«

»Aber der Knochen ist heil geblieben?«, schallte es von drüben. Sie nickte.

»Na, siehst du«, schrie er aufmunternd, während er sich aufrecht auf das Brett zwischen den Schlittenkufen stellte und die Zügel zwischen die unförmigen Fäustlinge legte, »wenn nur die Knochen übrig sind, Fleisch wächst schon wieder darüber.«

Dann ging sie in den Stall, um ihr Pferd in den Schlitten zu spannen. Aber der Pferdeknecht gab ihr ein fremdes Pferd.

»Was ist denn mit meiner ›Laska‹,«, fragte sie und betrachtete eingehend das neue Pferdchen.

»Deine ›Laska‹«, sagte der Pferdeknecht, »ist nicht mehr zu gebrauchen, die hat ein Zittern in den Vorderbeinen von der Sturmnacht im Wald zurückbehalten. Der Tierarzt sagt, sie hat einen Nervenschock.«

»So, so«, sagte die Frau, »einen Nervenschock. Na ja, es ist ja auch nur ein Pferd – kein Gefangener.«

Sechstes Kapitel

NONNEN, DIEBE, SPEKULANTEN UND LIEBE

Artikel 124 der Verfassung der UdSSR

»Zum Zwecke der Gewährleistung der Gewissensfreiheit für die Bürger sind in der UdSSR die Kirche vom Staat und die Schulen von der Kirche getrennt. Die Freiheit der Ausübung religiöser Kulthandlungen und die Freiheit antireligiöser Propaganda werden allen Bürgern zuerkannt.«

Während des Krieges, als die Not am höchsten war, erinnerten sich die Machthaber an den lieben Gott. Alles musste aufgeboten werden, um auch den letzten Sowjetbürger zur letzten Hingabe zu bewegen. Das russische Dorf – und nicht nur das Dorf – ist ungeachtet aller Gegenpropaganda religiös geblieben. Das gilt auch für eine Generation, die bereits nach der Revolution geboren und erzogen wurde.

In den zehn verschiedenen sowjetischen Gefängnissen und den vierzehn verschiedenen sowjetischen Lagern, in denen ich mich befand, war ich ja nicht allein. Überall kam ich mit immer neuen Menschen zusammen, und während der elf Jahre meiner Gefangenschaft kamen beständig neue Menschen aus der Freiheit in die Lager. Nur ein verschwindend kleiner Teil dieser Menschen verbüßte seine Strafe wegen eines »religiösen Vergehens«. Doch entgegen meinen ursprünglichen Vorstellungen und Erwartungen stellte ich fest, dass – abgesehen von der Schicht der ehemaligen Parteimitglieder und Jungkommunisten – sich die Mehrheit nicht von ihrem Glauben gelöst hatte, auch wenn sie kaum noch irgendwelche Kulthandlungen ausgeübt hatte. Und auch viele der ehemaligen Parteimitglieder, denen mit der unschuldig erduldeten Haft der Glaube an ihre Idee genommen wurde, suchten die entstandene Leere durch etwas anderes auszufüllen – und dieses Etwas hieß bei vielen »Gott«.

So wurden hohe kirchliche Würdenträger – soweit sie noch am Leben waren – aus den Lagern des hohen Nordens herausgeholt und in ihr Amt eingesetzt. Sie waren zu allem bereit, denn Jahrzehnte der Gefangenschaft waren nicht spurlos an ihrer Seele vorübergegangen.

Sie beteten für Väterchen Stalin, wie sie früher für den Zaren gebetet hatten. Sie schickten Dankgebete zum Himmel, der in seiner Gnade Stalin gesandt hatte, den »Führer der Völker, das Genie des zwanzigsten Jahrhunderts, den Wohltäter und Befreier des Sowjetvolks«. Die höchsten Würdenträger des Sowjetstaates hefteten gerührt den Orden der Roten Fahne an die Brust der kirchlichen Würdenträger. (Worüber ausführlich in den sowjetischen Zeitungen berichtet wurde.)

Aber all jene unscheinbaren Menschen, die um ihres Glaubens willen in den Zwangsarbeitslagern verkamen, wurden von dieser religiösen Renaissance nicht betroffen. Nicht ein Einziger von ihnen wurde vorfristig entlassen.

Und nach wie vor hielten sie an ihrer Ansicht fest, dass alles, was von den Sowjets getan wird, vom »Antichrist« komme.

Es war das zäheste und stoischste Element im Lager. Da gab es Sekten, deren Vorfahren bereits unter dem Zaren als Sektierer verfolgt worden waren und die immer noch unerschütterlich an ihren Gebräuchen festhielten.

Da gab es Nonnen, deren Klöster vor dreißig Jahren zerstört worden waren und die sich immer noch als Nonnen bezeichneten und fühlten. »Monaschki« = die Nönnchen, nannten die Gefangenen in den Frauenlagern denn auch mit einem Sammelnamen all jene, die um der Religion willen ihre Strafe verbüßten.

An allen Sonntagen und kirchlichen Feiertagen ließen sie sich in den Karzer schleppen. Keine Überredung, keine Drohung, kein Hohn und keine Züchtigung konnte sie dazu bringen, am

Tage des Herrn zu arbeiten. Sie aßen die kärgliche Strafration und sangen ihre Lieder. Man schlug sie. Man band ihnen die Röcke überm Kopf zusammen. Man band sie mit den Haaren aneinander – es half nichts, am nächsten Sonntag ließen sie sich ebenso geduldig, ebenso ergeben und unerschütterlich in den Karzer stoßen.

Es gab Sektierer, die nicht einmal ihren Namen dem »Antichrist« sagen durften. Matuschka Saizewa gehörte zu ihnen. Allabendlich beim Passieren der Wache blickte sie den Wachkommandanten, der jeden Gefangenen in seinem Buch registrieren musste, in stummer Verachtung an. Andere Gefangene, die sie kannten, riefen rasch über ihre Schulter hinweg »Saizewa«, und man ließ sie passieren. War niemand zur Stelle, so brüllte der Kommandant ein paarmal: »Name!« – erhielt keine Antwort, und Matuschka wurde prompt und ohne Abendsuppe zum Übernachten in den Karzer gesteckt.

Manchen Sekten war es verboten, ein staatliches Dokument entgegenzunehmen. Die Berührung solch eines Machwerks des »Antichrists« war Sünde. Schriftenlosigkeit war bei vielen der Anlass zu ihrer Verhaftung und Aburteilung gewesen. Nachdem sie ihre fünf Jahre verbüßt hatten, wurden sie ins Amt geführt, um ihre Entlassungspapiere zu erhalten. Sie nahmen sie nicht, diese Werke des »Antichrist«. Ohne Papiere kann man aber in der Sowjetunion nicht leben. Alsbald wurde ihnen ein neuer Prozess gemacht, und aufs Neue verschwanden sie in den Lagern. –

Nadja, die dunkelhäutige und dunkeläugige Bäuerin mit den glänzenden schwarzen Haaren, immer strahlend in Heiterkeit und Güte, von unverwüstlich starkem und schönem Körper, war eine ukrainische Sektiererin von etwa achtunddreißig Jahren.

Der Tag ihrer Befreiung aus dem Lager fiel ebenso wie der ihres Mannes mitten in die Kriegsjahre. Es war eine seltene Gnade, dass die beiden sich wiederfanden. Denn im Allgemeinen werden Mann und Frau nicht nur in verschiedenen Lagern untergebracht, sondern man wählt sorgfältig weit auseinanderliegende Gegenden für jeden von ihnen aus.

In die Ukraine, wo ihre Kinder verwaist zurückgeblieben waren, durften sie selbstverständlich nicht heimkehren. So arbeiteten sie beide auf dem Staatsgut Elgen, er, der Bärtige – auch Rasieren ist des Teufels – mit seinen achtundvierzig Jahren ein gebrochener alter Mann, als Schreiner, sie als Landarbeiterin. Endlich waren sie wieder zusammen nach so viel qualvollen Jahren der Trennung.

Dann kamen die Osterfeiertage. Nadja blieb der Arbeit fern. Aber das Wegbleiben von der Arbeit ohne ärztliches Attest ist strafbar. Auch für den freien Sowjetbürger gab es während des Krieges wenig Ruhetage. Es gab immer eine dringend zu erledigende »Stoßarbeit«, die gerade am Sonntag bewältigt werden musste. Und mit den kirchlichen Feiertagen fielen diese seltenen staatlichen Ruhetage schon gar nicht zusammen.

Während ihr Mann sich der Staatsgewalt unterwarf, blieb Nadja zu Hause und verbrachte die Feiertage in Gebet und Gesang.

Das erste Mal kam sie mit einer öffentlichen Rüge davon.

Dann kam Himmelfahrt. Nadja blieb zu Hause in ihrem winzigen Zimmerchen, das sie mit ihrem Mann teilte, betete und sang. Die Bitten ihres Mannes, doch kein neues Unglück heraufzubeschwören und zur Arbeit zu gehen, prallten an ihr ab.

Diesmal erhielt sie einen scharfen Verweis und die Androhung, dass ein drittes Ausbleiben von der Arbeit mit der ganzen Strenge des Gesetzes geahndet werde.

Dann kam Pfingsten. Schluchzend lag ihr Mann vor ihr auf den Knien:

»Nadja, ich flehe dich an, Nadja, füge dich! Sieh, diese Sünde kann uns nicht angerechnet werden, denn wir begehen sie nicht freiwillig, sondern unter bitterem Zwang. Nadja, hab Erbarmen mit dir, mit mir. Nadja, ich habe keine Kraft mehr, noch einmal all das Entsetzliche zu erdulden. Nadja, hörst du mich? Nadja …«

Aber Nadja hörte ihn nicht.

»Tue das, wozu dir Gott die Kraft gegeben hat«, sprach sie leise in ihrem singenden ukrainischen Dialekt. »So wie ich tun muss, was mir mein Gewissen eingibt.«

Und sie blieb zum dritten Mal zu Hause, Gebet und Märtyrertum dahingegeben.

Drei Wochen später saßen wir hungrig und erschöpft um das verglimmende Öfchen. Eine Frau trat herein und zog leise die Barackentür hinter sich zu.

»Nadja! Wo kommst du her? Nadja, sei gegrüßt!«

Ihre kräftigen Anne hielten uns umschlungen, ihre großen Augen ruhten voll trauriger Zärtlichkeit auf unseren abgezehrten Gesichtern.

»Nadja, wie viel hast du bekommen?«

»Fünf Jahre«, sagte sie mit unbewegter, gleichgültiger Stimme und schob ihr Bündel auf die Pritschenbretter.

Kriminelle und Politische

Die freie Bevölkerung Kolymas besteht zum großen Teil aus ehemaligen Gefangenen, in der Mehrheit ehemaligen Kriminellen. Es ist einer der Hauptzüge des Kriminellen, dass er ein besseres Leben führen will, als es ihm seine Arbeit je erlaubt. Wenn der Alkohol nicht in Strömen fließt, wenn er seiner Geliebten nichts bieten und nicht um einen hohen Einsatz Karten spielen kann, hat das Leben für ihn keinen Reiz. Was er sich auf gesetzliche Weise nicht nehmen kann, nimmt er sich auf ungesetzliche. All diese Diebe, Banditen und Raubmörder betreiben ihr Handwerk vom Tage ihrer Befreiung an, bis sie aufs Neue hinter dem Stacheldraht verschwinden. Sie wissen, dass sie Kolyma nie mehr verlassen dürfen, weder als Gefangene noch als Freie. Sie haben überall ihre Verbindungen, überall in Kolyma wird gestohlen, geschoben, spekuliert und bestochen. Man kann sich nichts Korrupteres vorstellen als die Gesellschaft von Kolyma. Auch die freien Bürger, die sich nach Kolyma anwerben ließen, weil man dort leichter und schneller Geld machen kann als sonst irgendwo in der Sowjetunion, werden nach kurzer Zeit angesteckt von den ortsüblichen Methoden des Betrugs und der Schiebung. Und dazwischen sind überall Gefangene, ebenfalls zumeist Kriminelle, als Vermittler, Bindeglied, hilfreiche Hand, zu allem bereit, wenn dabei nur etwas Essbares für sie abfällt.

Unsere Einstellung zu den Kriminellen war eine sehr zwiespältige. Einerseits sahen wir in ihnen Produkte sozialer Missstände, gepaart mit angeborenen Erscheinungen von Degeneration und Schwachsinn, also Menschen, deren Schuld nicht so sehr in ihnen als außerhalb von ihnen liegt. Andererseits mussten wir mit diesen Erben sozialen Elends und elterlicher Trunksucht unsere Tage und Nächte teilen. Da gab es keine theoretisch entschuldigenden Erwägungen mehr, da gab es nur noch eines: Hass!

Denn nichts vergällte uns das Lagerleben so, wie das Zusammenleben mit den Kriminellen. Diese dumpfen Wesen mit den niedrigen fliehenden Stirnen, die weder lesen noch schreiben konnten, hatten eines begriffen: dass die Lageradministration sie bewusst ausspielte gegen die sogenannten Konterrevolutionäre. Eine mehr oder weniger solidarische Masse von Gefangenen hätte in Kolyma, wo die freie Bevölkerung nur einen Bruchteil der Gefangenen ausmachte und wo nie starke Truppen stationiert waren, unter Umständen eine Gefahr bedeuten können. Aber schon die sogenannten Kontriki stellten eine vollkommen heterogene Masse dar, die durch keinerlei gemeinsame Idee geeint war. Stirb du heute – und ich morgen! – Das war die Einstellung aller gegen alle. Den Kriminellen aber wurde immer wieder gepredigt: Ihr habt gegen das Gesetz verstoßen, wofür ihr eure Strafe verbüßen müsst, aber ihr seid keine Feinde des Volkes. Die Feinde des Volkes sind die Konterrevolutionäre. An allem, woran es in unserm Land fehlt, sind die Kontriki und nur die Kontriki schuld. Sie müssen vernichtet werden. – Damit wurde der Kriminelle abgelenkt. Seinen übelsten Instinkten wurde freie Bahn gegeben und darüber hinaus wurde ihnen noch das Mäntelchen der Loyalität umgehängt. Sie wussten ihre Chance zu nützen. Misshandlungen, Diebstähle, erlogene Beschuldigungen, Vergewaltigungen, begangen an Kontrikis – für all das gingen sie frei aus. Dazu kam – nicht nur bei den Kriminellen, sondern auch bei einem großen Teil der sogenannten Konterrevolutionäre – das Misstrauen, die hassvolle Verachtung gegenüber dem geistig Höherstehenden, gegenüber der Intelligenz. »Intelligent« oder »Intelligentka« war das verächtlichste Schimpfwort im Lager – und nicht nur im Lager.

In jedem Land bleiben Sprache, Gedanken, Ziele der besten Denker für die Masse des Volkes unverständlich. Der Graben, den verschiedene Erziehung, verschiedene Lebens- und Arbeitsbedingungen aufgerissen haben, bleibt unüberbrückt. In Russland ist dieser Graben zwischen Intellektuellen und breiten Volksmassen abgrundtief. In der Verächtlichmachung des geistigen Menschen, des Muskelarmen oder zumindest Ungeschickten, macht sich nicht nur das unbewusste Unterlegenheitsgefühl des physisch Arbeitenden Luft, es liegt darin auch seine misstrauische Ablehnung des Staates und der Staatsgewalt, die sich ihm im Intellektuellen zu verkörpern scheint. Im Lager ist endlich einmal Gelegenheit geboten, ungestraft Schindluder mit dieser Intelligenz zu treiben. Und jeder nimmt die Gelegenheit wahr. Ja sogar ein geringer Teil der Intellektuellen selbst, soweit sie sich an die Anforderungen physischer Arbeit anpassen konnten, versuchten die Spuren zu verwischen, indem sie anfingen, mit spöttischem Lächeln die fruchtlosen Bemühungen jener zu verfolgen, die es nie lernten, Säge und Hacke mit Erfolg zu gebrauchen.

»Rosotschki« = die »Röschen«, ist der verächtliche Name, den die Kriminellen allen nichtkriminellen weiblichen Gefangenen gegeben haben, während sie sich selbst als »Fjalotschki« = die »Veilchen« bezeichnen. Aber das Wort wurde auch von den Kontrikis aufgegriffen und ist zu einer Verhöhnung der intellektuellen Frau im Lager geworden. Hinter diesem poetischen Wort »Röschen« verbirgt sich eine ganze Skala von Hassgefühlen, die denen, die anders sind als die Masse, von allen Seiten entgegengebracht werden.

Ein anderes Wort aus dem russischen Verbrecherjargon heißt »Frajer« (weibliche Form »Frajersche«), das offenbar germanische Wurzeln hat. Damit wird ebenfalls der Nichtkriminelle bezeichnet als ein Objekt, das ausgenützt, bestohlen und betrogen werden muss, da es in seiner Hilflosigkeit gegenüber verbrecherischen Methoden ein ebenso wehrloses als harmloses Opfer darstellt.

Da sich die von vornherein uneinigen Kontrikis völlig schutzlos ihren von der Administration unterstützten kriminellen Peinigern gegenübersehen, versuchen sie durch Bestechung, Unterwürfigkeit, alle möglichen Dienste und vor allem durch ekelerregende Speichelleckerei die Gunst dieser Subjekte zu gewinnen.

»Blat«, »Mat« und »Tufta«, das sind die drei Worte aus dem russischen Verbrecherjargon, mit denen das innere Gesetz des Lagers gekennzeichnet wird.

»Blat« bedeutet Verbindung, Bekanntschaft, Protektion, unerlaubte Vergünstigung, alles Dinge, die eigentlich nur dem zugänglich sind, der zum »blatnoi mir«, das heißt zur Verbrecherwelt gehört. Aber längst haben sich auch Nichtkriminelle diesen Methoden angepasst, und ein Mensch, der auf anständige Art durchzukommen versucht, ist ein lächerliches und von vornherein dem Untergang geweihtes Geschöpf.

»Mat« ist der Sammelausdruck für die gemeinsten und unanständigsten Flüche, wie sie nicht nur von den Gefangenen, sondern auch bis hinauf zu den höchsten Lageradministratoren bei jeder passenden und unpassenden Gelegenheit gebraucht werden.

»Tufta« ist die Vorspiegelung falscher Tatsachen. »Tufta« ist eine Kunst, die von vielen Verbrechergenerationen in langen Jahren der Gefangenschaft entwickelt worden ist. »Tufta« gibt es auf sämtlichen Arbeitsgebieten. Wer sich auf »Tufta« versteht, dessen Arbeit ist immer ausreichend und in Ordnung, obwohl in Wirklichkeit gar nichts in Ordnung ist. Abends liefern zwei Holzfäller dem freien Brigadier ihren Holzstapel ab. Er kontrolliert, er misst nach und notiert: zwölf Kubikmeter. Eine respektable Leistung. Trotzdem sind die beiden Holzfäller nicht besonders erschöpft. Denn sie haben gerade so viel Holz gefällt, wie man zur kunstvollen Tarnung eines Reisighaufens gebraucht. Das ist »Tufta«.

Das sowjetische Lager ist ein Brutkasten der niedrigsten menschlichen Instinkte. Sein Name »Besserungslager« ist ein Hohn auf die Wirklichkeit. Verbessert werden dort nur die Methoden der kleinen Zufallsverbrecher, die als gelernte Berufsverbrecher das Lager verlassen. Das Lager verzichtet nicht nur auf jegliche Erziehungsarbeit, es gibt den Verbrechern die schönsten Möglichkeiten, ihren »Beruf« auszuüben: der Dieb stiehlt, der Spekulant spekuliert, die Prostituierte verkauft sich. Nicht nur dies. Der Normale wird pervertiert, der Aufrichtige zum Heuchler, der Mutige zum Feigling und alle zu gebrochenen Menschen. Kann man Tuberkulose heilen, indem man alle Kranken – leichteste wie schwerste Fälle – in engstem Kontakt und unter Bedingungen zusammensperrt, die diese Krankheit begünstigen, ja hervorrufen? Kann man das Verbrechen aller Grade und Schattierungen zusammenballen und erwarten, dass es sich selbst liquidiert? Wenn es eine Chance gibt, den Verbrecher oder Entgleisten zu bessern, so ist die Vorbedingung dafür völlige Loslösung dieses Menschen aus seiner verbrecherischen Umwelt. Das sowjetische Lager hingegen ist zur Hochschule des Verbrechens, ist nicht nur ein Ort der physischen, sondern auch der moralischen Vernichtung geworden.

Das Wort »politischer« Gefangener ist aus dem sowjetischen Sprachgebrauch ausgemerzt worden. Diese Kategorie von Gefangenen existiert angeblich nicht, und infolgedessen hat niemand ein Anrecht auf jene Vergünstigungen, die politischen Gefangenen in andern Ländern (und auch im Russland der Zarenzeit) gewährt werden und wurden. Menschen, die wegen ihrer wirklichen oder angeblichen politischen Gesinnung verurteilt werden, sind Konterrevolutionäre, die in der sowjetischen Rangordnung weit hinter den gemeinen Verbrechern kommen. Der Begriff der politisch Verfolgten, der in Russland von jeher mit der Aureole des Märtyrers umgeben war, hätte unliebsame Assoziationen wecken können. Die Märtyrer, ins tausendfache gesteigert, sind geblieben. Der Name ist verschwunden.

Alles Eigentum in der Sowjetunion ist zunächst einmal staatlich. Bei ausreichender vernünftiger Produktion und gerechter Verteilung der unendlichen Güter dieses Landes könnte die Sowjetunion ihren Bürgern ein erträgliches Leben sichern. Die Produktion ist aber nicht ausreichend, dank der ungesunden Verhältnisse, in denen die Masse des Volkes lebt, und nicht vernünftig, denn das Hauptgewicht wird auf die Güter der Kriegsindustrie gelegt, von denen man sich weder nähren noch kleiden kann. Ein riesiges Heer muss erhalten werden, mit Kaderoffizieren, die einen im Verhältnis zum übrigen Volke – wenn auch nicht im Verhältnis zu kapitalistischen Ländern – hohen Lebensstandard haben und keine produktive Arbeit leisten. Die Truppe des Ministeriums für Inneres – NKWD, jetzt MWD, abgesehen von der Miliz – zur Niederhaltung des eigenen Volkes mit ihrem weitverzweigten Apparat, der in jeden Betrieb und in das letzte Dörfchen hineinreicht, hat Ausmaße, wie sie keine Polizeitruppe eines andern Staates der Erde kennt; alle ihre Mitarbeiter erfreuen sich bedeutender Privilegien, die das niedere Niveau des arbeitenden Volkes noch mehr niederdrücken, das dieses zweite Heer von Schmarotzern miternähren muss. Die dritte, völlig unproduktive Gruppe, die sich auf den geduldigen Schultern des Volkes breitgemacht hat, ist der ungeheure Beamten- und Bürokratenapparat, in den sich das sowjetische Verwaltungswesen in geradezu grotesker, für das Volk aber tragischer Weise ausgewachsen hat. Die blühendste Industrie und Landwirtschaft könnte auf die Dauer eine solch dreifache Belastung durch parasitäre Mitesser nicht ertragen. Die Sowjetwirtschaft ist aber keineswegs blühend.

Da die Masse des Volkes sich nach wie vor bei der Verteilung der von ihm geschaffenen Güter benachteiligt sieht, versucht es, sich auf andere Weise schadlos zu halten. So hat sich eine höchst bedauerliche Einstellung zum Staatseigentum herausgebildet. Nur ein menschenwürdiges Lebensminimum könnte die Masse dazu bringen, im Staatseigentum die Grundlage ihres eigenen

Wohlergehens zu sehen. Das Wohlergehen fehlt, und deshalb ist jeder nur darauf bedacht, ein winziges Teilchen dieses Staatseigentums für seinen persönlichen Vorteil zu ergattern, gleichgültig, was für Folgen das für die Wirtschaft im Ganzen haben kann. Diebstähle am Staatseigentum in kleinerem und größerem Ausmaß sind zur Selbstverständlichkeit geworden.

Wenn die Familie des Arbeiters in einem kalten Zimmer friert, weil es kein Holz zu kaufen gibt, stiehlt er Heizmaterial in der staatlichen Fabrik. Wenn kein Glas zu bekommen ist, setzt der Bauer die Scheibe, die für das staatliche Treibhaus bestimmt war, in sein eigenes zerbrochenes Fenster. Wenn es keinen Stoff für Vorhänge im Laden gibt, stiehlt die Krankenschwester den Mull aus dem staatlichen Krankenhaus und spannt ihn vor ihr Fenster. Welcher Sowjetbürger würde in solchen Handlungen ein Verbrechen sehen? Die breite Masse des Volkes hat das Gefühl für absolute Ehrlichkeit dem Staatseigentum gegenüber verloren, so wie die Repräsentanten des Sowjetstaates das Gefühl für Gerechtigkeit, Menschlichkeit und Verantwortung der arbeitenden Masse gegenüber verloren haben.

Was für das Sowjetleben im Allgemeinen gilt, gilt erst recht in Bezug auf die Güter, die für die Gefangenen bestimmt sind. Jeder, der damit in Berührung kommt, sucht sich daran zu bereichern.

In den Schreinerwerkstätten, die für den Lagerbedarf bestimmt sind, lassen sich die Lageradministratoren gratis ihre Möbel herstellen. Aus Stoffen und sogar Wolldecken, wie sie während des Krieges aus Amerika für den Gefangenenbedarf eingeführt wurden, ließen sich die Damen, die irgendeine Beziehung zur Lageradministration hatten, kostenlos Mäntel in den Schneiderstuben für Gefangene anfertigen.

Die unentgeltliche Ausbeutung von Gefangenen, wie Schustern, Schneidern, Malern, Handwerkern, Fischern, Ärzten usw., für den privaten Gebrauch aller Arten von Lagerchefs, vom Kleinsten bis zum Größten, bedarf wohl keiner Erwähnung.

Mithilfe des gefangenen Nahrungsmittelmagaziners und des gefangenen Buchhalters – die dafür fest auf ihren warmen Posten sitzen, und für die natürlich auch etwas abfällt – werden allerhand Manipulationen mit den Nahrungsmitteln betrieben, natürlich zum Schaden der Masse der Gefangenen.

Nachdem sich die Freien die Hände gewärmt haben, ist die Reihe an den Gefangenen. Für den Lagerdienst werden prinzipiell Kriminelle ausgesucht, die durch keinerlei Gewissensskrupel gehemmt sind. So wird in allen Lagerküchen von den Köchen für sich und ihren Anhang rücksichtslos gestohlen. Wenn die Proteste von Seiten der Gefangenen sich allzu sehr häufen, kommt ein anderer Gauner auf den Posten.

Alle paar Jahre einmal kommt eine feierliche Kommission aus Moskau, bis an die Nasenspitze in dicke Pelze eingehüllt, meistens angetrunken und umgeben von einem Schwarm von Offizieren der Wachmannschaft. An solch einem Tag schwimmen in der Suppe plötzlich ein paar ungewöhnliche Fettaugen und die Grütze ist nicht ganz so wässrig wie sonst. Sie tragen ihre dicken Bäuche, ihre Orden und ihre goldbetressten Epauletten durchs Lager, selbstverständlich in Begleitung des Lagerkommandeurs, damit es niemand einfällt, vielleicht doch eine Klage laut werden zu lassen. Sobald die Kommission abreist, ist alles wieder beim Alten. Die paar Aufrichtigen, die es trotzdem gewagt haben, sich über die unhaltbaren Zustände im Lager zu beschweren, haben es später bitter bereut. Moskau ist weit, aber der Lagerkommandeur ist nah. Nie hat sich nach der Abreise einer Kommission auch nur das Geringste geändert. Vom Lagerkommandeur reichlich mit Alkohol bewirtet, reisen sie in bester Stimmung und ihrer schwarzen Limousine ab. Die Beschwerdeführer hingegen werden abkommandiert in die verrufenste Goldgrube oder das versteckteste Waldlager, wo ihnen dann auf Lebzeiten die Lust vergeht, in der Sowjetunion Gerechtigkeit zu suchen.

Schurup

Schurup war eine junge Diebin. Pausbäckig, immer vergnügt, vor Gesundheit strotzend. Das Lagerleben war ihr Element. Sie kannte seit ihrer Kindheit nichts anderes, denn sie war bereits als kleines Mädchen in eine Diebsbande geraten, und seitdem hatte sie in den Zwischenräumen von der Beendigung einer Strafe bis zur nächsten Diebsaffäre nur kurze Zeit in der Freiheit verbracht.

Nach Sowjetgesetz kann jeder Sowjetbürger vom zwölften Lebensjahr an zur gerichtlichen Verantwortung gezogen werden, und in jedem Gefängnis des weiten Landes sitzen viele Dutzende von zwölf-, dreizehn-, vierzehnjährigen kleinen Dieben, die dann im Zusammenleben in Lager und Gefängnis mit erwachsenen Dieben ihr »Handwerk« auslernen.

Es gibt zwar in der Nähe von Moskau noch die Musterkolonie »Bolschowo« von ehemaligen Verbrechern, die ins Leben zurückgefunden haben, aber das ist ein Überbleibsel aus einer versunkenen Zeit, als es sich noch wunderbare Menschen zur Lebensaufgabe machten, diese unglücklichen Kinder mit unendlicher Geduld und Feinfühligkeit in eine andere Bahn zu lenken. Jetzt ist man längst vom Prinzip der Umerziehung abgekommen, es wird nur noch gestraft und hart gestraft. Drei Jahre Freiheitsentzug für ein paar Kilo gestohlenen Mehls sind an der Tagesordnung.

Und wenn so ein dreizehnjähriges Bürschchen diese drei Jahre in Gesellschaft von Banditen, Huren, Spekulanten, Hochstaplern, Raubmördern und anderm Gelichter aller Schattierungen hinter sich hat, dann gibt es keinen Weg mehr zurück. Widerwärtige Flüche, Zoten, Verbrecherjargon, Weiber, Wodka, Karten und Tabak – das ist das Fazit dieser Jahre. Mit sechzehn Jahren hat er nicht die geringsten Illusionen mehr über das Leben.

Auch nach der Befreiung ist es derselbe Kreis, der ihn hält und nicht mehr entrinnen lässt. Es gibt einen eigenen Moralkodex, eine eigene Organisation und eine eigene Justiz bei den »Urka« – wie sich die russischen Verbrecher nennen.

Und davon musste sich Schurup, die lustige kleine Diebin, überzeugen. Sie überarbeitete sich nicht im Lager; sie war auf das spärliche Lagerbrot nicht sonderlich angewiesen. Denn sie hatte immer ein halbes Dutzend Freunde, mit denen sie in mehr oder weniger intimen Beziehungen stand, und die sie mit Brot, Zucker, Butter und Alkohol versorgten. Die Wachsoldaten bekamen auch ihren Teil und soffen in solchen Fällen anstatt zu wachen. Und ab und zu bedachte Schurup auch sie mit ihrem fetten Unterkörper.

Aus all diesen Gründen brauchte Schurup sich bei der Arbeit nicht zu überanstrengen. Ihre Lebensweise unterschied sich in nichts von der ihrer Kumpaninnen, und so hätten sie sich eigentlich gegenseitig nichts vorzuwerfen gehabt. Aber Schurup schnappte ihnen häufig ihre »festen« Freunde weg, und das passte ihnen nicht. Sie schlugen sich mit ihr – aber was machte es Schurup schon aus, mit einem »blauen« Auge herumzulaufen? Sie zahlte entsprechend heim. Und dachte gar nicht daran, auf irgendjemand Rücksicht zu nehmen. Bis das Maß eines Tages voll war.

Da wurde Schurup ins Krankenhaus gebracht. Oder das, was von Schurup übrig geblieben war. Ihr ganzer Rücken war eine riesige Brandwunde. Von Haut war nichts mehr zu sehen, und auch die darunterliegende Fettschicht war zum größten Teil weggebrannt.

Schurup lag auf dem Bauch auf der Pritsche und stöhnte. Aber sie starb nicht. Schurup war vieles gewöhnt in ihrem jungen Leben, sie war zäh geworden. Bei der Behandlung der Wunde fiel sie mehrfach in Ohnmacht vor Schmerzen, aber sie gab keinen Laut von sich. Niemand hat von Schurup ein Wort der Klage gehört.

Als es ihr etwas besser ging, kam der Lagerkommandeur, um von ihr die Ursache ihrer Verwundung zu erfahren. Sie sagte, sie hätte am Holzfeuer gesessen – wie sie dort von den Gefangenen überall angezündet werden, im Winter gegen die Kälte, im Sommer, um die Wolken von Stechmücken zu vertreiben – und dabei wäre sie eingeschlafen. Im Schlaf hätten ihre Kleider Feuer gefangen, und erst im letzten Moment hätte sie sich in einen in der Nähe vorbeifließenden Bach gerollt.

Selbstverständlich war das ein Märchen, und das wusste der Lagerkommandeur sehr gut. Aber er wusste auch, dass er nie etwas anderes aus ihr herausbringen würde.

Nur ein paar Gefangene und ich, die sie pflegte, kannten die wahre Geschichte: Schurup saß am Reisigfeuer mit einigen ihrer Rivalinnen. Es kam zu einem Wortwechsel, wobei sie auf ihre Art herausfordernd und spöttisch antwortete.

Da packten sie sie an Händen und Füßen und rösteten sie über dem Feuer. Als sie glaubten, dass sie genug hätte, warfen sie sie hin und rannten davon.

Aber Schurup kroch noch aus letzter Kraft zum Bach und löschte ihre brennenden Fetzen.

Nicht ein Wort verlor Schurup über den wahren Sachverhalt. Sie wusste, sobald sie die Täter verriet, würde sie von andern »umgelegt« werden. Die Verbrecherjustiz klappt. Das weiß auch die NKWD und mischt sich niemals in solche Angelegenheiten ein. Und nahm das Märchen von der eingeschlafenen Schurup zu Protokoll. Womit der Fall erledigt war.

Kolyma und die Liebe

Bei meiner Überfahrt nach Kolyma war meine Nachbarin im Laderaum des Schiffes ein junges einundzwanzigjähriges Mädchen.

Sie war gerade dabei gewesen, ihr Volksschullehrerinnen-Examen zu machen, als man sie ihrer polnischen Abstammung wegen – sie selbst war in Russland geboren und aufgewachsen – Ende 1937 verhaftete. Alle Polen galten damals als spionageverdächtig, und sie erhielt ein Urteil von zehn Jahren Freiheitsentzug wegen angeblicher konterrevolutionärer Tätigkeit. In Wirklichkeit interessierte sie sich für nichts als für Liebesgeschichten, besonders, da sie selbst noch keine erlebt hatte. Vom Ausland wollte sie wissen, ob es dort wirklich noch Bälle gäbe, ob man dort im Theater Abendkleider trüge und wie so ein Abendkleid aussähe. Es war nichts Bemerkenswertes an ihr außer einem Paar sehr schöner, grünlicher Augen, die immer mit einem gekränkten Kinderblick unter den langen, schwarzen Wimpern hervorschauten.

Nach unserer Ankunft in Magadan wurden wir in das gleiche Frauenlager eingeliefert. Man schickte sie als Putzfrau in ein dortiges Männerlager, wo sie in den Räumen der Wachmannschaft und Lageradministration die Böden wusch. Tagsüber waren die gefangenen Männer außerhalb des Lagers auf Arbeit.

Sie war gerade mit ihren Fußböden fertig, als eine Männerbrigade am Abend ins Lager zurückkehrte. Der Wachsoldat, der sie ins Frauenlager abzuführen hatte, war noch nicht erschienen. Natürlich hatten die Männer nichts Eiligeres zu tun, als dem jungen Mädchen alle möglichen Komplimente zu machen und sie zu einer Zigarette in ihre Baracke einzuladen. Sie hätte bemerken können, dass sie Kriminelle vor sich hatte, aber sie war ebenso leichtsinnig wie unerfahren und ging lachend mit ihnen in die Baracke.

Ein paar Männer standen »Schmiere« an der Barackentür. Die andern zerrten sie auf eine Pritsche und machten sich über sie her. Etwa zwanzig Mann, einer nach dem andern. Dann ließen sie sie laufen.

Nach einiger Zeit stellte sich heraus, dass sie sowohl an Syphilis als an Gonorrhöe erkrankt war. Was sie erlebte, war in Kolyma kein Einzelfall. Es gab dafür sogar einen Fachausdruck: »Sie ist unter die Trambahn gekommen.«

Womit das Kapitel »Liebe in Kolyma« würdig eingeleitet wäre. Nach Kolyma werden jährlich achtzig- bis hunderttausend gefangene Männer, aber nur ungefähr fünfhundert gefangene Frauen verfrachtet. Den Gefangenen sind jegliche Beziehungen zum andern Geschlecht verboten. Sie werden in vollkommen getrennten Lagern untergebracht. So sehen die Gefangenen der Goldgruben oft sechs bis sieben Jahre lang nicht einmal von ferne eine Frau.

Neben dem großen Frauenlager Elgen mit seinen fast tausend Insassen gibt es ein kleines Männerlager, dessen achtzig Gefangene von den ärztlichen Kommissionen als völlig arbeitsuntauglich für die Goldgruben erklärt worden sind. Sie werden als Handwerker und Feldarbeiter verwendet. Auf der Arbeitsstätte kommen männliche und weibliche Gefangene miteinander in Berührung. Da hat es einzelne Fälle gegeben, wo von weiblichen Kriminellen der Versuch gemacht wurde, diese Krüppel zu vergewaltigen.

Für den Durchschnittsgefangenen von Kolyma spielt das sexuelle Problem keine größere Rolle. Sein Organismus ist erschöpft von viel zu schwerer physischer Arbeit, sein abgemagerter Körper kennt nur ein Verlangen: Brot! Wenn der Mensch den ganzen Tag dem unbarmherzigsten Frost ausgesetzt ist, erstarren leidenschaftliche Gefühle. Teils aus diesen Gründen, teils auch wegen der Unverdorbenheit des russischen Menschen gibt es in den Lagern keine nennenswerte Homosexualität. Von der Existenz geschlechtlicher Beziehungen zwischen Frauen hatten die meisten überhaupt keine Ahnung. Erst in der Gefangenschaft wurden sie mit diesem Phänomen bekannt, wo es relativ häufig unter weiblichen Kriminellen anzutreffen ist.

Erst wenn der Gefangene auf einem warmen Platz sitzt, der ihn einigermaßen satt macht, gewinnt dieses Problem für ihn an Bedeutung. Aber selbst wenn gefangene Frauen in der Nähe arbeiten, hat er nicht viel Chancen. Gefangene Frauen, falls sich ihnen die geringste Möglichkeit bietet, Beziehungen zu Männern anzuknüpfen, wählen sich freie Bürger zu Partnern. Es gibt zwar ein Gesetz, wonach die Verbindung von Sowjetbürgern mit Gefangenen mit Freiheitsentzug bis zu zehn Jahren geahndet wird, aber in Kolyma ist dieses Gesetz in Vergessenheit geraten. Freie Bürger sind deshalb so begehrt, weil sie die Gefangene mit Nahrungsmitteln unterstützen können. Die meisten Gefangenen lassen sich aus Hunger, nicht aber aus Liebe in ein Verhältnis ein. »Butter, Zucker, Weißbrot«, heißt die Formel, die die Kriminellen an die Stelle von »ich liebe dich« gesetzt haben. Aber nicht nur Kriminelle, sondern auch ehemals ehrbare Frauen konnte man in den Kriegs- und Nachkriegsjahren für ein halbes Kilo Schwarzbrot kaufen. Was die Ehrenmänner Kolymas auch in reichlichem Maße taten.

Zu büßen hatte immer nur die Frau. Meldete der Wachsoldat

im Lager, dass er eine Gefangene mit einem Mann erwischt habe, so kam sie zunächst auf einige Tage in den Karzer, und mit dem nächsten Transport wurde sie in ein anderes Lager verschickt.

Auch die Tausende von freien Bürgern Kolymas, die als Geologen, Ingenieure, Ärzte, Wirtschaftsbeamte, Lageradministratoren, Wachmannschaften usw. teils angeworben, teils abkommandiert werden, haben keine Frauen. Nur selten entschließt sich ein Ehemann, seine Frau in dieses unwirtliche Gebiet mit seiner Kälte und seinem Skorbut, mit seiner Trostlosigkeit und seinem Schnaps mitzubringen. Auch sind es zumeist junge, unverheiratete Männer, die für Kolyma ausgesucht werden.

Zu dieser Aristokratie der echten freien Bürger kommt der Plebs der »Ehemaligen«, derer, die ihre Strafzeit abgebüßt haben und automatisch in Kolyma angesiedelt werden. Diese beiden Schichten leben völlig getrennt, sie vermischen sich selten. Aber alle sind sie in gleicher Weise auf der Suche nach der Frau. Da gibt es keine Unterschiede, keine »Ehemalige«. Jede Frau, gleichgültig, ob sie als Konterrevolutionärin oder als Kriminelle gesessen hat, ist spätestens einen Monat nach ihrer Befreiung verheiratet.

Gewöhnlich halten vor dem Amt, wo die Frauen ihre Entlassungspapiere erhalten, einige Pferdeschlitten. Ihre Insassen haben sich schon wochenlang vorher erkundigt, wann wieder Frauen aus dem Lager entlassen werden. Von weither sind sie gekommen, haben vorsorglich einen Pelz, eine Pelzmütze und Filzstiefel mitgebracht und umringen die frischgebackenen freien Bürgerinnen. Einer überbietet den andern in der Beschreibung einer verlockenden Stellung, die er angeblich irgendwo im Urwald in einem entfernten Goldgrubengebiet, sei es in der Lageradministration, sei es in der Grubenverwaltung, einnimmt. Die Stellung ist ausschlaggebend für ihre Wahl, nicht sein Alter, nicht sein Aussehen, nicht sein Charakter. Von Liebe kann gar keine Rede sein. Häufig ist die Erwählte zwanzig bis fünfundzwanzig Jahre älter als der Ehemann. Es stört ihn nicht. Die Hauptsache – sie ist eine Frau, er ist nicht mehr allein mit den Schneestürmen und dem Alkohol, mit seinen abgerissenen Knöpfen und seiner schlecht gekochten Kohlsuppe.

Für die Frau hingegen ist das Wesentliche, Unterschlupf und Schutz zu finden. Eine Frau allein kann in Kolyma nicht existieren. Auf Schritt und Tritt wird sie belästigt. Jeder Mann, mit dem sie zu tun hat, wird versuchen, sie für sich zu gewinnen. Für ihre Weigerung wird sie von allen Seiten zu leiden haben: sie wird kein Zimmer bekommen, keine Bons für den Ankauf der nötigsten Kleidungsstücke, ihr Chef wird sie ungerecht und schlecht behandeln, und in der Dunkelheit wird sie zitternd in ihre Gemeinschaftsbaracke – für Freie – eilen, immer in Angst, von irgendjemand überfallen und verschleppt zu werden. Der Zudringlichkeiten und der Zärtlichkeitsversuche wird kein Ende sein. Dazu kommt, dass jede gefangene Frau, wie überhaupt jeder ehemalige Häftling, in der ersten Zeit nach der Entlassung Angst vor dem Leben hat. Nicht nur ihrer körperlichen Erschöpfung wegen fühlt sie sich dem Leben nicht mehr gewachsen. Sie fürchtet sich vor der Selbstständigkeit, vor Entscheidungen, die sie nun wieder treffen soll, nachdem jahrelang jede Minute ihres Lebens von andern bestimmt und eingeteilt worden war.

So steigt sie ein in den Schlitten des fremden Mannes und fährt mit dem Unbekannten ins Unbekannte. Klappt es – so wird die Ehe bei irgendeiner Gelegenheit amtlich registriert. Meistens klappt es nicht lange. Sie lässt sich herausfüttern, einkleiden, kommt zur Ruhe. Allmählich wird sie sich ihres Wertes bewusst, das heißt jenes übersteigerten Wertes, den sie nur für Kolyma und aufgrund seines Frauenmangels besitzt.

Eines Abends kommt der Ehemann nach Hause und findet sein Zimmer ungeheizt und leer. Mit einem Fluch nimmt er die Spritflasche aus dem Schrank, und im Nebel der Trunkenheit sieht er sie vor sich im Schlitten, wie sie davongleitet, eng an den Entführer geschmiegt, so wie sie damals mit ihm fuhr, als die Hufe des kleinen lockigen Jakutenpferdchens über den hart gefrorenen Schnee klopften.

Kurz nach dem Krieg wurde ein Aufruf an die Jungkommunistinnen (Komsomolki) erlassen, ihre Kräfte dem Aufbau Kolymas zur Verfügung zu stellen. In der angenehmen Aussicht, in ein Gebiet zu kommen, wo es nicht nur keinen Frauenüberschuss, sondern einen regelrechten Frauenhunger gab, fanden sich ein paar Hundert bereit. Sie wurden mit großen Ehren und Banketts in Magadan empfangen, wo sie aufs Beste eingekleidet wurden. Die Zeitungen schrieben entzückt über diese heroischen jungen Mädchen. Selbstverständlich waren sie im Nu »vergriffen«. Doch die Zeitungsberichte, die von ihren Heldentaten auf dem Gebiet der Arbeit sprachen, konnten bald nur noch für die zentrale Presse verwendet werden; in Kolyma riefen sie höchstens ein amüsiertes Lächeln hervor. Denn es war nur allzu bekannt, auf welchem Gebiet sie ihre Tätigkeit entfalteten. Nach ihrer Ankunft erfuhren die Geschlechtskrankheiten einen solchen Aufschwung, dass ein Teil von ihnen zwangsweise in Heilstätten gesperrt werden musste.

Treulos sind die Frauen von Kolyma. Darum haben die Kriminellen ein Wort geprägt:

»Kolyma ist das Land, wo die Sonne ohne Wärme, die Blumen ohne Duft und die Frauen ohne Herz sind.«

Siebentes Kapitel

DIE VERSCHIEDENEN STUFEN DES SCHRECKENS

Angst

Angst ist der Hauptfaktor, der das Leben in der Sowjetunion bestimmt. Jeder freie Sowjetbürger hat Angst, sich durch eine unbedachte Bemerkung verdächtig zu machen. Politische Gespräche werden vermieden. Der Name Stalin wird nur in den öffentlichen Versammlungen gebraucht, im Privatleben wird er umschrieben, damit ein zufälliger Zuhörer nicht etwa den Eindruck bekommen könnte, man habe etwas Abfälliges gesagt; zumeist spricht man von Jossif Wissarionowitsch – Vorname und Vatername Stalins.

Die Gefangenen haben Angst vor politischen Gesprächen, weil ihnen das eine zusätzliche Strafe oder noch Schlimmeres eintragen könnte. Denn auch im Lager blüht das Denunziantentum. Die Disziplin im Lager wird durch Angst aufrechterhalten: Angst vor dem Verhungern, Angst vor dem Straflager, Angst vor dem Karzer.

Und am ängstlichsten sind die entlassenen Gefangenen, die jeden Tag ihres Lebens vor einer neuerlichen Verhaftung zittern.

Eine Redensart sagt, dass es drei Schichten von Bevölkerung in der Sowjetunion gibt: Gefangene, ehemalige Gefangene und zukünftige Gefangene. Wenn man bedenkt, dass es kaum eine Familie gibt, die nicht einen näheren oder entfernteren Verwandten in Gefängnis oder Lager hat, so klingt dies keineswegs mehr so absurd.

Bei einem Gefangenentransport durch Sibirien, dem auch ich

bei meiner Rückfahrt von Kolyma nach Mittelasien Ende 1946 angehörte, reizte ein Sergeant die Kriminellen ganz besonders durch seine Gehässigkeit und Unbarmherzigkeit. Schließlich brüllte eine der Kriminellen hinter ihrem Gitter dem Sergeanten im Korridor zu: »Warte nur, hinter dir läuft auch schon das Formular (der Haftbefehl) her!« Worauf er voller Gleichmut erwiderte: »Vorläufig noch nicht!«

Kein Sowjetbürger spricht je seine innersten Gedanken aus. Auch nicht gegenüber seinen nächsten Freunden, auch nicht im engsten Kreis der Familie. Die Kinder werden von klein auf dazu erzogen, nicht in den Eltern, sondern in der Partei ihr höchstes Ideal zu sehen. Niemand wagt es, einen gefangenen »Konterrevolutionär« zu verteidigen, denn auch nur die geringste Sympathiekundgebung für diese Opfer kann Verderben bedeuten. Das Sowjetvolk schweigt. Nicht aus Einverständnis – aus Angst.

Darum sei an dieser Stelle eine Geschichte aus einem sogenannten Polit-Isolator, wohin die zu Gefängnis verurteilten Konterrevolutionäre überführt werden, erzählt. Ein Teil der Insassen der Polit-Isolatoren wird – wie bereits erwähnt – nach einigen Jahren Gefängnishaft in die Besserungs-Arbeitslager überführt, wo ich mit vielen von ihnen zusammentraf.

In jeder Zelle des Polit-Isolators von Jaroslawl befinden sich zwei Sträflinge. Sie dürfen nur Gefängnistracht tragen, und den Frauen werden die Haare kurz abgeschnitten, während Männer selbstverständlich geschoren werden. Die Gefangenen werden nie mit ihren Namen angesprochen, sondern z. B. »Zelle 14, Bett 1« oder »Bett 2«. In der Zelle darf nur im Flüsterton gesprochen werden, jegliche Gymnastik ist verboten. Jegliche Arbeit ist verboten. Erlaubt sind die Bücher der Gefängnisbibliothek. Erlaubt ist ein Heft mit nummerierten Seiten, in das der Gefangene Bleistiftnotizen machen kann, die am Ende des Monats der Gefängnisadministration abgeliefert werden müssen. Einmal im Monat darf der Gefangene einen Brief an seine nächsten Verwandten schreiben. Einmal im Monat hat er das Recht, einen Brief zu empfangen. Seine Verwandten dürfen ihm fünfzig Rubel monatlich überweisen, wofür er sich Seife und Zahnpulver, Brot, Zucker und Tabak im Gefängnisladen kaufen darf. Wenn er kein Geld hat, kann er nicht rauchen. Der tägliche Spaziergang im Hof beträgt zwanzig Minuten. Jede Zelle für sich. Wer zehn Jahre abzusitzen hat, sieht zehn Jahre lang nur seinen Zellenpartner. Der Gefangene darf sich auf keinen Fall die Decke über den Kopf ziehen und muss auch im Schlaf so liegen, dass der Wächter durch das Guckloch sein Gesicht sehen kann. Andernfalls wird er geweckt.

Zweimal im Tag wird »die Zelle« in den Waschraum geführt. Zu hygienischen Zwecken bekommen beide Zelleninsassen ein Stückchen Zeitungspapier. Dieses Papier muss nach Gebrauch in einen speziellen Korb geworfen werden. Die Gefangenen werden in ihre Zelle abgeführt, dann muss der Wächter die Papierchen nachzählen und wegspülen. Falls das Papier nicht gebraucht worden ist, muss es an den Wächter zurückgegeben werden. Dies alles geschieht aus Angst, dass der Gefangene sich mit Insassen anderer Zellen oder gar der Außenwelt in Verbindung setzen könnte.

Es gibt gute und schlechte Wächter. Es gibt solche, die den Gefangenen nie im Schlaf stören und andere, die ihn jede Nacht dreimal wecken.

Es war einer von der letzteren Sorte, der eines Morgens den Insassen der Zelle 14 ihre Papierchen für den Waschraum austeilte. Nach der vorgeschriebenen Zeit führte er sie in die Zelle zurück und schloss ab, um nach wenigen Augenblicken mit aufgeregtem Gesicht wieder aufzuschließen.

»Es fehlt ein Papierchen«, schnauzte er.

Zelle 14, Bett 2 trat vor.

»Ja«, sagte Bett 2, »es fehlt ein Papierchen. Weil es empörend ist, was für ein Papierchen Sie mir gegeben haben. Sie, der Sie uns schikanieren als angebliche Konterrevolutionäre. Sie, nicht ich, müssten in dieser Zelle sitzen. Und Sie würden es auch zweifellos, wenn ich dem Gefängnisdirektor das Papierchen abgebe, das ich von Ihnen – für welche Zwecke! – bekommen habe. Hier haben Sie es!«

Der Wächter griff hastig nach dem Zeitungspapierchen,

schaute es an und wurde leichenblass. Seine Hände zitterten so, dass er kaum die Zelle abschließen konnte.

Es war ein Zeitungsausschnitt mit dem Bild Stalins.

Nie mehr hat er einen Gefangenen in den Nächten geweckt.

Das System

Sämtliche Lager unterstehen der Hauptverwaltung der Lager in Moskau (russische Abkürzung GULAG). Es gibt zwei Sorten von Lagern:

I. Besserungs-Arbeitslager (russische Abkürzung: ITL).

II. Zwangsarbeitslager (russisch: Katorga).

Die *Besserungs-Arbeitslager* befinden sich in sämtlichen Teilen der Sowjetunion und gliedern sich in drei Gruppen: die näheren, die entfernteren und die entlegenen. Die Lagergruppe, für die der Gefangene bestimmt ist, wird zusammen mit dem Urteil festgelegt, ohne dass man ihm Mitteilung darüber macht. Die schwersten Lager sind selbstverständlich die entlegenen.

Die Besserungs-Arbeitslager Kolymas gehören zum Typ der entlegenen Lager, die in sich auch wiederum verschiedene Abstufungen haben. Es gibt die allgemeinen Lager, deren Insassen für alle Arten von Arbeit verwendet werden, auch in der Nähe oder innerhalb der Siedlungen der Freien, und die das Recht haben, mit ihrer Familie zu korrespondieren. Und es gibt die geschlossenen Lager, deren Insassen nur für schwere physische Arbeit verwendet werden, kein Recht auf Korrespondenz haben und von der Umwelt vollkommen abgeschlossen sind.

Die Insassen dieser geschlossenen Lager setzen sich aus verschiedenen Kategorien zusammen:

1. Gefangene, bei denen im Urteil strafverschärfend vermerkt wurde: »Nur auf allgemeinen Arbeiten zu verwenden.«
2. Gefangene, die ursprünglich zu Gefängnis verurteilt waren und dann ins Lager überführt wurden.

3. Gefangene mit »schweren Punkten«, das sind sämtliche Punkte des § 58, außer den Punkten 7, 10, 12 und 14. (Zu Punkt 14 werden gewöhnlich nachträglich Kriminelle verurteilt, die mehrfach die Arbeit verweigert haben. Trotzdem dieser Punkt konterrevolutionäre Sabotage bedeutet, werden diese Gefangenen von der Lagerleitung nicht als Konterrevolutionäre, sondern weiterhin als Kriminelle behandelt.)
4. Gefangene mit der Formulierung »Trotzkismus«.
5. Ausländer.
6. Rückfällige Kriminelle (Rezidiv).
7. Gefangene, die irgendwie das Missfallen der Lageradministration in einem andern Lager erregt haben.

Außerdem gibt es Straflager, zu denen jeder Gefangene wegen eines Bruchs der Lagerdisziplin befristet oder unbefristet verurteilt werden kann. Diese Lager zeichnen sich ebenso wie die geschlossenen Lager durch schwere physische Arbeit, Entzug des Korrespondenzrechts, das Fehlen jeglicher sanitärer und hygienischer Einrichtungen und roheste Behandlung aus. Außerdem haben auch diese Straflager wiederum ihre eigenen verschärften Straflager, die praktisch Vernichtungslager sind, und wo die Gefangenen völlig schutzlos der Willkür und den Misshandlungen von speziell dazu ausgesuchten Wachmannschaften ausgeliefert sind.

Außerdem hat jedes allgemeine Lager eine Strafbrigade, die unter verschärfter Bewachung arbeitet.

Außerdem hat jedes allgemeine Lager eine Strafbaracke, die vergittert und nachts verschlossen ist.

Außerdem hat jedes Lager einen Karzer, was einem kleinen Gefängnis innerhalb des Lagers gleichkommt.

Ein russischer Lagerkommandeur formulierte den Begriff des russischen Besserungs-Arbeitslagers als »ein Gefängnis offenen Typs«.

So kommt es, dass bei gleicher Formulierung des Urteils, nämlich Besserungs-Arbeitslager, die einzelnen Gefangenen ihre Strafzeit unter sehr verschiedenen Bedingungen verbüßen. Da sind zunächst die beiden Hauptgruppen: Kriminelle und Konterrevolutionäre. Den Kriminellen wird in jedem Lager bei der Auswahl für günstigere Arbeiten der Vorzug gegeben. Unter den Kriminellen gibt es nur eine Gruppe, die den Konterrevolutionären gleichgestellt wird: § 59, Punkt 3 = Banditismus.

Unter den Konterrevolutionären ist die Gruppe, die nicht vom Gericht, sondern von dem unsichtbaren Richterkollegium (OSO) verurteilt wurde, die bevorzugtere. Als leichteste Formulierung gilt SOE (sozial-gefährliches Element), die sehr an die Formulierung SWE (sozial-schädliches Element) anklingt, womit nur Kriminelle bedacht werden. Dieses Gleichklangs wegen hat SOE dieselben Chancen auf bessere Arbeit wie die Kriminellen. Hingegen wird die Formulierung KRTD (konterrevolutionäre trotzkistische Tätigkeit) den schwersten Punkten des § 58 gleichgestellt, ja häufig noch schlechter behandelt.

Unter den Punkten des § 58 gilt der Punkt 10 (Agitation und Propaganda) als der harmloseste Punkt. Da hieß es meistens: »Na, der hat wohl etwas Unbedachtes dahergeredet.« Und tatsächlich war häufig ein erzählter Witz, in dem der Name Stalins figurierte, die Ursache einer zehnjährigen Lagerstrafe aufgrund des § 58, Punkt 10.

Dies sind die allgemeinen Richtlinien. Natürlich gibt es auch hiervon immer wieder einzelne Ausnahmen. Es ist wie bei den Nazis: Jeder hatte einen Juden, der seiner Meinung nach nur aus Versehen ein Jude war. Ebenso hat jeder Lagerkommandeur, jeder Produktionsleiter seine Konterrevolutionäre, von denen er genau weiß, dass sie brauchbare Menschen und Arbeiter sind, und die er mit allen ihm zur Verfügung stehenden Mitteln schützt. Die Mittel sind gering. Denn ein Bürger kontrolliert den andern, und das Einstehen für einen Konterrevolutionär ist gefährlich. Aber jeder Tag, den er nicht auf schweren physischen Arbeiten verbringt, ist für den Gefangenen ein Gewinn.

Damit der freie Bürger Kolymas nicht vergisst, mit wem er es zu tun hat, wird ihm auf allen Parteiversammlungen immer wieder eingehämmert, dass der Konterrevolutionär der Abschaum der Menschheit ist. Inwieweit die Bürger Kolymas daran glauben, sei dahingestellt. Denn jeder dieser Bürger, die in ihrem Betrieb – sei es Goldgrube, sei es Feldarbeit, sei es Fabrik, sei es Waldarbeit – auf Gefangenenarbeit angewiesen sind, weiß genau, dass er bei der Erfüllung seines Arbeitsplans nur auf die Konterrevolutionäre, aber niemals auf die Kriminellen rechnen kann.

In den offiziellen Berichten werden weder die Kriminellen noch die Konterrevolutionäre erwähnt. Erwähnt werden »unsere glorreichen Jungkommunisten, die wieder einmal zu Ehren des Stalin'schen Fünfjahresplanes den Jahresplan für die Goldproduktion überboten haben«.

Katorga, die schärfste Form der Zwangsarbeit in sibirischen Bergwerken während der Zarenzeit, wurde von der siegreichen Revolution abgeschafft. Während des Krieges wurde die Katorga wieder eingeführt, ebenso wie die Todesstrafe durch Hängen – und zwar für Kriegsverbrecher, Kollaborateure mit den Deutschen. Wenn sie nicht gehängt wurden, wurden sie zu zwanzig bis fünfundzwanzig Jahren Katorga verurteilt.

Die Katorga-Sträflinge, männliche wie weibliche, wurden zur Verbüßung ihrer Strafe nach Kolyma verfrachtet. Der Unterschied zwischen gewöhnlichen Strafgefangenen und Katorga-Sträflingen besteht in Folgendem:

Sie werden in Ketten verfrachtet.

Sie haben keinen Namen, sondern nur die Nummer, die sie auf dem Rücken tragen.

Sie leben in Baracken auf blanken Brettern in drei Etagen übereinander, ohne Strohsack, ohne Decke, sodass sie nie die Möglichkeit haben, auch nur einen Teil der nassen Arbeitskleidung auszuziehen. Erst nach drei Jahren guter Führung steht ihnen das Recht auf eine Decke zu.

Ihre Lager sind völlig isoliert von allen übrigen Gefangenenlagern.

Jegliche Verbindung mit der Außenwelt, jegliche Korrespondenz ist ihnen verboten.

1944 wurden dreitausend Katorga-Sträflinge in das Goldgrubenlager »Maxim Gorki« eingeliefert. Das Problem der Kranken wurde so groß, dass dort ein eigenes Lazarett eingerichtet werden musste, denn in ein gewöhnliches Gefangenen-Krankenhaus durften sie nicht eingeliefert werden. Da sie nur für schwerste physische Arbeiten verwendet werden dürfen und nicht genügend freie Bürger vorhanden sind, wurde das Lazarettpersonal aus gewöhnlichen Strafgefangenen zusammengestellt. Durch Vermittlung eines solchen Sanitäters gelang es einem Katorga-Sträfling, einen Brief an seine Familie zu senden, die ihn an die Adresse der Goldgrube »Maxim Gorki« beantwortete. Als sich herausstellte, dass der Adressat ein Katorga-Sträfling war, gab es eine große Untersuchung, und es wurde beschlossen, die Katorga-Sträflinge in ein anderes, noch entlegeneres Bergwerk namens »Laso« zu überführen, wo die vollkommene Isolierung besser durchzuführen war. Die Überführung fand im Jahre 1945 statt. Von den dreitausend Sträflingen des Vorjahrs waren fünfhundert transportfähig, von den übrigen lagen achthundert in hoffnungslosem Zustand mit schwerer Dysenterie im Lazarett, die restlichen siebzehnhundert waren gestorben. (Diese Einzelheiten wurden mir durch den Chef der sanitären Abteilung bekannt, dem sowohl das Lazarett der Goldgrube »Maxim Gorki« als auch das Gefangenen-Krankenhaus unterstand, wo ich zu jener Zeit als Krankenschwester arbeitete.)

Die weiblichen Katorga-Sträflinge arbeiten beim Straßenbau auf der Trasse von Tienki, bei Wald- und Rodungsarbeiten und in Gipsbrüchen. Wie summarisch die Gerichte bei den Verurteilungen vorgehen, erhellt daraus, dass aufgrund der Proteste und Eingaben von Seiten der Familienangehörigen eine Kommission, die 1946 in Tienki arbeitete, fünfhundert weiblichen Katorga-Sträflingen, die zu zwanzig und fünfundzwanzig Jahren Katorga verurteilt waren, gleichzeitig die Strafe in zehn Jahre Besserungs-Arbeitslager, also die üblichen Lager, umwandelte, worauf sie in die allgemeinen Lager überführt wurden.

Sie erzählten vom Fall einer Katorshanka (weiblicher Katorga-Sträfling), bei der plötzlich Schwangerschaft entdeckt wurde. Da die einzigen Männer, mit denen diese Sträflinge in Berührung kamen, Wachsoldaten waren, machte die Untersuchung den Delinquenten sehr bald ausfindig. Bei der Frau wurde eine Schwangerschaftsunterbrechung vorgenommen, was sonst in der Sowjetunion gesetzlich verboten ist, der Wachsoldat wurde verhaftet.

Noch ehe die Katorga offiziell wieder eingeführt wurde, gab es in der Sowjetunion die sogenannten geschlossenen Lager. Solche Lager befinden sich z. B. im Mündungsgebiet des Jenissej in der Gegend des nördlichen Polarkreises in Narylsk und Umgebung (Krassnojarsky Krai). In Kolyma gehört das berüchtigte Goldgrubenlager namens »Dshelgala« zu diesem Typ.

Seine Insassen haben keinerlei Verbindung mit der Außenwelt und kein Recht auf Korrespondenz. Auch dieses Lager besitzt sein eigenes Lazarett, und nur in ganz seltenen Fällen werden Kranke von dort in ein allgemeines Gefangenenkrankenhaus überführt.

In einem Zweiglager von »Dshelgala« an der Goldgrube »Zolotisty« wurden während des Krieges Gefangene deutscher, österreichischer, finnischer, litauischer, lettischer, estnischer, rumänischer, ungarischer und tschechischer Nationalität konzentriert, die dort unter hoffnungslosen Bedingungen zu arbeiten hatten. Die Sterblichkeitsziffer nahm dort solche Ausmaße an, dass nur ein ganz geringer Prozentsatz dieses Lager überlebte.

Die Stärke des Lagers »Dshelgala« mit seinen Zweiglagern beträgt durchschnittlich zehn- bis zwölftausend Gefangene.

Auch Elgen hatte während des Krieges sein *Ausländerlager*. Sieben Kilometer vom Hauptlager entfernt lagen rechter Hand von der Fahrstraße – die übrigens nur im Winter diesen Namen verdiente, im Sommer war sie unbefahrbar, da sie sich streckenweise in Sumpf auflöste – ein paar Baracken im Wald. Der sogenannte »Siebente Kilometer« war eines der ältesten Frauenstraflager. Hunderte von Frauen sind durch dieses Lager hindurchgegangen, sind mit Säge und Axt hinausgezogen in die Wälder, bis das Lager im Winter 1944 niederbrannte – sehr zur Freude der Gefangenen.

Aber neue Lager, zehn, zwölf, vierzehn Kilometer vom Hauptlager Elgen entfernt, wurden aufgebaut, und allwinterlich zerreißt das jammervolle Geräusch der Sägen die Stille des Urwalds.

Etwa vierzig Frauen befanden sich in dem Isolierungslager »Siebenter Kilometer«, unter einer Bewachung von vier Mann und einem Wolfshund; alle Angehörige von Nationen, die mit der Sowjetunion Krieg führten und fast ausnahmslos die Sowjetbürgerschaft besaßen. Die jüngste Gefangene war zwanzig, die älteste etwa sechzig Jahre alt. Den Barackendienst versah Ida W., eine alte ungarische Revolutionärin, die nach dem Zusammenbruch der ungarischen Räterepublik (1919) in ein ungarisches Gefängnis geraten war. Damals wurde sie von der Sowjetregierung im Austausch befreit und lebte in der Sowjetunion bis zum Jahre 1937, als sie als »Spionageverdächtig« im Lager verschwand. Die schwer kranke Frau – sie litt an angina pectoris – mit den warmen, dunklen Augen unter dem tiefschwarzen, reichen Haar, das den Rahmen zu der klaren Stirn und den Löchern der tief eingefallenen Wangen bildete, schwang in ihren schwachen, kleinen, ungeschickten Händen die Axt, um den täglichen Brennholzvorrat für den Barackenofen zu spalten. Darauf kam ein Schwindelanfall, Atemnot, und wenn wir von der Arbeit zurückkehrten, fanden wir sie gewöhnlich leichenblass und keuchend auf den Brettern.

Wenn wir morgens hinauszogen auf die Arbeit, war es noch Nacht. Aber dort sind auch die endlosen Winternächte nie ganz finster, weil alles eingehüllt ist in die blendende Weiße des Schnees, Hügel, Felder, Wege und Wälder. Wir tauchten ein in den milchigen Nebel, zu dem sich der Frost in jenen Regionen sichtbar verdichtet und der uns umgab wie Wände aus eisigen weißen Linnen. Paarweise stapften wir über die hart gefrorene Schneise. Durch den Strick um die Hüften hatten die einen die Axt gehängt, während den andern die lange schmale Säge abwechselnd über die rechte oder linke Schulter wippte, denn die haltende Hand im wattierten Fäustling erstarrte rasch und schmerzte.

Nachdem der Brigadier, ein gutmütiger ukrainischer Bauer

und ehemaliger Sträfling, jedem Paar seinen Platz im Wald angewiesen hatte – weit voneinander entfernt, damit wir uns durch die fallenden Bäume nicht gegenseitig erschlugen –, machten wir uns zunächst einmal auf die Suche nach trockenem Holz. Vorsichtig, denn Streichhölzer waren rar, zündete ich die silbrigen Zweiglein an, die wir auf dem Schnee aufgehäuft hatten, bis die freundschaftliche Flamme emporschlug, genährt von immer größeren Zweigen und schließlich von dicken trockenen Baumstämmen. Dann rollten wir uns einen passenden Baumstamm heran, hockten uns darauf, streckten die Beine dem heißen Feuer entgegen und warteten auf den Tag. Rings im Kreise schmolz der Schnee, immer tiefer sank der Scheiterhaufen hinab in die selbst geschaffene Mulde, bis unsere Beine über einem Stückchen freigelegten Waldbodens baumelten. Nun war es Zeit. Zwei frische Stämme kreuzten sich im Feuer, das sie aufrechterhielten, während wir uns durch den Schnee, der uns bis an die Brust reichte, an den ersten von sechs zu fällenden Bäumen heranmachten, denn sechs Kubikmeter Holz musste ich zusammen mit meiner Partnerin, einer jungen mürrischen Bäuerin aus der Wolgagegend, pro Tag liefern. Nachdem wir uns mit Händen und Füßen einen festen Standplatz im Schnee freigemacht, und die Axt einen wenige Zentimeter tiefen Winkel aus der einen Seite des Lärchenstamms herausgebissen hatte, setzten wir die Säge auf der gegenüberliegenden Seite an. Ab und zu schauten wir an dem zehn bis zwölf Meter hohen Stamm hinauf, der kerzengerade in den Himmel ragte. Das linke Bein kniete im Schnee, der linke Arm stemmte sich gegen den Stamm, der rechte beugte und streckte sich im Takt der Säge. Wenn der Arm erlahmte, ließen wir ihn schnaufend herunterhängen, ohne unsere Stellung zu verändern. Quer durch den Stamm fraß sich die Säge, bis immer lauteres Knarren den Fall des Baumes ankündete. Immer häufiger setzten wir ab, immer häufiger blickten wir nach oben, gaben ihm versuchsweise einen Fußtritt, aber er hielt noch stand, zogen noch ein paarmal – nach oben schielend und mit sprungbereiten Füßen – die Säge hin und her, rissen sie zurück und warfen uns seitwärts in den

Schnee. Ein letztes Krachen – und begleitet vom Geprassel brechender Zweige stürzte der Baum dumpf aufprallend zu Boden. Mit gleichgültigem Gesicht und einem heimlichen Seufzer der Erleichterung blickten wir einen Augenblick auf die zart marmorierte, von Sägemehl bepuderte Fläche des frischen Stumpfs, ehe wir wieder hineinkrochen in den tiefen Schnee, um den Baum von allen Ästen zu befreien. Vier oder fünf Schnitte zerteilten ihn in zwei Meter lange Stücke, dann kam der nächste Baum an die Reihe. Als der sechste Baum am Boden lag, sahen wir uns nach unserm Feuer um, das inzwischen gänzlich niedergebrannt war. Wir gaben ihm neues Futter, holten das hart gefrorene Stück Brot aus der Hosentasche, steckten es an ein Stöckchen und tauten es über dem Feuer auf. Der letzte Streifen der eisigen Wintersonne verblutete sich am Horizont. Wir stampften uns einen Pfad in den Schnee bis zu einer Stelle, wohin die holzfahrenden Schlitten gelangen konnten, luden uns die Stämme auf die Schulter und balancierten sie hinaus, um einen Holzstoß aus ihnen zu errichten. Manchmal zwang mich meine Last zwei-, dreimal in die Knie, ehe es mir gelang, mich damit aufzurichten, und dann fiel mir immer ein Film ein, den ich vor vielen Jahren in einem anderen Leben gesehen hatte: Indische Elefanten bei der Arbeit, wie sie auf den Vorderbeinen kniend den Rüssel um den Baumstamm legten, um sich dann langsam und schwankend damit zu erheben. Ob ich nicht besser daran gewesen wäre, wenn ich als Elefant zur Welt gekommen wäre?

Dann hockten wir wieder stumm nebeneinander am Feuer, schoben ein heruntergerolltes Stück Holz mit dem Fuß zurück in die Glut und horchten auf die Stille des erstarrten Waldes, die uns immer näher auf den Leib kroch. Bis endlich der Brigadier auf seinen lautlosen Schneeschuhen neben uns stand und uns ein lautes, vergnügtes: »Mädels, nach Haus!« zurief, während er unseren Holzstoß ausmaß. »Nach Haus« – murmelten wir voller Bitterkeit und trotteten mit den Übrigen, begleitet von den Wachsoldaten, ins Lager zurück.

Der Chefarzt des Magadaner Krankenhauses, Fomenko, war ein mehr als mittelmäßiger Chirurg, während es unter den Gefangenen einen ausgezeichneten Chirurgen gab. Dieser 1939 fast sechzigjährige Professor Koch war ein Wolgadeutscher, der seiner deutschen Abstammung wegen zu zehn Jahren Lager für angebliche konterrevolutionäre Tätigkeit verurteilt worden war. Er sprach nie ein Wort über Politik, denn außer Medizin hatte ihn sein Leben lang nichts interessiert. Wenn ein freier Bürger in Magadan sich einer schweren Operation unterziehen musste, verlangte er nicht nach Fomenko, sondern nach dem gefangenen Professor Koch. Davon machten auch die höchsten Administratoren von Kolyma keine Ausnahme. (Später bekam das städtische Krankenhaus nach der Absetzung von Fomenko einen äußerst fähigen Chefarzt, den Chirurgen Serebrjannikow, der es nicht verschmäht, in schwierigen Fällen qualifizierte gefangene Ärzte zu Konsultationen heranzuziehen.) Aber in Fomenkos Eierschädel kochten Neid, Zurücksetzung und Inferiorität eine Suppe, die der unschuldige Koch, der ja gar nicht die Möglichkeit hatte, eine Operation zu verweigern, auslöffeln musste. Fomenko hängte ihm eine Untersuchung wegen angeblicher konterrevolutionärer Bemerkungen an.

Wer einmal als Kontrik gestempelt ist, ist Freiwild für jeden Böswilligen. Zwar wussten alle, dass diese Beschuldigungen frei erfunden waren, dass dieses kleine, gütige, alte Männchen nur eine Passion hatte – die Heilung von Kranken, während er auf alles Übrige mit kindlicher Weltfremdheit und einem ratloszerstreuten Blick reagierte. Doch Fomenko war ein freier Bürger und Mitglied der kommunistischen Partei: Der Gefangene Koch wurde siebenhundert Kilometer weit in den Urwald nach den Goldgruben von Bereljoch transportiert. Auch hier wurde er bald wieder im Gefangenenkrankenhaus verwendet, wo er unter ungünstigsten Bedingungen seinem Beruf oblag. Hunderte von kranken Gefangenen schätzten sich glücklich, in solcher Einöde solch einem Chirurgen zu begegnen. Aber das war noch nicht das Ende.

Die Lagerkommandeure stellten gewöhnlich ein sehr schlechtes Menschenmaterial dar, in denen Unfähigkeit sich mit rasendem Ehrgeiz paarte. Während des Krieges benutzten sie die Konjunktur des Deutschenhasses, um sich durch »revolutionäre Wachsamkeit« hervorzutun. Die Tatsache der deutschen Abstammung der Beschuldigten verbürgte im Vorhinein den Erfolg der summarischen Prozesse.

Koch war eine verlockende Beute für solche Subjekte: er war doppelt und dreifach belastet als Wolgadeutscher und als 1937 verurteilter Konterrevolutionär, der 1940 wegen neuerlicher konterrevolutionärer Äußerungen in die Taiga strafverschickt worden war. 1943 wurde er beschuldigt, im Kreise von Gefangenen hitlerfreundliche, profaschistische Reden gehalten zu haben.

Den schändlichen »Zeugen« bei diesem Prozess gab der nichtswürdige Gefangene Kriwizki ab, der ehemalige stellvertretende Volkskommissar für Schwerindustrie, der selbst im Jahre 1937 als Konterrevolutionär zu fünfzehnjähriger Gefangenschaft verurteilt worden war, ein schleimiger, kriecherischer, gerissener Mensch, der sich als Provokateur die Freiheit zu erkaufen hoffte. Der alte Koch, dessen einzige Schuld darin bestand, dass er Tausenden von Menschen das Leben gerettet hatte, wurde erschossen.

Sämtliche Beteiligten waren mir gut bekannt, da ich von 1939 bis 1941 im Gefangenenkrankenhaus von Magadan unter Fomenko als Krankenschwester arbeitete, wo Koch als Chef der chirurgischen Abteilung für Gefangene tätig war, während Kriwizki es verstanden hatte, sich aufgrund seiner oberflächlichen Lateinkenntnisse, seiner raschen Auffassungsgabe und seiner wahrscheinlich schon damals begonnenen Spitzeltätigkeit als Krankenpfleger in das Krankenhaus einzuschleichen.

Zu Beginn des Krieges wurde Magadan von allen Gefangenen mit »schweren Punkten« – Punkte des konterrevolutionären Paragrafen 58 – gesäubert, und mit ihnen wurde Kriwizki nach Bereljoch verfrachtet, wo er wieder mit Koch zusammentraf, der dann diesem gewissenlosen Lumpen zum Opfer fiel.

Als ich 1945 in einem Gefangenenkrankenhaus des Nördlichen Goldgrubengebiets arbeitete, beobachtete ich mit Verwunderung, wie einige Kranke aus dem Goldgrubenlager von Bereljoch jenen Kriwizki, der mit Lähmungserscheinungen in unserer Abteilung lag, mit einer Mischung aus Hass und Angst isolierten, bis sie mir die Geschichte all der Opfer erzählten, die Kriwizki zur Strecke gebracht hatte.

Ein einziges Mal wurde von einer Gruppe von gefangenen Intellektuellen der Versuch gemacht, das Tatsachenmaterial, das sich jedem, der Augen und Ohren hat, in Kolyma bei jedem Schritt aufdrängt, systematisch zu sammeln, um es wenigstens für die Nachwelt zu bewahren, wenn sie schon keine Hoffnung hatten, es je veröffentlichen zu können. Sie nahmen keine Stellung, sie fügten nichts hinzu, sie hielten nur das fest, was täglich geschah. Sämtliche Beteiligten waren ehemalige Mitglieder der kommunistischen Partei, wie zum Beispiel die begabte Dichterin J. W. Aber da war noch eine andere ehemalige Kommunistin, die Ärztin Anna Israilowna Ponisowskaja, die ebenfalls als Konterrevolutionärin zu zehn Jahren Gefängnis verurteilt worden war.

Jene, die aus echtem revolutionärem Idealismus zur kommunistischen Partei gekommen waren, sagten sich nach ihrem Aufenthalt in sowjetischen Gefängnissen und Lagern auch innerlich von dieser Partei los. Während sie in der ersten Zeit nach der Verhaftung alles daran setzten, um zu beweisen, dass sie wirklich immer einwandfreie, ergebene, opferbereite Kommunisten gewesen waren, erkannten sie in einem späteren Stadium ihrer Gefangenschaft, dass es ein Makel, eine Schande war, zu der Partei zu gehören, die aus einem Mittel zur Befreiung des eigenen Volkes zu einem Marterinstrument geworden war.

Jene hingegen, die wie die Ärztin Ponisowskaja nur aus Opportunismus mitgemacht hatten, weil es eben die Regierungspartei war, wurden weder durch die Grausamkeiten in den Gefängnissen noch durch die Schrecken des Lagers nachhaltig beeindruckt, wenn sie nur selbst davon nicht betroffen wurden. Jedes Mittel war ihnen recht, um sich wenigstens eine relative Erleichterung zu verschaffen und gleichzeitig zu beweisen, dass sie auch im Lager unerschütterliche Kommunisten geblieben waren. Das waren die Stützen der NKWD, die zum Teil sogar zur Überwachung der freien Bürger verwendet wurden.

A. I. Ponisowskaja arbeitete als Ärztin im Krankenhaus am Dreiundzwanzigsten Kilometer (von Magadan entfernt), wo die Dichterin W. als Krankenpflegerin beschäftigt war. Einige der beteiligten Intellektuellen lagen zu jener Zeit als Kranke in verschiedenen Abteilungen des Krankenhauses.

Eines Abends erschien eine größere Abteilung von Wachsoldaten aus Magadan, besetzte sämtliche Abteilungen, jagte die Kranken von den Betten und Pritschen, trennte die Strohsäcke auf, klopfte sämtliche Wände ab, riss die Fußböden auf, verschonte weder Kranke noch Krankenpersonal und ließ keinen Winkel undurchsucht. Nur in der Abteilung der Ärztin Ponisowskaja wurde erstaunlich oberflächlich visitiert.

Eine Gruppe von Intellektuellen wurde verhaftet und nach Magadan ins Gefängnis überführt, darunter auch jene Dichterin. Die angeblich zentrale Figur der Gruppe, ein bejahrter Agronom, wurde erschossen. Die Dichterin erhielt zu ihren zehn Jahren Gefangenschaft zusätzliche zehn Jahre, ebenso wie die Übrigen, die alle des Landesverrats beschuldigt wurden, obwohl sie nichts versucht hatten, als eine Chronik dessen zu schreiben, was alltäglich mit Wissen und Willen der Regierung geschah.

N. A. war ein ausgezeichneter Kinderarzt. Auch die Kinder Radeks brauchten manchmal einen Arzt, und dann war es N. A., der geholt wurde. Als Radek verhaftet wurde, ging N. A., der Mitglied der kommunistischen Partei war, zu seinem Parteisekretär und teilte ihm mit, dass er zu wiederholten Malen das Haus Radek betreten habe, und zwar in Ausübung seiner kinderärztlichen Tätigkeit. Der Parteisekretär dankte N. A. für die einem Parteimitglied angemessene Ehrlichkeit, und einen Monat später war N. A. verhaftet. Dann wurde er wegen konterrevolutionärer trotzkistischer Tätigkeit, die in der Behandlung der kranken Kinder eines Trotzkisten bestanden hatte, zu acht Jahren Lager verurteilt.

Als er als Arzt in einer Abteilung des Gefangenenkrankenhauses in Magadan arbeitete, wurde er ab und zu seiner hervorragenden Kenntnisse wegen zur Untersuchung hochgestellter Persönlichkeiten oder ihrer Kinder herangezogen. Es war ihm gar nicht recht, denn mit hochgestellten Persönlichkeiten hatte er seine Erfahrungen gemacht. Auch trugen ihm diese Visiten den Neid einiger seiner gefangenen Kollegen ein, die sich zwar an medizinischen Kenntnissen nicht mit ihm messen konnten, dafür aber große Intriganten waren. Besonders ein Arzt namens Sasonow, der sich bereits in andern Lagern einen Namen als Provokateur gemacht hatte, schien es hauptsächlich auf N. A. abgesehen zu haben.

Ärzte und Krankenpfleger wohnten gemeinsam in einer Baracke innerhalb des Krankenhauslagers. Der Pritschennachbar von N. A. war ein Krankenpfleger aus der Abteilung jenes Sasonow, ein völlig versoffenes, an und für sich gutmütiges Geschöpf, das aber für ein wenig Alkohol zu allem bereit war. Der Kommandeur des Lagers hatte aus irgendwelchen Gründen eine Antipathie gegen N. A. und eine Schwäche für den Provokateur, mit dem er sogar manchmal ein Gläschen zusammen trank.

Alles war vorbereitet und eines Vormittags erschien eine Abteilung von Wachsoldaten aus der Stadt. Sie begaben sich schnurstracks zur Baracke der Ärzte und Krankenpfleger, die sie einer eingehenden Durchsuchung unterwarfen. Es dauerte nicht lange, als sie unter einem Strohsack eine Flasche und ein kleineres Flakon hervorzogen. Niemand war in der Baracke, da sich sämtliche Insassen auf der Arbeit befanden. Nur jener Arzt-Provokateur kam »zufällig« in diesem Moment in die Baracke, wo er angeblich etwas vergessen hatte.

Nachdem man sich davon überzeugt hatte, dass ein Arzt vor einem stand, fragte man ihn, ob er feststellen könne, was der Inhalt der beiden gefundenen Gefäße sei. Er fand sich sofort dazu bereit und gab seiner Meinung Ausdruck, dass sich in der Flasche Alkohol befinde, während die rosa Tabletten, deren das Flakon etwa dreißig Stück enthielt, offenbar Sublimat sei. Dreißig Gramm Sublimat genügen, um viele Hunderte von Menschen zu vergiften!

Sofort wurde N. A. aus der Abteilung geholt, wo er ahnungslos seine Kranken behandelte. Denn es war seine Pritsche und sein Strohsack, unter dem die Gefäße versteckt gewesen waren. Obwohl der fassungslose Mann beteuerte, dass er nichts von diesen Dingen wüsste und es ihm unvorstellbar sei, wie sie unter seinen Strohsack gekommen wären, wurde er sofort abgeführt und in eine Einzelzelle des Karzers gesperrt.

Und dann begann die Untersuchung. Schon wurde im Krankenhauslager verbreitet, eine trotzkistische Terrororganisation zur Massenvergiftung von Gefangenen, deren Netz sich über ganz Kolyma erstrecke, sei aufgedeckt worden. Schon beeilten sich eine Reihe gefangener Ärzte und Krankenpfleger, von dem gestern noch geachteten Kollegen abzurücken und sich an verdächtiges Benehmen und verdächtige Bemerkungen zu erinnern. Der Lagerkommandeur führte die Untersuchung. Er sah bereits seinen Namen in allen Zeitungen in großen Lettern gedruckt als Retter von Tausenden vor dem Giftmord, als Stütze der revolutionären Wachsamkeit. Er tat alles, um die Untersuchung zu einem raschen Ende zu bringen, um möglichst bald seine Heldenrolle anzutreten. Zunächst ging alles glatt. Die gefangenen Zeugen wurden eingeschüchtert, teils durch Drohungen, teils durch Schläge. Nur mit dem Hauptzeugen klappte es nicht. Er war ein junger Ukrainer und arbeitete als Krankenpfleger in der Abteilung von N. A. Nichts konnte ihn dazu bringen, gegen seinen Chef auszusagen. Dieser Krankenpfleger wusste besser als irgendeiner, dass N. A. trotz der Möglichkeiten, die sich ihm als Arzt boten, zu den wenigen Gefangenen gehörte, die nie einen Tropfen Alkohol über die Lippen brachten. Dass er darüber hinaus ständig den Inhalt der Alkoholflasche, die in einem besonderen Schränkchen zusammen mit den giftigen Medikamenten der sogenannten Gruppe A verschlossen wurde, kontrollierte, um darüber zu wachen, dass das begehrte Nass wirklich für medizinische Manipulationen und nicht etwa zum Trinken verwendet wurde. Hätte N. A. sich Alkohol aneignen wollen, so hätte er dazu die beste Möglichkeit in der Krankenhausbaracke gehabt, wo er sich ununterbrochen von morgens acht Uhr bis abends zehn Uhr aufhielt. Dort hätte er in der Abgeschiedenheit seines Dienstzimmerchens in Ruhe trinken können, während in der Wohnbaracke ständig Beobachter und Neider vorhanden gewesen wären. Aber diese Aussagen machten dem Kommandeur nicht den geringsten Eindruck. Dass N. A. nicht trank, verstärkte seine Antipathie gegen ihn. Dann hatte N. A. eben den Alkohol als Bestechungsmittel für seine Komplizen vorgesehen.

Auch über das in N. A.'s Abteilung verwendete Sublimat und die aus der Apotheke bezogenen Mengen konnte der Krankenpfleger erschöpfende Auskunft erteilen. Der Krankenpfleger wurde vom Kommandeur eigenhändig bearbeitet. Ohne Erfolg. Ukrainer können sehr hartnäckig sein, besonders wenn sie sowieso schon zu zehnjähriger Gefangenschaft verurteilt sind.

In dieser Phase wurde die Untersuchung von einem Untersuchungsrichter der NKWD übernommen. Er kannte N. A. zufällig als gewissenhaften Arzt. Er kannte auch den Lagerkommandeur als gewissenlosen Säufer. Und vor allem erkannte er, dass die ganze Sache, wie man auf russisch zu sagen pflegt: »mit weißen Fäden genäht war«, dass es eine so primitiv eingefädelte Provokation war, dass daraus kein Kapital zu schlagen war. Während Feinde wie Freunde N. A.'s überzeugt waren, dass er so gut wie ein toter Mann sei, fand der Untersuchungsrichter eine geringfügige Angelegenheit heraus: Jede Abteilung des Gefangenenkrankenhauses setzte ihren Stolz in einen schön geordneten Apothekerschrank. Die Schönheit des Schranks besteht in der Gleichartigkeit der Gefäße. In langwieriger Sammel- und Tauscharbeit hatten die Krankenpfleger gleichartige Fläschchen und Flakons zusammengestellt, wobei die Form der Flakons dank der allgemeinen Gefäßknappheit in Kolyma in jeder Abteilung verschieden war. Das gefundene Flakon mit Sublimat passte nicht in die Apotheke der Abteilung von N. A. hinein, wohl aber in die Apotheke des Arztes Sasonow. So sicher war er seiner Sache gewesen, dass Sasonow sich nicht einmal die Mühe gemacht hatte, ein anderes Flakon zu suchen. Jetzt war es nur noch eine Kleinigkeit festzustellen, dass die Abteilung von N. A. nie mehr als zwei Tabletten Sublimat auf einmal bezogen hatte, während das Rezeptbuch Sasonows den Erhalt von zwanzig Tabletten auf einmal bewies. Schließlich gestand auch der Pritschennachbar von N. A., Flasche und Flakon im Auftrag seines Abteilungsarztes Sasonow unter N. A.'s Strohsack geschoben zu haben.

N. A. wurde aus dem Karzer entlassen und in seiner Arbeit als Abteilungsarzt bestätigt. Jene, die gerade noch kräftig gegen ihn ausgesagt hatten, stürzten als Erste auf ihn zu, um ihm mit freudigen Glückwünschen die Hand zu schütteln.

Sasonow wurde in das städtische Gefängnis überführt, wo er während der einjährigen Untersuchungshaft religiösen Wahnsinn simulierte. Was ihm nichts genützt hat, denn er wurde zu zusätzlichen zehn Jahren verurteilt, mit denen er bald darauf wieder in einem andern Lager auftauchte. Auch der Lagerkommandeur verschwand.

Ein seltener Triumph der Gerechtigkeit in der Sowjetunion, der es verdient, festgehalten zu werden.

Karzer

Der Karzer, eine Art von Miniaturgefängnis, gehört zum eisernen Bestand jeden Lagers. Er ist meistens fensterlos, unbeleuchtet und entweder gar nicht oder in völlig unzulänglicher Weise geheizt. Ein großer Teil abgefrorener Zehen bei den Gefangenen geht auf Kosten des Karzers. Er enthält eine größere Gemeinschaftszelle und ein paar winzige Einzelzellen, die üblichen Bretter – genannt Nari – anstelle von Pritschen und die üblichen Wanzen und

Läuse. Die Tagesration im Karzer beträgt dreihundert Gramm Brot und eine warme Suppe. Karzerstrafen werden vom Lagerkommandeur für die verschiedensten Vergehen und Verstöße gegen die Lagerdisziplin von einem Tag bis zu zehn Tagen, nur in ganz schweren Fällen bis zu zwanzig Tagen ausgesprochen. Es gibt Karzerstrafen mit und ohne Arbeitszwang, wobei die Letztere die verschärfte Strafe ist. Wird der Sträfling auf Arbeit herausgeführt, so gelingt es ihm meistens, etwas mehr Essen zu ergattern als ihm zusteht, und vor allem kann er sich durch Bewegung bei der Arbeit eher erwärmen als im Karzer.

Karzerstrafen werden aus folgenden Gründen verhängt: Verspätung zum Arbeitsausmarsch; Sprechen während dem Arbeitsausmarsch; ungehörige Antworten an Wachsoldaten, Lageradministratoren und andere freie Bürger; Rauchen in der Baracke; Rauchen beim Arbeitsausmarsch; unvorschriftsmäßige Kleidung – private Mäntel oder Schuhe; eigenmächtiges Verlassen des Arbeitsplatzes; erwischt mit einem Mann – und sei es auch in harmlosem Gespräch, was es aber meistens nicht ist; Betreten einer Wohnung oder eines Ladens in der freien Siedlung; Betrunkenheit; Mitbringen von Nahrungsmitteln ins Lager; Unordnung in der Baracke; unordentliche Pritsche; Arbeitsverweigerung; Diebstahl im Lager; Diebstahl auf dem Arbeitsplatz; Nichterfüllen des Arbeitssolls; Benutzung unvorschriftsmäßiger Stellen als Latrine; Prügelei unter den Gefangenen – der Wachsoldat, der den Gefangenen prügelt, bekommt keine Strafe dafür; Verweigerung der Teilnahme an den Stoßarbeiten (sogenannte Udarniki) für den Lagerbedarf, d. h. Arbeiten, die nach Beendigung der offiziellen zwölfstündigen Arbeitszeit gemacht werden müssen; Verlassen der Baracke – außer in Richtung Latrine – nach dem abendlichen Appell; Wäschewaschen in der Baracke; Haarwaschen in der Baracke; Brandlöcher in der Kleidung, usw. usw.

Es gibt keinen Tag in einem Lager mit mehreren Hundert Insassen, an dem keine Karzerstrafen ausgesprochen werden. Es gibt keinen Gefangenen, der nicht irgendwann einmal eine Karzerstrafe erwischt hätte.

Mich ereilte mein Schicksal auf dem Kartoffelfeld. Es war zur Zeit der Aussaat. Paarweise waren wir damit beschäftigt, die jarowisierten Kartoffeln – Kartoffeln, die zwischen Torfschichten in Kästen überwintert hatten und bereits mit Keimlingen versehen waren – in den Boden zu stecken. Ab und zu legten wir eine Pause ein, die wir dazu benutzten, ein oder zwei Kartoffeln roh zu knabbern, die zwar bitter schmeckten und die Kehle reizten, aber uns immerhin die Illusion gaben, etwas im Magen zu haben, abgesehen davon, dass rohe Kartoffeln ein gutes Mittel gegen Skorbut sind – denn blutendes Zahnfleisch und wackelnde Zähne hatten wir alle.

Da erschien der Brigadier und beorderte uns beide auf eine neue Arbeit. Eine der kleinen Holzbrücken über den Graben am Rande der Felder war eingestürzt und musste repariert werden. »Die neuen Balken liegen schon bereit, beeilt euch!« Selbstverständlich hatten wir beide nicht die geringste Ahnung, wie man eine Brücke baut, aber wir hoben unsere Jacken vom Boden auf und machten uns auf den Weg.

Auf den Vorschlag meiner Partnerin hin schob ich noch rasch fünf kleine Kartoffeln in den Jackenärmel, da wir keine Aussicht hatten, das Kartoffelfeld an diesem Tag noch wiederzusehen und nicht auf unsere Rohkost verzichten wollten. Als ich mich aufrichtete, stand die wohlbekannte Figur des Chefs für Regimefragen vor mir. Selbst wenn er vorher nichts von meinem Kartoffelmanöver bemerkt hatte, so mussten ihn meine erschrockenen Augen darauf aufmerksam machen. Er sagte nichts, aber ich hörte seine Schritte in den schweren Militärstiefeln hinter mir herstapfen. Zuerst kam meine Partnerin an der eingestürzten Brücke an und warf in gleichgültigem Bogen ihre Jacke auf die Erde. Mit elegantem Schwung warf ich die meinige darüber, um im selben Moment eine Stimme neben mir fragen zu hören: »Was ist in dieser Jacke?« Er hatte es also doch gesehen. Leugnen wäre sinnlos gewesen. »Kartoffeln.« – »Rauswerfen!« Meine fünf armseligen Kartöffelchen kollerten auf den Boden. Dann tobte er los. Etwa zwanzig Minuten lang dauerte die virtuose Abwandlung sämtlicher denkbaren und undenkbaren Flüche. Auch versprach er mir, mich im Wald verfaulen zu lassen, wo ich dann die Baumstämme fressen könnte, woraus der Sowjetwirtschaft kein Schaden entstehen würde. Nicht genug damit, was wir Konterrevolutionäre an Schandtaten in der Freiheit verübt hätten, auch im Lager seien wir darauf bedacht, die sozialistische Wirtschaft zu untergraben! Aber er würde es mir zeigen! Ich würde an ihn denken!

Er hielt Wort. Ich habe an ihn gedacht.

In den nächsten Tagen geschah gar nichts, und ich wiegte mich bereits in der Hoffnung, dass es bei seinem Tobsuchtsanfall damals auf dem Feld sein Bewenden gehabt habe. Dann erschien in unserm Zweiglager »Polewoi Stan« eine Hilfsbrigade aus dem Hauptlager Elgen und mit ihnen meine Freundin J. W. – eine deutsche Kommunistin, deren Bruder in einem Nazi-Konzentrationslager zugrunde gegangen war.

»Du hast im Karzer gesessen?«, fragte sie mich sehr aufgeregt.

»Ich? Wieso? Keine Spur.« Aber ein unangenehmes Gefühl beschlich meine Magengegend.

»Es wurde doch aber beim abendlichen Appell verlesen, dass du drei Tage Karzer wegen Diebstahls von Kartoffeln bekommen hast!«

Die erteilten Karzerstrafen sämtlicher Gefangenen werden sowohl im Haupt- als in den Zweiglagern verlesen. Der Kommandant unseres Zweiglagers, ein junger Russe, der sich bemühte, uns das Leben nicht noch schwerer zu machen, als es ohnehin schon war, kannte mich als disziplinierte Arbeiterin und wusste von den abendlichen Leibesvisitationen her, dass ich nie den Versuch gemacht hatte, auch nur eine Kartoffel ins Lager zu schmuggeln – was übrigens allgemein üblich war. So hatte er die gütige Vorsehung gespielt, und da er nicht die Absicht hatte, mich in den Karzer zu setzen, so hatte er auch die Strafe beim Appell nicht verlesen. Man kann sich kaum vorstellen, welches überwältigende Gefühl der Dankbarkeit solch ein Beweis der Menschlichkeit bei den Gefangenen hervorruft, und noch nach Jahren sprach man von solch einem Kommandanten, deren es leider nur wenige gab. Nicht, weil sie alle Unmenschen sind, sondern weil sich einer vor dem andern fürchtet. – So atmete ich erleichtert auf und war der Ansicht, die Kartoffelangelegenheit sei hiermit endgültig erledigt. Mitnichten.

Der letzte Tag der Aussaat. Ununterbrochen jagten Brigadiere, Wachsoldaten, Agronome, Lagerkommandeure um uns herum, um uns zu einer letzten Anspannung aller Kräfte anzuspornen. Schwankend vor Müdigkeit kehrten wir am Abend ins Lager zurück, warfen uns angezogen und ungewaschen auf die Bretter, und es schien uns, dass wir nicht einmal mehr die Kraft hatten, uns nach der Suppe anzustellen.

Ich war gerade am Einduseln, als die Rottenälteste mit einer Liste in der halbdunklen Baracke erschien. Gewöhnlich wurden unfähige Arbeiter nach der Aussaat von den Brigadieren wieder ins Hauptlager zurückgeschickt, wo sie von einer Arbeit auf die andere gejagt wurden. Ich hatte keinen Grund zu solchen Befürchtungen und machte die Augen nach einem kurzen uninteressierten Blinzeln wieder zu. Um erschrocken in die Höhe zu fahren, als plötzlich mein Name aufgerufen wurde.

Ich hatte alle Ursache zu erschrecken, denn die Eigentümer sämtlicher Namen auf dieser Liste waren berüchtigte Kriminelle, samt und sonders bekannt als Arbeitsverweigerer und Herumlungerer, die mehrfach mit großen Mengen von Kartoffeln geschnappt worden waren. In ehrbarer Gesellschaft befand ich mich da! Nicht, als ob es nicht noch eine Masse anderer Gefangener gegeben hätte, die man mit ein paar Kartoffeln erwischt hatte. Aber wenn man das Pech hatte, vom Chef des Regimes persönlich überführt zu werden und dazu noch als Ausländerin und dazu noch während des Krieges, so musste daraus natürlich eine Staatsaktion gemacht werden.

Ich packte meinen Sack und trat hinaus zu der unwahrscheinlich zerlumpten Gruppe, die mich mit lautem Johlen und mit der schmeichelhaft-erstaunten Frage begrüßte: »Wie kommt das Röschen in unsere Mitte?« Das Röschen hob schweigend den Sack auf die Schulter. Mit einem Kloß im Hals beantwortete ich das aufmunternde »Mach dir nichts draus!« meiner zurückbleibenden Kameradinnen, und eine Sekunde lang ruhte der Blick unseres Kommandanten auf mir – dann übergab er uns den Wachsoldaten, die uns den fünf Kilometer langen Weg zum Hauptlager trieben. Wachsoldaten mit Hunden, d. h. verschärfter Konvoi, das bedeutet Strafbrigade. Unterwegs trafen wir auf den Chef des Regimes, dessen weißlich graue Augen befriedigt aufleuchteten, als er mich in dieser Gesellschaft erblickte, was ich ihm mit einem hasserfüllten Blick quittierte.

Der Wachkommandant des Hauptlagers, dem die Liste mit unseren Namen übergeben wurde, hatte kaum diese wandelnden Lumpen mit den überall hervorschauenden nackten Ellbogen, Schultern und Zehen überflogen, als er auch schon mit lauter, vergnügter Stimme den Befehl gab: »Die ganze Bande in die Strafbaracke!«

Sie war niedrig, finster und kribbelte von Wanzen. Ihre Insassen waren alle vom Schlag jener, die mit mir gekommen waren. Die machten es sich denn auch gleich heimisch, wurden erfreut und mit zotigen Flüchen empfangen und verkündeten feixend, was für einen Vogel sie in meiner Person mitgebracht hatten. Ein paar Blicke, eine Handbewegung – und schon hatten sie sich darüber verständigt, dass ich nichts unter ihnen zu suchen hätte. Die meisten von ihnen waren Lesbierinnen, die paarweise unter einer Decke auf den Brettern lagen, von wo sie aus dunkel umrandeten Augen im blassgrauen Gesicht und mit hämischem Grinsen meine Bemühungen um einen Platz verfolgten. Es war von vornherein aussichtslos. Wo immer ich auch meinen Sack hinschob, stets war die Antwort: »Hier ist nichts frei! Die Bretter sind kaputt! Hier haste nichts zu suchen! Scher dich!« Oder sie warfen wortlos meine Sachen herunter auf den Boden, und aus allen Ecken zischte, höhnte und grunzte es: »Röschen, Röschen …«

Sie hätten mich ausziehen und mir meine Sachen bis auf den letzten Fußlappen wegnehmen können – ich wäre völlig wehrlos gewesen, und das wussten sie auch. Und es war die übliche Prozedur, wenn ein einzelner Kontrik unter Kriminelle fiel. Sie taten es nicht. Sie gaben mir nur handgreiflich zu verstehen, dass ich möglichst schnell machen sollte, dass ich hier herauskam. Denn trotz allem war ich für sie die Ausländerin. Und gegenüber dem Ausländer empfindet der Russe nun einmal eine gewisse Ehrerbietung, ein Gefühl, das umso unverfälschter zutage tritt, je primitiver und unverbildeter der Russe ist, mit dem man zusammentrifft. Es ist darin ein Gemisch aus angeborener Gastfreundschaft, dem Bewusstsein eigener Unzulänglichkeit und der Verzauberung durch das Märchenhaft-Exotische des Unbekannten enthalten. Tag für Tag bekommt dieses Volk seine Anti-Auslandsspritze, sei es in Versammlungen, sei es durch Radio, sei es durch die Zeitung. Auf aller Lippen sind die Worte »Spion, Faschist« – aber eben nur auf den Lippen. Neben dem künstlich gezüchteten Misstrauen dem Ausländer gegenüber lebt tief im Innern dieser Menschen ein ganz anderes, von den Vorfahren überkommenes Gefühl: ein geradezu kindliches Aufblicken zu dem Menschen aus der andern Welt, einer Welt, die für sie so fremdartig und schillernd ist, wie für uns die Welt aus Tausendundeiner Nacht.

Ein Abglanz von all diesem, den sich selbst diese Tier-Menschen unbewusst bewahrt hatten, beschützte mich in jener Nacht vor ihren Fäusten.

Die Baracke war noch nicht verschlossen, so stürzte ich hinaus und suchte Unterschlupf in der »deutschen« Baracke, die ja auch eine Baracke der Ausgestoßenen war. Mein verzweifeltes »Macht mit mir, was ihr wollt, aber in die Strafbaracke kriegt ihr mich nur mit Gewalt« musste wohl Eindruck auf die Lagerälteste gemacht haben, da man von mir sonst keinerlei Ausbrüche gewohnt war, und so legalisierte sie stillschweigend diesen Zustand; von der Strafbaracke war keine Rede mehr.

Hingegen wurde ich am nächsten Morgen als Mitglied der Strafbrigade zur Arbeit aufgerufen. Was es an letztem Gesindel im Lager gab, marschierte in dieser Brigade zwischen verschärftem Konvoi und Wolfshunden. Unser Arbeitsplatz war acht Kilometer vom Lager entfernt. Der Weg führte über den Friedhof für freie Bürger, wo windschiefe, rot angestrichene Pyramiden mit einem Sowjetstern auf der Spitze anstelle von Kreuzen faulten. Manchmal sah eine Knochenhand oder ein noch wohlerhaltener Fuß aus einem Grab hervor, die die Schneeschmelze an die Oberfläche getragen hatte, denn im Winter war es vollkommen unmöglich, der gefrorenen Erde ein Grab in der nötigen Tiefe abzuringen. Bei solchem Anblick brachen meine sonst so furchtlosen Verbrecher-Kumpaninnen mit gellendem Geschrei aus den Reihen – denn alle Kriminellen sind außerordentlich abergläubisch. Auch behaupten sie alle, dass sie an Gott glauben, was sie nicht hindert, unentwegt die gräulichsten Schandtaten zu begehen. Das ist auch der Grund, weswegen sie im Allgemeinen eine gewisse Zurückhaltung gegenüber den gefangenen »Monaschki«, den »Nönnchen«, bewahren.

Nach etwa zweistündigem Marsch langten wir in den Sümpfen an, die unser Arbeitsfeld darstellten. Wolken von Stechmücken stürzten sich mit lautem, erfreutem Summen auf uns, vor denen wir zwar unser Gesicht durch den sogenannten Nakomarnik, nicht aber Arme, Beine und Nacken schützen konnten. Ich möchte nur wissen, wovon sie gelebt haben, ehe man ihnen die Gefangenen zum Fraß dorthin brachte. Im Juli wurde das spärliche Sumpfgras gemäht. Unsere Arbeit bestand darin, sämtliche Büsche, die der Sense des Heuers hinderlich sein könnten, abzuhacken und ins Sumpfwasser zu werfen. Eine völlig sinnlose Arbeit, die man sich speziell für die Strafbrigade ausgedacht hatte. Das Anzünden von Rauchfeuern, die von den Mücken gefürchtet werden, war verboten. Man konnte den ganzen Tag über nicht einmal sein Stückchen Brot verzehren, denn im Nu war das Gesicht von Dutzenden von Stechmücken bedeckt, die sich darauf festsaugten. Die andauernden juckenden Mückenstiche versetzten einen nach kurzer Zeit in einen Zustand hilfloser Raserei, aber was nützte es, wenn man wie ein toller Hund im Kreis herumjagte – den Kreis der Wachsoldaten konnte man nicht durchbrechen.

Die Wachsoldaten litten nur unter der Langeweile, da sie durch

Uniform und Schaftstiefel vor den Mücken geschützt waren. Ab und zu versetzten sie einer schlafenden Gefangenen einen Fußtritt, dann tauchte ein wütendes, von Schlaf und Mückenstichen verschwollenes Etwas unter der Jacke hervor, unter der es sich zusammengerollt hatte. Sie wartete gerade so lange, bis der Soldat den Rücken gekehrt hatte, dann kroch sie prompt wieder unter die Jacke. Die wenigsten arbeiteten. Es war ja doch umsonst. Die Arbeitsprozente wurden für die ganze Brigade gemeinsam berechnet, und die Mehrzahl der Brigade waren systematische Arbeitsverweigerer. Und wer sollte die ins Wasser geworfenen Zweige zählen? Die niedrigste Brotration von vierhundert Gramm war uns gewiss. Das Nächste, was diese Brigade erwartete, war wohl der Abtransport nach Mylga, dem Straflager des Straflagers Elgen.

Die Stunden krochen dahin. Endlos zog sich der Tag. Hatte die Erde vergessen, sich zu drehen? Würde die Sonne ewig dort oben am selben Fleck stehen? Es beißt, es sticht, es brennt, es kribbelt, es juckt. Keine Dämmerung deutet auf den hereinbrechenden Abend, nur das Summen der Mücken wird immer lauter, immer drohender. Helle Tage, gespenstisch helle Nächte. Tage voll Stechmücken, Nächte voll Wanzen.

Wie man die vom Sumpfwasser durchtränkten Schuhe abends von den Füßen gezogen hatte, so zog man sie morgens wieder an. Es war so egal. Gleich würden sie wieder nass und quietschend um die Füße schlottern.

Zunächst wies ich den Gedanken von mir, bei der Lagerkommandeuse um eine andere Arbeit zu betteln. Manchmal half es, wenn man recht kläglich und schleimig seine Sünden vor ihr bereute. Aber nach mehreren Wochen in den Sümpfen war ich so weit. Ein paarmal drehte ich vor der Tür der Verwaltungsbaracke wieder um, dann stand ich eine halbe Stunde im Vorraum zu ihrem Kabinett und biss mir die Lippen wund, bis ich hereingerufen wurde.

Hinter ihrem Schreibtisch saß Valentina Michailowna Zimmermann, genannt der »Hecht«. Als ich hereintrat und in gebührender Entfernung von ihr stehen blieb, warf sie mir unter dem Stalinbild an der Wand einen kurzen, eisigen Blick zu, dann beugte sie sich wieder über ihre Papiere. Ich stand da und wartete. Ich betrachtete das schmale, verschlossene Gesicht mit den harten unweiblichen Zügen, den hässlichen Mund und die schön gewölbte Stirn unter den glatt zurückgestrichenen, dunklen Haaren. Tadellos umschloss die Uniform ihre schlanke Figur. Ich stand da in meiner speckigen Männerjacke, die um mich herumbaumelte, in meinen viel zu großen Schuhen und sah auf meine rissigen, von Mückenstichen wie Kissen aufgeschwollenen Hände. Als ich wieder aufblickte, fixierte sie mich.

»Was wollen Sie?« – Sie erlaubte sich niemals, wie das im Allgemeinen geschah, eine Gefangene zu duzen. Sie hielt sich strikt an das Reglement. Sie war korrekt wie ihre Uniform. – Ich trug ihr meine Bitte um Überführung in eine andere Brigade vor.

»Wo arbeiten Sie?« – Sie wusste es ganz genau, denn sie selbst hatte mich in die Strafbrigade gesteckt. – »Bei der Reinigung der Wiesen.«

»Ach so. Da kann ich nichts tun. Die andern Brigaden sind bereits voll besetzt.« – Sie blieb die personifizierte Korrektheit. Obwohl sie wusste, dass mir die täglichen Verschiebungen im Bestand der Arbeitsbrigaden natürlich bekannt waren. – »Wie lange kann man für ein paar elende Kartoffeln büßen?«

Sie hob die Nase und sagte mit der selbstzufriedenen Verachtung eines satten Menschen: »Da hätten Sie eben nicht stehlen sollen.«

Ich drehte mich um und verließ das Kabinett.

Trotzdem überführte sie mich nach einer weiteren Woche in den Sümpfen in eine andere Brigade.

Wenn jemand das Wort »Kartoffeln« in meiner Gegenwart aussprach, wurde mir übel.

Achtes Kapitel

DAS SKLAVENLEBEN

Geld

Bei der Einlieferung ins Untersuchungsgefängnis wird dem Gefangenen das Geld, das er bei sich trägt, abgenommen. Er erhält dafür eine Quittung; aufgrund dieser Quittung kann er zweimal im Monat Esswaren und Tabak im Betrag von fünfzig Rubeln monatlich aus dem Gefängnisladen erhalten. Falls er Verwandte besitzt, die das Gefängnis ausfindig gemacht haben, wo sich der Gefangene befindet, was mit großen Schwierigkeiten verbunden ist, haben sie das Recht, dem Gefangenen fünfzig Rubel monatlich zu überweisen. Kleider- und Esspakete werden in den großen Städten nicht angenommen, während die kleinen Provinzgefängnisse in dieser Beziehung nicht so streng sind. Vor seinem Abtransport ins Lager wird dem Gefangenen die Geldquittung abgenommen. Solange er unterwegs ist, was ein bis zwei Monate dauern kann, ist er ohne Geld. Solange er sich in einem Durchgangslager wie z. B. Wladiwostok befindet, wo er oft ein halbes Jahr und länger hängen bleibt, ist er ohne Geld.

Erst im Arbeitslager angekommen, hat er das Recht, in der Wirtschaftsabteilung des Lagers Mitteilung darüber zu machen, welche Summe Geldes er im Untersuchungsgefängnis zurückgelassen hat. Meistens dauert es mehr als ein Jahr, bis das restliche Geld des Gefangenen aus dem Gefängnis ins Lager überwiesen wird. Auch im Lager bekommt er das Geld nicht ausbezahlt, sondern jedem Gefangenen wird im Lager ein persönliches Konto eingerichtet. Von diesem Konto kann er monatlich fünfzig Rubel in bar abheben und nach eigenem Gutdünken verwenden. Das Lager – also NKWD – verdingt die Gefangenen zur Arbeit an die verschiedensten staatlichen Unternehmen. In Kolyma, wo es keine eigene Bevölkerung gibt, von den Siedlungen der primitiven Jakuten abgesehen, ist der ganze Arbeitsprozess auf Gefangenenarbeit aufgebaut. Es gibt keinen Arbeitszweig in Kolyma, wo nicht Gefangene beschäftigt werden. Für jeden beschäftigten Gefangenen zahlen die Unternehmen eine bestimmte Summe ans Lager. Für die tägliche Arbeitsleistung eines Gefangenen bestehen genau festgelegte Normen, das Arbeitssoll.

Arbeitet der Gefangene im Wald, so hat er täglich – je nach der Dichte des Waldes – drei, viereinhalb oder sechs Kubikmeter Holz zu fällen, zu zersägen und aufzustapeln.

Arbeitet er in der Goldgrube, so muss er durchschnittlich am Tag zwanzig Gramm reinen Goldes abliefern oder so viel Schubkarren mit Erz von der Grube zur Goldwaschmaschine befördern, wie im Endergebnis zwanzig Gramm reinen Goldes gleichkommen.

Wenn Kohl auf den Feldern gesetzt wird, müssen pro Tag, pro Person 1200 Pflänzchen gesetzt und begossen werden.

Arbeitet der Gefangene als Arzt im Gefangenenkrankenhaus, muss er eine Abteilung von mindestens fünfzig Schwerkranken führen. Ebenso viel Kranke kommen zur Pflege auf eine gefangene Krankenschwester.

Sobald der Gefangene dieses tägliche Arbeitssoll erfüllt, bekommt er vom Lager monatlich eine Geldprämie ausgezahlt, die nach Art der geleisteten Arbeit gänzlich verschieden ist, aber hundertfünfzig Rubel im Monat nicht übersteigt.

Die höchsten Prämien werden den Goldgrubenarbeitern ausbezahlt.

Ein Arzt bekommt neunzig Rubel im Monat.

Eine einfache Krankenschwester vierundzwanzig Rubel im Monat.

Eine qualifizierte Krankenschwester achtundvierzig Rubel im Monat.

Ein Krankenwärter vierzehn Rubel im Monat.

Ein Waldarbeiter höchstens sechzig bis siebzig Rubel im Monat. Ein Feldarbeiter im Durchschnitt vierzig bis fünfzig Rubel im Monat.

Ein Bauarbeiter fünfzig Rubel im Monat:

– immer vorausgesetzt, dass der Gefangene imstande ist, das sehr hohe Arbeitssoll zu erfüllen, also hundert Prozent Arbeitsleistung zu geben. Leistet er neunundneunzig Prozent, so bekommt er nichts. Leistet er mehr als hundert Prozent, so wird die Prämie erhöht. Es gibt Arbeiten, wo man nie etwas verdient, weil es praktisch unmöglich ist, das Arbeitssoll zu erfüllen; dazu gehören Erdarbeiten, Schneeschippen und Heuernte – für Frauen.

Frauen arbeiten in Kolyma auf allen schweren Arbeiten unter den gleichen Bedingungen wie Männer, mit Ausnahme der Goldgruben, wo nur Männer beschäftigt werden.

Was kann der Gefangene in Kolyma für sein Geld kaufen? Falls die Erfüllung des Arbeitssolls hundertzehn Prozent und darüber beträgt, hat er das Recht, dreimal im Monat den Laden für Gefangene im Lager zu benutzen. In diesem Laden darf er sich dreimal im Monat je siebenhundert Gramm Brot und zweimal im Monat fünfzig Gramm Tabak – falls vorhanden – kaufen. Sonst nichts. Sollte seine Arbeitsleistung hundertfünfzig Prozent betragen, was sehr selten vorkommt, so hat er das Recht, sich ein Kilo Brot in der Dekade und dreiunddreißig Gramm Zucker zweimal im Monat nebst der üblichen Tabakration zu kaufen. Für diese Dinge zahlt er den staatlichen Preis. Er verbraucht also:

Bei einer Arbeitserfüllung	von 110%		von 150%
Für Brot	8.40 Rubel	oder	12.– Rubel
Für Tabak	12.– Rubel	"	12.– Rubel
Für Zucker	–	"	0.60 Rubel

Bei einem Druchschnittsverdienst von 50 Rubeln bleiben dem Gefangenen noch 30 bis 35 Rubel. Alles Übrige, was er sich noch erwerben will, muss er sich illegal zu spekulativen Preisen kaufen.

Das Lager liefert jedem Gefangenen gratis etwa 150 Gramm miserabler Seife im Monat. Weibliche Gefangene verwenden daher immer einen Teil ihres Geldes für Seife; männliche nie. Dieser Einkauf beläuft sich auf ungefähr 10 Rubel.

Brot wird unter den Gefangenen zu einem Preis von 10 Rubeln für 200 Gramm gehandelt. Den gleichen Preis hat eine Streichholzschachtel voll Tabak. Selbstverständlich wird auch einfach getauscht: 200 Gramm Brot gegen eine Streichholzschachtel voll Tabak.

Tabak darf sich im Gefangenenladen nur der Raucher kaufen. Der Nichtraucher, auch wenn er die entsprechenden Prozente erarbeitet hat, hat kein Recht auf Tabak. Bei der Einlieferung ins Lager wird in der Wirtschaftsabteilung sofort notiert, wer Raucher ist. Die ahnungslosen Neulinge machen ihre Angaben wahrheitsgemäß. Aber hier fangen die Schiebungen bereits an. Auch in der Wirtschaftsabteilung arbeiten Gefangene. Sie verabreden sich mit einem Nichtraucher, tragen ihn als Raucher in die Liste ein, teilen sich den Tabak mit dem Empfänger und sie handeln damit. Schwache Raucher gewöhnen sich das Rauchen ab, weil man sowieso die Hälfte der Zeit ohne Tabak sitzt, zünden sich ab und zu pro forma eine Zigarette an, damit sie nicht als Nichtraucher denunziert werden – was sonst prompt durch einen andern neidischen Nichtraucher geschieht – und verhandeln den übrigen Tabak.

Pakete von Verwandten waren den Gefangenen des Lagers Elgen prinzipiell erlaubt. Praktisch war ihre Ankunft sehr selten. Ebenso wie Briefe. Wer regelmäßig ein-, zweimal im Jahr eine Nachricht von zu Hause erhielt, konnte sich glücklich schätzen. Vielen gelang es nie, die Verbindung mit der Familie wieder aufzunehmen. Besonders wenn Vater und Mutter verhaftet und ihre Kinder in ein staatliches Kinderheim überführt worden waren.

Sämtliche Briefe der Gefangenen passierten die Zensur. Über Wohnungs-, Arbeits- und Ernährungsverhältnisse durfte man keine Mitteilungen machen. Ebenso wenig wie über Mitgefangene. Auch den Namen des Lagers durfte man nicht erwähnen.

Die ganze Post ging über Postfachnummern, z. B. Magadan Postfach Nr. 522, wenn auch das Lager in Wirklichkeit sechshundert oder neunhundert Kilometer von der Hafenstadt Magadan entfernt war. Die Hälfte der Briefe wurde nicht abgesandt, weil die Lagerzensoren, denen das Lesen häufig schwerfiel, zu bequem waren, sie alle durchzulesen. Die abgesandten Briefe gelangten an die Militärzensur von Kolyma, die alle Briefe – auch die der freien Bürger – passieren mussten. Dort verschwanden nach demselben Prinzip noch einmal fünfzig Prozent der Briefe. Die restlichen gelangten teilweise an den Adressaten, teilweise nicht. Die Sowjetunion ist groß, und im Postwesen herrscht eine unglaubliche Schlamperei. (Briefe ins Ausland durfte man vom Lager aus überhaupt nicht absenden. Auch auf andere Art hätte man keine Mitteilung ins Ausland schicken können, da jeder Auslandsbrief eines jeden Sowjetbürgers sowohl in Kriegs- als in Friedenszeiten durch eine spezielle Zensur geht.)

Dazu kommen die besonderen Bedingungen Kolymas: sechs Monate im Jahr gibt es keine Schifffahrt, da das Ochotskische Meer zufriert, also keine Verbindung mit dem Festland. Wenn das Paket für den Gefangenen schließlich eintrifft, ist es oft mehr als ein Jahr unterwegs gewesen. Die Hälfte des Inhalts fehlt, worauf leere Papierhüllen oder halb leere Säckchen hindeuten. Das Paket wird dem Gefangenen vom Chef des Regimes, einem Offizier der Wachmannschaft, übergeben, der verbotene Gegenstände wie Bücher, scharfe oder spitze Gegenstände, Tintenstifte, Eau de Cologne – weil alkoholisch, Medikamente usw. herausnimmt. Wenn Zigaretten im Paket sind, lässt er sich bestimmt eine Schachtel schenken, und es ist nicht empfehlenswert, ihm das abzuschlagen.

Das ganze Lager weiß sofort, wer ein Paket bekommen hat, und der Empfänger wird ununterbrochen von allen Seiten beglückwünscht, wobei jeder im Geheimen hofft, wenigstens eine Zigarette angeboten zu bekommen, wenn schon nichts Essbares für ihn abfallen sollte. Selbst in solchen Fällen, wo es ein reines Nahrungsmittelpaket war, behauptet der Empfänger mit betrübter Miene, er habe leider nur ein paar warme Kleidungsstücke geschickt bekommen, um etwaigen Illusionen seiner Kameraden gleich die Spitze abzubrechen. Sie glauben ihm kein Wort, aber sie wissen, dass das einer in höfliche Form gekleideten Abfuhr gleichkommt.

Spät abends im Dunkeln hört man Papiergeraschel auf der Pritsche des Glückspilzes, und der längst vergessene Duft von Wurst durchzieht die Baracke. Alle schnuppern, schlucken die Spucke herunter, die ihnen im Munde zusammenläuft und ziehen sich seufzend die Decke über den Kopf.

Nicht nur Gefangene unter sich handeln, auch mit der freien Außenwelt wird gehandelt. In Kolyma sind alle Waren wegen der Transportschwierigkeiten rationiert, und das Kartensystem war dort auch schon vor dem Krieg üblich. Die Freien kaufen Textilien und Esswaren zu staatlichen Preisen ein und verkaufen sie zu spekulativen Preisen an die Gefangenen weiter. Spekulieren ist zwar verboten, aber der Gefangene kann sich ja nicht beschweren, weil er überhaupt kein Recht hat, mit einem freien Bürger in Handelsbeziehungen zu treten. Solche Transaktionen müssen natürlich hinter dem Rücken der Wachsoldaten geschehen, wozu sich aber wenigstens für einige Gefangene immer Gelegenheit bietet, die dann die Einkäufe an allzu isolierte Gefangene weiterleiten – wobei die Vermittler auch wieder eine gewisse Summe für sich draufschlagen.

Die Lagerration

Von der Lagerration für Gefangene kann man aber nicht leben. Jedenfalls nicht länger als zwei Jahre. Im dritten Jahr ist man ein Wrack, im vierten Jahr arbeitsunfähig, und im fünften Jahr beißt man ins Gras, beziehungsweise in den Schnee.

Die Tagesration für Gefangene auf Kolyma

Erfüllung des Arbeitssolls		Weibliche	Männliche
1. Kategorie:	100 % und darüber	600 Gr. Brot	800 –900 Gr. Brot
2. Kategorie:	70 % bis 99 %	500 Gr. Brot	700 Gr. Brot
3. Kategorie:	50% bis 69 %	400 Gr. Brot	500 Gr. Brot
Strafration		300 Gr. Brot	300 Gr. Brot

Die höhere Brotration für Männer ist für Bergarbeiter bestimmt. Sobald ein männlicher Gefangener auf leichteren Arbeiten, wie Wald- oder Bauarbeiten, beschäftigt ist, erhält er die kleinere Ration, die für Frauen bestimmt ist.

Für alle Gefangenen (pro Tag): 100 Gr. gesalzenen Fisch oder Hering. 60 Gr. Nährmittel – Gerste, Graupen, Hirse, Hafer. – 5 Gr. Mehl oder Stärke – als Bindemittel. 15 Gr. Pflanzenöl. 10 Gr. Zucker. 3 Gr. Fruchttee. 300 Gr. Kohlblätter – eingesäuert.

Menü für Gefangene

Frühstück:	ein halber Hering oder 50 Gr. gesalzenen Fisch, gesüßter Fruchttee = 2,5 dl. 1/3 der Brotration.
Mittagessen:	einen halben Liter Kohlblättersuppe. Grütze = 3 dl. 1/3 der Brotration.
Abendessen:	Kohlblättersuppe mit einzelnen herumschwimmenden Körnern von Nährmitteln und zerkochten Fischköpfen. 1/3 der Brotration.

Jahraus, jahrein dasselbe an Werk- und Feiertagen. Die Einförmigkeit dieser Kost allein schafft eine Voraussetzung für Skorbut, ganz abgesehen von dem Mangel an Vitamin C. Es gibt keinen Gefangenen von Kolyma, der nicht mehr oder weniger fortgeschrittene Symptome von Skorbut zeigt. Zur Bekämpfung des Skorbuts wird in den Essräumen der Lager den Gefangenen zwangsweise eine Portion »Konzentrat« verabreicht. Wer nicht sein Gläschen »Konzentrat« trinkt, bekommt keinen Holzlöffel zum Essen. Das sogenannte Konzentrat ist ein Kiefernextrakt (extr. pini), ein gallenbitteres Getränk, das sich aber als sehr wirksam erwiesen hat und das in der örtlichen Vitaminfabrik »Taskan«, an dem Fluss Taskan, einem Nebenfluss des Kolyma-Stromes gelegen, von Gefangenen hergestellt wird.

Der Mangel an Vitamin B bewirkt das massenhafte Auftreten von mehr oder minder fortgeschrittenen Pellagrafällen. Zur Bekämpfung von Pellagra wird dem Gefangenen zwangsweise 50 Gr. Brot von seiner Ration abgezogen. Dafür erhält er ein aus Mehl und Hefe hergestelltes Gebräu, das das fehlende Vitamin B ersetzen soll.

Trotz dieser Maßnahmen ist eine der häufigsten Diagnosen für die Todesursache von Gefangenen auf Kolyma – Polyavitaminosis. Eine ebenso häufige Todesursache wird durch die Diagnose – Dystrophia alimentaris, d. h. Hungertod gekennzeichnet.

Wenn man sich die Gefangenenration vor Augen hält, darf man nicht vergessen, dass dies die Ration für Menschen ist, die den ganzen Tag im Laufe von zwölf, vierzehn und sechzehn Stunden schwerste physische Arbeit leisten in einem Land, das in seinen acht Wintermonaten die niedrigsten Temperaturen der von Menschen bewohnten Gebiete auf der ganzen Erde aufweist.

Ein Stück Brot

Mischa war ein junger Bursche von etwa zwanzig Jahren. Er hatte sich nicht unterkriegen lassen, weder durch Gefängnis, noch Etappen, noch Goldgruben. Und er hatte verteufeltes Glück gehabt: eine Lungenentzündung erwischt, mit der er ins Krankenhaus gekommen war. Krankenhaus! Der Traum aller Gefangenen. Mit seinem jungen Herzen hatte er überwunden, womit die meisten auf den Nachbarpritschen sich in ein besseres Jenseits davongemacht hatten, wobei sie schamloserweise ein halbes Dutzend unabgesessener Jahre auf ihrem Schuldkonto hinterließen.

Damit der liebe Gott gleich im Bilde war, wenn diese Deserteure in den Himmel kamen, wurde ihnen ein Brettchen an den großen Zeh gebunden, worauf vermerkt war: Gefangener X, geboren … gestorben … Diagnose … Paragraf … Straffrist …

Jetzt war nur eines übrig geblieben nach stechenden Schmerzen, quälendem Husten und Fieberfantasien – ein unbändiger Hunger.

Ihn liebten alle im Lager, liebten den Abglanz einer erst kürzlich versunkenen Kindheit, den er sich trotz jahrelanger Gefangenschaft auf seinem schmalen Jungengesicht bewahrt hatte. Doch helfen konnte ihm niemand, an allen nagte der Hunger, alle hatten nur einen Gedanken: ein Stückchen Brot, ein winziges Stückchen Brot!

Nach der Krankheit war er auf »leichte« Arbeit gekommen – als Holzfäller im Wald.

Eines Tages hielt er es nicht mehr aus. Von den Wachsoldaten war niemand zu sehen. Da lud er sich einen Vorrat von Brennholz auf, den er heimlich vorbereitet hatte und stampfte schnaufend und schwitzend durch den tiefen Schnee.

Die Siedlung der Freien, der er zustrebte, war ein paar Kilometer entfernt, und er musste sich beeilen, wenn er zum Rückmarsch ins Lager rechtzeitig auf seinem Holzplatz im Wald erscheinen wollte.

Eine gutmütige Frau bezahlte ihn für sein Holz mit einem warmen Essen, das er auf der Stelle verschlang, und gab ihm noch ein Stück Weißbrot auf den Weg mit. Sie blickte ihm lächelnd nach, wie er mit der freudig zitternden Rechten die Kostbarkeit in die linke Brusttasche seiner Wattejacke schob, während seine Beine in riesigen Sätzen dem Wald zujagten.

Schon sank die kurzatmige Wintersonne hinter blutübergossene Schneehügel. Heute Abend würde er sich endlich einmal sattessen. Er wusste nicht, dass man ihn bereits vermisst hatte. In seiner Eile bemerkte er nicht, dass er jetzt geradewegs auf einen Wachsoldaten zulief. Auch als der Soldat das Gewehr hob, sah er ihn nicht. Und als der heisere Anruf »Halt!« dicht vor ihm ertönte, taumelte er erschrocken noch ein paar Schritte weiter. Da knallte der Schuss.

An diesem Abend schleppten die Gefangenen außer ihrer Müdigkeit und ihrem Hunger noch die Leiche ihres jungen Kameraden ins Lager.

Der Soldat erstattete dem Lagerkommandeur Bericht: beim Fluchtversuch erschossen. – Der Kommandeur nickte. Solche Dinge kamen vor.

Als der Soldat die Tür hinter sich geschlossen hatte, las der Kommandeur noch einmal den Namen des Toten im Rapport durch. Er kannte wenige Gefangene mit Namen; es waren ihrer zu viele. Aber plötzlich musste ihm wohl das helle Jungengesicht durch den Kopf gegangen sein, das so wenig hereingepasst hatte in die fahlgraue Masse der Verzweiflung.

Trotz der schlechten Beleuchtung im Totenhäuschen sah er, dass der Junge von vorne erschossen worden war. Einen Prozess würde man dem Soldaten wegen eines »Kontriks« natürlich nicht machen, aber versetzen würde er den Kerl wenigstens.

Jemand hob die Petroleumfunzel. Da sah er plötzlich das blutig-breiige Gewächs, das aus der Brust des Jungen quoll.

»Was ist das?«, flüsterte er. Und eine Stimme antwortete:

»Dafür ist er ja gestorben, Bürger Kommandeur. Ein Stück Brot.«

(Erzählt von einem Freund des Erschossenen, der im Jahre 1945 im gleichen Gefangenenkrankenhaus wie ich als Krankenpfleger tätig war.)

Der Tag in Elgen

Der Tag in Elgen beginnt im Sommer um fünf Uhr, im Winter um fünf Uhr dreißig. Mit einem eisernen Klöppel wird ein paarmal hintereinander auf ein frei hängendes Stück eiserner Schiene geschlagen – wie sie in den Goldbergwerken gebraucht werden. Vermutlich wird dieses Stück Schiene gleich bei der Gründung eines Lagers zusammen mit dem Stacheldraht geliefert, denn in allen Lagern Kolymas hängt dieses Stückchen Schiene, das überall den gleichen jämmerlichen, verhassten Ton von sich gibt, der allen Gefangenen in die Eingeweide geht, und den sie wohl zeit ihres Lebens nicht mehr vergessen werden.

Schon stehen die uniformierten Wächterinnen neben der Pritsche und zerren einem die Decke vom Leibe. »Los, los, aufstehen, schneller, schneller!« Den ihnen gewidmeten Fluch schluckt man besser herunter, zieht sich die langen, klammen, wattierten Hosen über, deren ursprüngliches Schwarz von leuchtenden Flicken belebt ist, stürzt sich in den Waschraum, wo die Schlacht um die Fußlappen bereits in vollem Gang ist und wo man sich in Bezug auf Flüche keinen Zwang antut, und findet sein – am Abend ordentlich zusammengebundenes – Schuhwerk in zwei verschiedenen Ecken, kalt und feucht.

Dann stellen wir uns mit Trinkbecher und Essmarke bewaffnet vor der Baracke in Fünferreihen auf. Wenn schließlich alle beieinander sind, und unsere Füße schon die ihnen angemessene niedrige Temperatur angenommen haben, gibt die Wächterin den Befehl und führt uns in geschlossener Formation zum Essraum. Dort stellen wir uns in einer etwa siebzigköpfigen Reihe vor dem Schalter nach Brot an. Wenn man uns einzeln in den Essraum gehen ließe, würde die Schlange nicht groß genug werden, und wir könnten übersehen, dass wir uns in einem Regimelager befinden.

Das Brot wird von einer alten grauaarigen Invalidin mit scharfen Augen, scharfer Zunge, spitzer Nase und spitzen Fingern ausgeteilt. Vor ihr liegt ein Buch, in dem ebenso wie beim Kommandanten an der Wache sämtliche Namen brigadeweise aufgezeichnet sind. Man nennt seine Brigade und seinen Namen, sie fängt an, in dem Buch hin- und herzublättern, siebzig Frauen warten. Sie schiebt die Brille auf die Stirn, fixiert einen, ob man es auch wirklich selber ist, schiebt die Brille zurück auf die Nase, macht einen Strich hinter dem betreffenden Namen und reicht die bereitliegenden zweihundert Gramm Brot heraus. Natürlich ein Mittelstück. Nicht alle können einen Anschnitt bekommen. Anschnitte bekommen ihre speziellen Freunde. Man kann nicht jedermanns Freund sein. Was ein Anschnitt bedeutet, kann man einem Menschen, der nie im Gefängnis oder Lager war, nicht erklären. Der Anschnitt ist nicht nur knuspriger, er sieht nicht nur schöner aus, er sieht auch nicht nur aus, als ob er schwerer wäre – ein Anschnitt macht auch auf geheimnisvolle Weise satter, obwohl er auch nur zweihundert Gramm wiegt. Ein Mittelstück ist ein Stoß ins Herz, ist eine Bestätigung vom lieben Gott, dass er einen endgültig verlassen hat, ist der Auftakt zu einem verhunzten Tag. Es ist fast immer ein Mittelstück... Nicht nur wegen der Anschnitte ist die Brotverteilerin eine der bestgehassten Frauen im Lager. Sie hat das Recht, auf zweihundert Gramm Brot je drei Gramm auf Krümel und Feuchtigkeitsverlust anzurechnen, also in Wirklichkeit nur hundertsiebenundneunzig Gramm auszugeben. Wohin kommen all die Krümel und die Feuchtigkeit, die gar nicht verloren geht – weil sie sich bekanntlich nachts durch feuchte, über das Brot gebreitete Tücher ersetzen lässt? In ihren eigenen Magen und den ihrer Busenfreundinnen! Sieht man vielleicht nicht, wie sie sich herausgefressen hat, seit sie auf diesem Posten sitzt! Niemand ist im Lager so verhasst wie ein satter Mensch.

Nach der Brotprozedur stellt sich die gleiche Schlange, die laufend durch Hinzukömmlinge aus den andern Baracken ergänzt wird, am nächsten Schalter an. Die Frühstücksmarke wird abgerissen, der Trinkbecher mit einer schwach gesüßten, schwach gefärbten, lauwarmen Flüssigkeit gefüllt – das sollen nun die zehn Gramm Zucker sein, die uns am Tag zustehen! – und ein halber Hering auf das Schalterbrett hingeknallt. Mein Gott, haben denn die Heringe nur noch Köpfe? Wo sind die Hälften mit den Heringsschwänzen? Aber gewiss, man weiß es ja. Die Köchinnen haben auch ihre Lieblinge. Man kann nicht jedermanns Liebling sein. Einen Heringsschwanz kann man nämlich bis auf ein winziges Stückchen aufessen, während der unessbare Heringskopf mit zum Gewicht gezählt wird, als ob er essbar wäre. Allerdings gibt es immer eine große Anzahl von Gefangenen, die die Heringsköpfe sammeln, mit Wasser aufkochen, und diese »Suppe« dann verzehren. Man kann aber nicht behaupten, dass sie davon dicker geworden wären, auch nicht gerade gesünder.

Vorschriftsgemäß verzehrt man sein Frühstück im kalten Essraum, auf einer Bank eng aneinandergequetscht vor einem mehr oder weniger sauberen Holztisch.

Also gestärkt stürzt man zurück in die Baracke, zieht sich fertig an, bringt die Pritsche in Ordnung – was eine heilige Handlung ist –, findet einen Anlass, sich mit einer seiner zahlreichen Nachbarinnen herumzuzanken, und dann läutet die bewusste Schiene zum Ausmarsch.

Wieder stellt man sich in Fünferreihen vor der Baracke auf und wird nach entsprechender Wartezeit von der Wächterin auf den Platz vor dem Tor geführt. Dort warten nun sechshundert bis siebenhundert Frauen auf den Ausmarsch. Jede Brigade wird von mindestens zwei Wachsoldaten zur Arbeit geführt. Die Wachsoldaten sind noch nicht da. Die Gefangenen warten.

Bis jetzt ist nur die gefangene »Narjadtschiza«, die Verantwortliche für Arbeitsverteilung da, eine der einflussreichsten Gefangenen im Lager, denn sie stellt – zwar nach Anweisung ihrer freien Vorgesetzten, der Chefin für Arbeitsverteilung – die Listen für die einzelnen Arbeitsbrigaden zusammen. Aber im Gegensatz zu ihrer Chefin kennt sie jede Gefangene des Lagers, und eine zur rechten Zeit hingeworfene Bemerkung von ihr ist sehr oft bestimmend für den Arbeitsplatz einer Gefangenen. Sie kann Vorschläge für die Verschiebung von Arbeitskräften machen, die bei der notorischen Faulheit und Oberflächlichkeit der meisten freien Lageradministratoren in der Regel ungeprüft angenommen werden. Dasselbe gilt für die Zusammenstellung von Etappenlisten für andere, noch entferntere Lager. Diese Vorschläge macht sie natürlich nach ihren persönlichen Eindrücken. Zur Verstärkung dieser persönlichen Eindrücke, in der Hoffnung, einen besseren Arbeitsplatz zu erlangen oder zu behaupten, wird sie von den Gefangenen in schamlosester Weise mit Geschenken und Aufmerksamkeiten jeder Art überhäuft, umso mehr, als sie auch gewöhnlich zur täglichen Leibesvisitation herangezogen wird, wobei sie jene, die ihr die kleinen Aufmerksamkeiten erweisen, nur zum Schein abtastet.

Leibesvisitationen spielen sowohl in den Gefängnissen als in den Lagern eine große Rolle. Weibliche Gefangene dürfen nur von weiblichen Personen durchsucht werden. Da die weiblichen Aufseher in den Lagern gewöhnlich nicht zahlreich vertreten sind, werden Gefangene vom Lagerdienst ebenfalls dafür verwendet, die dabei ihrerseits von Wachsoldaten kontrolliert werden. Visitiert wird bei jedem Einmarsch ins Lager, d.h. ein- bis zweimal im Tag. Hinzu kommt mindestens alle zwei Monate eine gründliche Durchsuchung der Baracken und der gesamten Habe der Gefangenen. Diese Operation wird immer mitten in der Nacht durchgeführt und dauert gewöhnlich mehrere Stunden. Plötzlich steht die ganze Baracke voller Wachsoldaten, jagen die aus dem Schlaf geschreckten Frauen von den Brettern und beginnen an allen Ecken gleichzeitig, die Bündel und Strohsäcke zu durchwühlen, damit man sich gegenseitig nichts zustecken kann. Trotzdem besitzen fast alle Gefangenen ein selbst gefertigtes Messer aus einem Stück scharf geschliffenen Eisens mit einem Holzgriff, das auf die Nacht immer vorsorglich in einen Spalt zwischen die Bretter gespießt wird. Denn mit seiner Brotration reicht man weiter, wenn man sie in Scheiben schneidet, als wenn man davon abbricht. Besonders scharf sind die Durchsuchungen vor und während der staatlichen Feiertage am 1. Mai und 7. November, da man offenbar irgendeine Demonstration vonseiten der Gefangenen fürchtet, die aber nirgends, weder an diesem noch sonst irgendeinem Tag des Jahres auch nur im Geringsten daran denken. Die einzigen beiden Fälle von echten konterrevolutionären Demonstrationen, die mir aus zwei Frauenlagern bekannt wurden, waren bezeichnenderweise von Kriminellen durchgeführt worden, die ein Plakat aufgehängt hatten mit der Aufschrift: »Es lebe der Faschismus!« Sie wurden erschossen, und ihre Namen und der Urteilsvollzug wurde uns Gefangenen beim abendlichen Appell verlesen. – Der Ertrag der Durchsuchungen für die Wachsoldaten ist gewöhnlich gering – Schreibpapier, Bleistifte, Säcke, selbst gefertigte Nähnadeln, ins Lager geschmuggelte Lebensmittel, die man sich vielleicht für den Verdienst von zwei bis drei Monaten mit unendlicher Mühe und Aufregung eingehandelt hatte, und Geld, falls es eine Summe von 50 Rubeln überstieg. Denn es gibt eine Bestimmung, nach der ein Gefangener nie mehr als 50 Rubel bei sich tragen darf – auch wenn er eine höhere Summe als Arbeitsprämie ausgezahlt bekommen hat. Mehr als die Grobheiten der Wachsoldaten, mehr als die Entwendung von notwendigen kleinen Gegenständen, mehr als das Erniedrigende dieser ganzen Prozedur empfanden wir die Entwendung unserer ohnehin allzu kurz bemessenen Nachtruhe, denn chronische Übermüdung war unser treuer Begleiter durch die ganzen Jahre der Gefangenschaft. –

Zurück zum Ausmarsch. Manchmal wird er von der Lagerkommandeuse oder der Chefin für Arbeitsverteilung persönlich überwacht, wobei es dann bestimmt nicht abgeht ohne Karzerstrafen wegen unerlaubten Sprechens, Rauchens oder zu späten Erscheinens auf dem Ausmarschplatz. Eingehüllt in warme Pelze und Filzstiefel, wohlgenährt, mit gepflegten Gesichtern entledigen sie sich ein paarmal im Monat dieser lästigen Pflicht. Sie sehen längst nicht mehr die schmalen, traurigen Gesichter dieser Elenden, die da im Frost zusammengekrümmt in ihrer stummen Hoffnungslosigkeit vor ihnen stehen. Sie kennen die einzelnen Gefangenen nicht, und sie wollen sie nicht kennen. Sie kennen nur eine bestimmte Menge von Gefangenen, die zu arbeiten haben, bis sie umfallen. Wenn sie umfallen, sind immer wieder andere da, die sie ersetzen. Ebenso unbekannte Ziffern. Die Umgefallenen kommen ins Gefangenenkrankenhaus. Dann ist es Sache der sanitären Abteilung, sie entweder wieder als Arbeitsfähige in die graue Lagermasse zurückzuführen oder sie ins Archiv Nr. 3 (Totenarchiv) abzuschreiben. Nicht der Lagerkommandeur hat die Lager und die Gefangenen gemacht. In dieser Suppe, die von der NKWD gekocht wird, ist er nur die Würze.

Auf dem Ausmarschplatz erscheint schließlich noch die gefangene Ärztin in ihrem weißen Kittel. Sie kommt aus dem Ambulatorium angehastet, wo sie noch in letzter Minute ein paar kranke Gefangene für einen Tag von der Arbeit befreit oder nicht befreit hat, worüber sie die Verantwortliche für Arbeitsverteilung informiert. Inzwischen sind auch die Bürger Wachsoldaten (die Gefangenen haben nicht das Recht, einen Freien mit dem Wort »Genosse« anzusprechen) in ihren langen, warmen Soldatenmänteln oder Schafpelzen mit aufgepflanzten Bajonetten erschienen. Die Gefangenen warten. Sie haben keine Pelze und auch keine Filzstiefel – sie haben nur verzweifelte Geduld.

Das große hölzerne Tor wird aufgeschlossen. Zu beiden Seiten stellen sich die Wachsoldaten auf; außerdem die Verantwortliche für Arbeitsverteilung mit ihren Listen und der Kommandant der Wache mit seinem Kontrollbuch. Die erste Brigade der Feldarbeiterinnen wird aufgerufen. Sie tritt um einige Schritte vor. Dann wird jedes Brigademitglied einzeln mit Namen aufgerufen, antwortet mit lauter Stimme seinen Vornamen und Vaternamen und tritt durch das Tor hinaus auf die Landstraße, wo sich die Brigade wieder in Fünferreihen aufstellt. Beim Heraustreten durch das Tor zählt der Kommandant die Stärke der Brigade, z. B. vierzig Gefangene. Wenn alle vierzig in acht Fünferreihen geordnet draußen stehen, zählen die Wachsoldaten, die die Brigade abführen, noch ein- bis zweimal alle nach. Dann geht einer der Wachsoldaten zurück zum Kommandanten und unterschreibt, dass er vierzig Gefangene empfangen hat. Worauf die erste Feldbrigade abmarschiert. Die übrigen sechshundert Frauen warten. Mäßig bekleidet. Sommer und Winter. Acht Monate im Jahr ist Winter. Bis zu einer Temperatur von 50 Grad Celsius unter Null haben die Gefangenen auf Arbeiten im Freien auszumarschieren. Nach offiziellen ärztlichen Berichten fällt ein großer Teil von Erfrierungen bei den Gefangenen nicht auf die Arbeit im Freien, sondern auf das Warten beim Aus- und Einmarsch. Trotzdem wird an dieser Ausmarschzeremonie in allen Lagern festgehalten. Sie gehört zum Regime. Im Allgemeinen dauert es mehr als eine Stunde, bis sich die Lagertore hinter der letzten Gefangenen schließen. Obwohl wir seit fünf Uhr auf den Beinen sind, wird der Beginn des Arbeitstags erst von sieben Uhr an gerechnet. Also von sieben Uhr bis zwölf Uhr; dann eine Stunde Mittagspause; und von dreizehn Uhr bis zwanzig Uhr.

Die erste Brigade der Feldarbeiterinnen hat sich auf den Befehl »Vorwärts« in Bewegung gesetzt. Da alle vom langen Stehen erstarrt sind, sind sie bemüht, sich durch raschen Marsch zu erwärmen. Aber nicht alle können das rasche Tempo einhalten. Das Durchschnittsalter der Kriminellen liegt um die dreißig Jahre herum, während das Durchschnittsalter der »Kontrikis« bei vierzig Jahren und darüber liegt. Die älteren Frauen kommen nicht mit, der Abstand zwischen den Fünferreihen wird ungleichmäßig. Das aber darf nicht sein. Ein donnerndes »Halt«, und wieder einmal treten wir frierend von einem Fuß auf den andern. Mit dem merkwürdigen Befehl, uns nicht »in die Länge zu ziehen«, machen wir uns wieder auf den Weg. Aber die Jüngeren sind unzufrieden mit dem verlangsamten Tempo. Ein paar saftige Flüche fliegen den atemlosen, keuchenden älteren Frauen an den Kopf. Sprechen beim Ausmarsch ist verboten. Wir haben kaum zwanzig Schritte gemacht, da dröhnt schon wieder das »Halt!«. Die Wachsoldaten können warten. Sie sind warm angezogen. Ihre einzige Aufgabe besteht darin, uns zu bewachen. Es ist ihnen völlig gleichgültig, ob sie das im Stehen oder Gehen, auf der Landstraße oder auf dem Feld, mit oder ohne Zuschauer tun. Die Vorübergehenden nehmen übrigens kaum Notiz von uns. Die überwiegende Mehrheit der Bevölkerung von Kolyma sind die Gefangenen. Auch die freie Bevölkerung von Kolyma besteht zum großen Teil aus ehemaligen Gefangenen. Man ist dort so gewöhnt an diese grauen Fünferreihen wie an die Berge, die Sümpfe und den Schnee.

»Unterhaltet ihr euch?«, grinst der eine Wachsoldat und schaut zu, wie wir frieren. Jetzt werden ein paar kräftige Bemerkungen an seine Adresse hörbar. Es stört ihn nicht im Geringsten. Er wartet. Wir auch. Aber wenn eine Kriminelle angefangen hat zu fluchen, ist es nicht mit einem einzelnen Fluch abgetan. Da muss erst ein ganzer Hagel von Schimpfworten heraus, bis sie den Mund wieder zumacht. Dann dürfen wir wieder weitergehen. Bis die ersten Reihen wieder einen unerlaubten Vorsprung haben oder die letzten Reihen um zwei Schritte zurückgeblieben sind.

Für eine Strecke, die ein Einzelgänger normalerweise in zwanzig Minuten zurücklegt, braucht eine Brigade mit Wachsoldaten etwa fünfzig Minuten.

Am Feld angekommen, empfängt uns der Arbeitsbrigadier, ein freier Bürger, und weist jedem seine Arbeit zu.

Auf den Feldern des Staatsgutes (Sowchos) Elgen wird in der Hauptsache Kohl gezogen. Diese anspruchslose Pflanze erfordert unter den dortigen klimatischen Verhältnissen eine aufmerksame und umständliche Pflege. Deswegen besitzt Elgen die sogenannte Agrobase, wo in Treibhäusern und Mistbeeten die Vorbereitungsarbeiten für den Kohl stattfinden.

Zunächst wird der Kohlsamen in den Treibhäusern ausgesät. Dann wird jedes Kohlpflänzchen in ein kleines Töpfchen umgesetzt, das aus einer Mischung von Torf und Kuhmist besteht. Die Töpfchen werden in die Mistbeete gesetzt, wo sie bis zur Aussaat auf dem Felde, gewöhnlich bis zum 28. Mai, bleiben, und wo die Kohlpflänzchen eine Höhe von zehn bis fünfzehn Zentimetern erreichen. Beim Aussetzen auf die Felder wird das Kohlpflänzchen zusammen mit seinem Nährtöpfchen in die Erde gesetzt, wobei nur der Boden des Töpfchens zwecks besserer Entfaltung der Wurzeln abgeknipst wird. Die Nachtfröste, die im Juni dort noch häufig sind, schaden dem jungen Kohl gewöhnlich nicht, da er durch die verschiedenen Etappen auf eine allmählich immer kälter werdende Temperatur vorbereitet worden ist. Jedoch wird die Ernte oft durch taubeneigroßen Hagelschlag im Juli beeinträchtigt.

Gegen die verschiedenen Schädlinge, wie »Totengräber« und Kohlraupen, wird Pariser Grün, eine Lösung aus Karbol und Seife und eine Sublimatlösung verwendet. Gedüngt wird sowohl mit Kuhdung, soweit er vorhanden ist, als mit Salpeter. Das Erdreich um die jungen Pflanzen wird von Hand mit einer kleinen scharfen Hacke gelockert und aufgehäufelt, die zweite und dritte Aufhäufelung findet mit einem speziellen Pflug statt.

Am schwersten ist die Bewässerung, die über die ganzen riesigen Felder von den gefangenen Frauen mit Gießkannen bewältigt werden muss. Die Ernte findet im September statt, wenn das Land schon mit Schnee bedeckt ist, wobei die Kohlköpfe mit Spaten von ihren kurzen Stielen heruntergeschlagen werden.

Im Winter schlagen die Gefangenen den Torf, der neben Kuh- und Pferdemist die größte Rolle bei der Vorbereitung des Bodens spielt, sie fertigen die Nährtöpfchen an, sie bewältigen die Aussaat, die nicht mehr als zwei Wochen dauern darf, durchweicht von Regen, gefressen von Stechmücken pflegen sie den Kohl, den sie mit frosterstarrten Händen und Füßen ernten – und sie erhalten dafür die großen, dunkelgrünen, bitteren Blätter, während die prallen weißen Köpfe in die Küche der freien Bürger wandern.

Und dennoch sagen sie: Dies ist mein Feld. Und dennoch sagen sie: Siehst du, wie schön mein Kohl dasteht? …

Die Wachsoldaten interessieren sich jetzt nur noch dafür, ob niemand das Feld verlässt, oder ob sich ein Unbefugter den Gefangenen nähert. Falls aber der Unbefugte ein nettes, harmloses Gespräch mit den Wachsoldaten beginnt, wobei ihnen ganz unauffällig eine Flasche des so hoch geschätzten Alkohols in die Hände gerät, so kann man sicher sein, dass keiner der Wachsoldaten etwas bemerkt, wenn der Unbefugte sich eine Braut aussucht und sie auf eine halbe Stunde mit ihm verschwindet.

Im Übrigen ist unser Herr und Gebieter der Brigadier. Der Brigadier muss mit den ihm zur Verfügung gestellten Arbeitskräften eine bestimmte Menge von Arbeit erledigen, für die er sich beim Agronom verantworten muss. Die Arbeitskräfte sind immer sehr knapp bemessen. Naturgemäß muss er, um den Arbeitsplan zu erfüllen, das Höchstmaß an Produktivität aus den Gefangenen herauspressen. Ganz egal, ob er ein guter oder ein schlechter Mensch ist.

Wenn er selber ein Faulenzer ist, wird es ihm immer scheinen, dass die Gefangenen sich um die Arbeit herumdrücken und viel zu langsam sind; und wenn sie sich alle paar Stunden einmal eine Zigarette drehen und er gerade dazukommt, wird er schreien, dass sie den ganzen Tag nichts täten als herumstehen und rauchen. Ein anständiger Brigadier übersieht die Rauchpause seiner Arbeiter, an der natürlich auch die Nichtraucher teilnehmen, und die diesen aromatischen Namen auch dann trägt, wenn unglücklicherweise niemand über Tabak verfügt, was oft monatelang hintereinander der Fall ist; und wenn er nach fünf oder zehn Minuten »zufällig« vorbeikommt, so wissen alle, dass es jetzt tatsächlich an der Zeit ist, wieder anzupacken.

Die Felder Elgens liegen eingebettet in den Urwald, dem sie in harter Rodungsarbeit abgerungen worden sind. Der Wald wurde verdrängt, die Sümpfe blieben. Die Abzugsgräben um die Felder wurden zum großen Teil von Frauen ausgehoben.

Von allen Arbeiten für Gefangene sind die Erdarbeiten die gefürchtetsten. Selbst die gestählte, zähe, russische Frau hat nicht die Kräfte, um an einem Tag neun Kubikmeter Erde auszuheben. Es gibt keine Frau, die das bewältigen kann. Aber es ist die »Norm«, das gesetzlich festgelegte Arbeitsmaß für den Arbeitstag eines Gefangenen. Egal, ob der Gefangene ein Mann oder eine Frau ist. Gefangene haben kein Geschlecht.

Und wenn die Frauen am Abend die klirrenden Spaten auf einen Haufen warfen, so wussten sie: sie hatten ihre fünfhundert Gramm Brot nicht verdient. Sie schleppten ihr schmerzendes Kreuz ins Lager auf die harten Pritschen, deren Härte sie längst nicht mehr spürten, und beim Einschlafen dachten sie: »Morgen stehe ich nicht auf. Sollen sie mit mir machen, was sie wollen. Ich kann nicht mehr. Ich bin am Ende.«

Aber wenn am Morgen der eiserne Klöppel auf die Schiene schlug, dann schreckten sie hoch und taten alles, was Gefangene tun müssen, und es war noch nicht das Ende, heute nicht, und viele Tage und Monate und Jahre nicht. Es stirbt sich nicht so leicht.

Und sie nahmen die verhassten Spaten in die Hand und gruben und gruben. Achtzig Hektar umfassen die Felder Elgens. Da braucht man viele lange Gräben. Morgens kam der freie Brigadier, schaute eine Weile zu, spuckte aus und ging weg. Nach ein paar Stunden kam er wieder, schaute sich die Arbeit an, und diesmal fluchte er, laut und vernehmlich, dass es die Wachsoldaten hören konnten. Aber während er den Teufel und des Teufels Großmutter in Bewegung setzte, auch die Mutter Gottes nicht verschonte, und der geschändeten Vorfahren sämtlicher Gefangener und der Erdarbeiter im Besonderen gedachte, blieben seine Augen auf einer kleinen zarten Frau mit einem viel zu großen Spaten haften. Schweißperlen und Tränen hatten sich auf ihrem Gesicht gemischt und tropften in den Graben, ohne dass sie sich die Zeit nahm, sie wegzuwischen. Seine Augen waren traurig, als er über die Felder davonging.

Er war kein NKWdist, er gehörte nicht zur Wachmannschaft, und mit der Administration des Lagers hatte er nichts zu schaffen. Er war ein Bauer, der sich hatte anwerben lassen, verlockt durch die höheren Verdienstmöglichkeiten in einem unerschlossenen Gebiet. Gewiss, er hatte gehört, dass Kolyma ein Strafgebiet sei. Aber schließlich ist auch Sibirien ein Strafgebiet und Kasakstan und Karaganda und der Ural und Archangelsk und Murmansk. Strafgebiete gibt es überall in der Sowjetunion. Nur, dass in all diesen Gebieten die Berührungsmöglichkeiten zwischen Gefangenen und Zivilbevölkerung äußerst gering sind. Aber auf Kolyma konnte man den Gefangenen nicht entgehen. Er hatte nicht gewusst, dass jeder freie Bürger, der in Kolyma einen Posten annahm, ganz egal, welchen Beruf er ausübte, teilnehmen musste an der Ausbeutung von Gefangenen. Dass die freien Bürger Kolymas dazu da waren, abgehetzte, abgezehrte, todmüde Gefangene zur Arbeit anzutreiben.

Er verdiente mehr Geld, als er es je in seinem Heimatdorf gekonnt hätte. Aber er hatte keine Freude daran. Obwohl er nur hergekommen war, um sich Geld zu ersparen, fing er an, es sinnlos zu vertrinken. Es lag kein Segen darauf, und in Kolyma tranken alle – nicht nur des harten Klimas wegen. In Russland trinkt man überhaupt viel. Aber in Kolyma tranken alle über jedes Maß hinaus. Als ob etwas in ihnen wäre, was sie in diesen Unmengen von Alkohol ersäufen wollten. Keiner sprach darüber, und alle soffen. Wem sie auch immer zutranken – die NKWD war es nicht, die sie hochleben ließen. Trotz der zusätzlichen Rubel.

Als der Brigadier am Abend kam, die Arbeit des Tages abzumessen, saßen die Frauen im Kreise um ein Feuer. Es war zu dunkel, um weiterzugraben. Doch ehe die vorgeschriebene Stundenzahl nicht abgelaufen war, hatten die Wachsoldaten kein Recht, die Brigaden ins Lager zurückzuführen.

Der Brigadier setzte sich zu ihnen. »Müde, Mädels?« – Diesmal fluchte er nicht, denn es waren keine Wachsoldaten in der Nähe zu sehen. Er drehte sich eine Zigarette, und ein halbes Dutzend Augenpaare blickten sehnsüchtig auf seine Tabakschachtel. »Da, raucht euch eine an.« Gierig griffen sie zu. Eine schüchterne Stimme fragte: »Iwan Alexandrowitsch, wie wird das mit unseren Prozenten?«

Sie wussten, dass sie ihre hundert Prozent nicht geschafft hatten. Er wusste es auch. Er wusste auch, dass sie es unmöglich schaffen konnten.

Dreimal im Monat musste er das Zahlenmaterial liefern, wonach die Gefangenen im Lager ihre Brotkarte ausgeteilt bekamen. Dreimal im Monat schwitzte er über diesen Zahlen. Er hasste diese Zahlen. Er war ein Bauer. Und deshalb wusste er, was Arbeit war. Diese Frauen hatten gearbeitet. Und darum sollten sie ihr Brot haben. Seine Zahlen waren ein Wunderwerk an Fantasie. Und sie ergaben hundert Prozent.

Er brummte etwas Unverständliches und verschwand im Dunkeln, denn die Wachsoldaten näherten sich der Gruppe, um sie in Fünferreihen für den Rückmarsch aufzustellen. Aber seine Stimme war beruhigend gewesen. Er würde sie auch diesmal nicht im Stich lassen. Denn er war ein guter Brigadier und ein guter Mensch. Noch hatte ihn Kolyma nicht gänzlich abgestumpft.

Unzählige Monate quälten sich die Frauen in den Gräben. Dann kam eines Tages eine Baggermaschine und hob in wenigen Wochen mehr aus, als die Frauen in einem Jahr hatten leisten können.

Zwanzigstes Jahrhundert, das du nicht nur das Jahrhundert des Blutes, sondern auch der Technik bist, wann kommst du nach Kolyma, die gefangenen Frauen zu erlösen, die dort mit ihrer

Brust die schwer beladenen Schlitten ziehen, wie einst die Wolgaschlepper den Lastkahn, die die Bäume des Urwalds fällen und auf ihren Schultern hinaustragen müssen, wenn sie auch immer wieder dabei vor Schwäche in die Knie gehen? Wie viel Schneeschipper müssen noch alljährlich erblinden, weil es keine Schneebrillen gibt?

Ein freier Tag

Während des Sommers gab es in Kolyma keine freien Tage für Gefangene. Aber in den Wintermonaten von November bis April hatten die Gefangenen das Recht, dreimal im Monat auszuruhen. Allerdings wurde auch ein Teil dieser freien Tage durch die Lageradministration vergällt, die sie zumindest auf mehrere Stunden zur Instandhaltung und Reinigung des Lagers, zum Schneeschippen, Holzsägen und Fußbödenwaschen hinausjagte.

Es war in einem kleinen Lager am Waldrand, genannt Woltschok, vier Kilometer vom Hauptlager Elgen entfernt, wo wir ohne Wachsoldaten lebten. Wir genossen einen der seltenen freien Tage, lagen auf den Pritschen, wie immer müde und hungrig.

Eine der Gefangenen, eine junge Diebin, hatte zwei betrunkene Chauffeure hereingeschleppt. Da sie aber im Augenblick nur Verwendung für einen von ihnen hatte, blickte sich der andere suchend auf den übrigen Pritschen um. Und kam plötzlich geradewegs auf mich zugesteuert. »Kleine Gräfin«, rülpste er, »ich will dich haben.«

Vom Rauch der ewigen Petroleumfunsel war mein Gesicht grau, meine Jacke war mit so viel verschiedenartigen Flicken besetzt, dass man nicht feststellen konnte, welches ihre ursprüngliche Farbe gewesen war, und meine Hände waren voller Risse und Sprünge von Arbeit und Kälte. Ich wandte meinen Kopf auf die andere Seite, um dem Spritgeruch zu entgehen und rückte so nahe wie möglich an meine Nachbarin heran. Sie legte zwar schützend den Arm um mich, aber das hinderte ihn nicht, handgreiflich zu werden. Da stürzten sich ein paar Frauen auf ihn und komplimentierten ihn mit einigen kräftigen russischen Flüchen zur Barackentür hinaus.

Aber nach ein paar Minuten stand er schon wieder vor mir.

»Kleine Gräfin, sag mir, was du haben willst. Alles, alles, was du dir wünschst, bringe ich dir.«

Er war, wie die meisten der dortigen Lastwagenchauffeure, ein ehemaliger – und vermutlich auch gegenwärtiger – Bandit, sodass alles, was es in den Kleider- und Nahrungsmittellagern gab, für ihn mithilfe entsprechender Spießgesellen erreichbar war.

»Ich brauche nichts«, gab ich ihm zur Antwort.

»Du brauchst nichts?« – und er blickte erstaunt an meiner verhungerten gräflichen Gestalt herunter.

»Du willst es mir nur nicht sagen, Grafinuschka.«

»Ja«, seufzte ich, »was ich haben möchte, kannst du mir doch nicht bringen.«

»Doch, doch«, sagte er eifrig und rückte schon wieder in bedenkliche Nähe, »sag es nur, alles kannst du von mir haben.«

Da sagte ich ganz langsam: »Das Einzige, was ich haben möchte, sind – Trauben, frische Weintrauben ...«

Einen Augenblick stand er wie erstarrt. »Trauben«, lallte er. »Trauben? Hat man so etwas gehört? – Die Gräfin!«

Und er torkelte kopfschüttelnd hinaus in den tiefen Schnee.

Ansporn zur Arbeit

Wenn der Gefangene sein Arbeitspensum nicht erfüllt, also weniger als hundert Prozent Arbeit liefert, kann er auf die Dauer nicht existieren. Daher ist er selbst daran interessiert, alle Kräfte anzuspornen, um sich seine sechshundert oder achthundert Gramm Brot zu verdienen.

Die Herren vom »Dalstroi« – der Trust, dem die Ausbeutung von Kolyma unterstellt ist – sind aber daran interessiert, dass der Plan nicht nur zu hundert Prozent, sondern darüber hinaus erfüllt wird. Denn erstens dienen sie damit dem Staat, zweitens verdienen sie sich damit einen Orden, und drittens überschüttet der Staat dann die obersten Machthaber Kolymas alljährlich mit Geldprämien, die sich auf fünfzigtausend und hunderttausend Rubel pro Kopf belaufen. Auch der Titel »Held der Arbeit« klingt ihnen angenehm im Ohr, obwohl ihre Arbeit darin besteht, immer neue Methoden zu erfinden, mit denen man noch ein Übriges aus dem Gefangenen herausquetschen kann.

Da ist zunächst einmal der Hunger, auf den gebaut wird. Wer hundertzehn Prozent und darüber liefert, darf dreimal im Monat den Laden für Gefangene im Lager benutzen.

Jeden Sommer, wenn das Fieber der Goldsaison Kolyma erfasst hat, werden nach der Arbeit Versammlungen im Lager abgehalten, worin den Gefangenen mitgeteilt wird, dass die Administration für gute Arbeitsleistungen die Gewährung der Kolonisation für Gefangene aller Arten ins Auge gefasst habe. Wenn ein Gefangener z. B. noch drei Jahre abzusitzen hat, kann er auf sechs Jahre kolonisiert werden. Arbeitszeit und Arbeitsplatz der Kolonisten unterschieden sich kaum von dem eines Gefangenen, aber er verdiente mehr und lebte außerhalb des Lagers. Im Übrigen stand er unter strenger Aufsicht der NKWD, die ihn jederzeit wieder ins Lager einsperren konnte. Solch eine Form der Kolonisierung hatte es in den ersten Aufbaujahren von Kolyma wirklich gegeben, im Jahre 1937 wurden jedoch alle Kolonisten wieder ins Lager gebracht, und seitdem wurde das Wort Kolonisierung nur noch als Köder gebraucht, der allsommerlich aus der Mottenkiste herausgeholt wurde, um neue leichtgläubige Gefangene damit anzuspornen. Die alten, erfahrenen Gefangenen hatten nur noch ein verächtliches Lachen für die Anpreisungen der Kolonisierung, von der regelmäßig nach Schluss der Goldsaison nicht ein Wort mehr zu hören war.

Dann gab es noch einen Köder, der hieß »vorfristige Befreiung«. Von mehr als hunderttausend Gefangenen pickte man zweihundert heraus und befreite sie kurz vor Ablauf ihrer Straffrist. Die Liste mit den Namen dieser Leute, die als Zweihundert-Prozentler (Dwuchsotniki) bezeichnet wurden, wurde in den Essräumen sämtlicher Lager angeschlagen, auf dass sich die Übrigen ein Beispiel nähmen an diesen Wundern von Arbeitsproduktivität. Bei näherem Zuschauen entdeckte man dann zu seinem Erstaunen, dass eine Gefangene, die als Dienstmädchen bei irgendeinem NKWD-Chef arbeitete, als Zweihundert-Prozentlerin für Waldarbeit bezeichnet wurde, für welche Verdienste sie freigelassen wurde. Die Mehrzahl der »Vorfristigen« waren Kriminelle, die sich bei der Ausübung des Lagerdienstes durch besondere Grausamkeit ihren Mitgefangenen gegenüber ausgezeichnet hatten und die im Plakat fälschlich als Bergarbeiter bezeichnet wurden, oder aber Brigadiere, die sich durch Denunziationen und rücksichtslosestes Antreiben einen Namen gemacht hatten.

Auch diese Plakate zogen nicht besonders.

Müde sind die Gefangenen, ausruhen wollen sie. So wurde für die Monate März/April, also vor Beginn der Goldsaison, das sogenannte OP geschaffen. OP ist die russische Abkürzung für Gesundungspunkt. Die beste Baracke des Lagers nimmt die Gefangenen für zwei bis drei Wochen auf. Sie sind von der Arbeit befreit, bis auf einige Stunden Schneeschippen oder Holzsägen. Statt einmal erhalten sie zweimal im Tag eine Portion Kascha (Grütze) und zusätzlich zweihundert Gramm Brot pro Tag.

Die Auswahl für das OP trifft der Arzt zusammen mit dem Lagerkommandeur, wobei der Letztere in jedem Fall das entscheidende Wort hat. Der Arzt wählt die Erschöpften und Schwachen, während der Lagerkommandeur nur jene mit den hohen Arbeitsprozenten und die Brigadiere – das sind aber die gesündesten und kräftigsten – zur Belohnung hineinschicken will. Wozu soll man die Krepierlinge noch füttern, die über kurz oder lang doch nicht mehr arbeitsfähig sein werden? Und so kommen nur zum Schein ein paar Geschwächte ins OP, während das Hauptkontingent von den gesunden Bullen gestellt wird, die hier noch einmal alle Kräfte sammeln dürfen, ehe sie (bis auf wenige Ausnahmen) wieder ihr schweres Amt – das Antreiben ihrer Unglückskameraden – antreten.

Zur Abteilung Zuckerbrot gehört auch die »kulturelle Erziehungsabteilung« des Lagers. Russische Abkürzung: KWTsche. Sie tagt in einer speziellen Baracke, dem sogenannten Klub; das Kollektiv besteht aus Gefangenen, hat aber einen freien Chef. Auch ihre Hauptaufgabe besteht darin, die Gefangenen zu erhöhten Arbeitsleistungen anzuspornen. Zuerst kommt die politische Aufklärung. Während es vor dem Krieg für einen Gefangenen fast unmöglich war, eine Zeitung zu bekommen, wurden wir während des Krieges fast ebenso regelmäßig über die Truppenbewegungen an der Front informiert wie die freien Bürger. Zwar waren wir verurteilt als Konterrevolutionäre, Spione, Landesverräter, aber alle waren erfüllt von dem gleichen Wunsch: Niederlage für Hitler. Trotz allem, was wir durchmachten, unterschied sich in diesem Punkt die Mentalität der Gefangenen kaum von dem Verhalten der freien Bürger. Sie waren auch bereit, die letzten Kräfte herzugeben, um zur Niederlage Hitlers das Ihrige zu tun. Aber das war alles nicht genug. Die Kulturabteilung organisierte sogenannte Arbeitswettbewerbe – das Gegenstück zu den »sozialistischen Wettbewerben« der freien Bürger. Die Mitglieder jeder einzelnen Arbeitsbrigade mussten sich freiwillig und schriftlich verpflichten, die an und für sich fast unerfüllbaren Arbeitsnormen zu überbieten. Das feierliche Versprechen wurde in einer allgemeinen Versammlung abgegeben, und wer hätte sich dieser Tragikomödie entziehen können? Nur Menschen, die offensichtlich nicht das Ihrige dazu beitragen wollten, Hitler zu Fall zu bringen, also ihre konterrevolutionäre Gesinnung auch im Lager dokumentierten. Menschen, die damit jegliche Hoffnung auf Befreiung begraben konnten. Denn auch dem gefangenen »Konterrevolutionär« wurden häufig Prozesse wegen angeblicher konterrevolutionärer Äußerungen oder Handlungen gemacht, sodass sie noch vor Ablauf der ersten fünf Strafjahre mit neuerlichen fünf oder zehn Jahren Gefangenschaft bedacht wurden. Ein Heer von gefangenen Spitzeln unterstützte die NKWD bei dieser Tätigkeit.

Die Ergebnisse der Arbeitswettbewerbe wurden auf großen

Tafeln im Hof des Lagers angeschlagen. Zweimal im Jahr wurden die Lagerinsassen nach Beendigung des Arbeitstages im Klub versammelt, wo die Administration den Brigadieren und ihren Brigaden mit den höchsten Arbeitsprozenten ihren Dank aussprach. Dieser Dank wurde schriftlich in die Dokumente – das sogenannte »Litschnoje djelo« – des Geehrten eingetragen. Den Schluss des feierlichen Aktes bildete gewöhnlich eine Vorführung, genannt Konzert, worin die Gefangenen das zumeist erschreckend primitive Programm bestritten.

Für eine hohe durchschnittliche Arbeitsleistung wurde ein spezieller Ausweis für Bestarbeiter – Otlitschniki – verteilt, den man verlor, sobald man trotz guter Prozente wegen irgendeines Vergehens eine Karzerstrafe erhielt. Der Ausweis berechtigte manchmal zum Kauf von Tabak in den Fällen, wo er nicht für alle Raucher ausreichte, und bei der jährlichen Erneuerung der unentbehrlichen Ausrüstung wurden Träger dieses Ausweises in erster Linie berücksichtigt.

In ähnlicher Weise wie die Arbeitswettbewerbe wurde die Zeichnung der Kriegsanleihe gehandhabt. Zuerst wurde an den patriotischen Geist der Gefangenen appelliert. Dann wurde darauf hingewiesen, dass natürlich nur eingefleischte Konterrevolutionäre sich von solcher Spende fernhalten könnten. Im Übrigen wäre die Zeichnung freiwillig.

Dann erschien in der Baracke eine Gefangene aus der Wirtschaftsabteilung mit den Listen. Jeder Barackeninsasse war zum Voraus mit seinem Namen eingetragen und in Klammer vermerkt, ob und wie viel Geld er auf seinem »persönlichen Konto« besaß. Weniger als fünfundzwanzig Rubel durfte nicht gezeichnet werden. Der Wachkommandant oder auch der Chef für Regimefragen lehnte lässig und scheinbar unbeteiligt an einem Pfosten. Die Zeichnung geschah freiwillig. Sie schien beendigt.

Der Kommandant beugte sich über die Schulter der gefangenen Buchhalterin. Ein paar Verstockte hatten es vorgezogen, sich auf ihre Pritsche zu verkriechen und Schlaf vorzutäuschen. Laut rief der Kommandant die Namen der Säumenden. Erschrocken und schuldbewusst schoben sie sich an ihm vorbei an den Tisch mit den Listen. »Freiwillig natürlich, nur freiwillig«, sagte der Kommandant und sah sie durchdringend mit seinen kalten, grausamen Augen an.

Auf nichts ist der Gefangene so versessen wie auf Tabak. Hundert Gramm im Monat kann theoretisch jeder Raucher kaufen, wenn er hundertzehn Prozent und darüber leistet. Wirklich vorhanden ist der Tabak nur in den Goldgrubenlagern. Den Goldwäschern wird der Tabak direkt auf der Arbeitsstelle abgewogen. Und während der Goldsaison – etwa hundert Tage – arbeiten die Gefangenen unter der Losung »Ein Gramm Gold ein Gramm Tabak«!

Die Erzähler

In den großen Hauptlagern gibt es eine geringe Anzahl von Büchern, die den Gefangenen zur Verfügung stehen. Aber nur wenige Gefangene machen von diesen Büchern Gebrauch. Man ist viel zu erschöpft, und in den Baracken ist es viel zu dunkel, als dass man sich noch spät am Abend zum Lesen entschließen könnte. Ein Teil der Gefangenen aus dem Dorf und der größte Teil der Kriminellen kann überhaupt nicht lesen. Und so spielt also auch die Figur des Erzählers eine große Rolle. Der Erzähler ist der einzige Mensch im Lager, der von allen Gefangenen, ganz egal, wofür sie sitzen, in gleicher Weise geliebt und geachtet wird. Denn jeder Gefangene möchte die Wirklichkeit vergessen, und dieses Vergessen bringt ihm der Erzähler. Wenn der Erzähler spricht, ist es, als ob es nicht mehr ganz so finster und kalt in der Baracke sei, als ob die Einsamkeit im Wald nicht mehr so feindlich, so erdrückend sei, als ob die harten, spröden Weidenruten sich williger zum Korbe fügten. Und vor allem schweigen die Flüche und Gehässigkeiten, schweigt das Jammern nach Brot und nach ein klein wenig Tabak. Aber das Merkwürdigste ist, dass diese Menschen, diese Gefangenen, die alles Leid, das Menschen für Menschen ausklügeln können, nicht nur hinter sich haben, sondern es tagtäglich aufs Neue erdulden, die alle Jahre voll täglicher Qual vor sich haben, dass sie über die erfundene Tragödie einer erfundenen Liebe – weinen können.

Die beste Erzählerin, die ich in all den Jahren getroffen habe, war Maria Nikolajewna M., eine Pädagogin aus Moskau, die in vorrevolutionären Jahren zu einer kleinen revolutionären Splittergruppe, die sich Arbeiteropposition nannte, gehört hatte. Nach der Beendigung des Bürgerkriegs wurde diese Gruppe sehr schnell von der kommunistischen Partei aufgesogen. Als man sich im Jahre 1937 auf der Suche nach Volksfeinden aller alten Sünden erinnerte, wurde sie zu zehn Jahren Gefängnis verurteilt, die sie zunächst in einem Polit-Isolator verbüßte, den sie nach einigen Jahren mit den Lagern Kolymas vertauschen durfte.

Sie war so abgemagert, dass man sich immer wieder wunderte, wie sie ihre Kleider – geschweige denn noch Lasten – schleppen konnte. Aber in diesem schwächlichen Körper, in diesem schmalen Köpfchen mit den kurz geschnittenen dunklen Haaren wohnte eine warme, unbezwingliche menschliche Seele. Die Atmosphäre des Lagers mit seinem unbarmherzigen Gesetz, dem Gesetz des Hungers, der Grausamkeit und der Selbsterhaltung, nahm sie überhaupt nicht zur Kenntnis. Sie lebte, arbeitete und sprach so, wie sie es in ihrem fast fünfzigjährigen Leben in der Freiheit zu tun gewohnt war. Arbeitete sie auf dem Feld, so tat sie es mit der hingebungsvollen Exaktheit eines Gelehrten im Laboratorium. »Maria Nikolajewna, dies ist kein Ziergarten«, stöhnten ihre jeweiligen Partnerinnen bei der Arbeit, wenn sie sich liebevoll um jedes einzelne Kohlpflänzchen bemühte. »Auf diese Art werden wir nie zu unsern Prozenten kommen!« – »Prozente? Prozente?«, murmelte sie ärgerlich vor sich hin. »Was gehen mich Prozente an? Eine Arbeit ist zu tun, und sie muss richtig getan werden. Prozente!« So arbeitete sie meistens allein, denn die andern liefen ihr davon, um auf ihre Art am Abend eine möglichst große Menge geleisteter Arbeit vorweisen zu können. So kam es, dass sie, die die Fleißigste von allen war, die die beste und gründlichste Arbeit lieferte, immer die niedrigsten Prozente hatte. Denn die Arbeitsnormen in der Sowjetunion – sowohl für Freie als für Gefangene – sind nicht so sehr auf Qualität wie auf Quantität abgestellt.

Ungerechtigkeiten, die zum Lager gehören wie das Mehl zum Brot, waren ihr so unerträglich, dass sie sich zum hundertsten Mal für Benachteiligte einsetzte, wenn es auch zum hundertsten Mal ohne Erfolg geschah. Ihre freien Vorgesetzten empfanden das als lästig, die Gefangenen dankten es ihr nicht. Man betrachtete sie mit nachsichtiger Verachtung. Bis sie anfing zu erzählen.

Unsere beste Zeit mit ihr hatten wir im Winter beim Körbeflechten. Dann wagte es niemand, ihr eine schnippische Bemerkung zu machen, obwohl sie jede einzelne Rute sorgsam auf ihre Eignung prüfte, und der Brigadier trieb sich offensichtlich nur deshalb in der Werkstatt herum, weil er auch zuhören wollte. Denn Maria Nikolajewna kamen die Worte, als ob der Roman, den sie erzählte, vor ihr auf der Werkbank läge. Ihr war nicht nur die Kunst des Erzählens, sondern zugleich ein wunderbares Gedächtnis angeboren. Sie rezitierte uns den ganzen »Eugen Onegin« von Puschkin, ohne einen einzigen Vers auszulassen, und vor uns stand der lebensübersättigte aristokratische Dandy aus dem Anfang des neunzehnten Jahrhunderts zwischen halb fertigen Körben und der Petroleumtonne, die unser Öfchen war, und wohl nirgends ist die Musik der Puschkinschen Verse so gierig, so durstig aufgesogen worden wie von diesen hässlichen Gestalten mit den grauen Gesichtern, in die sich der Ruß der Petroleumfunsel eingefressen hatte.

Unvergesslich ist mir der Tag mit Maria Nikolajewna im tief verschneiten Wald, wo wir die hart gefrorenen Weidenruten brachen. Eine leichte Arbeit und eine furchtbare Arbeit. Kolyma ist reich an Weiden, aber nur ein kleiner Teil der Ruten eignet sich zum Korbflechten. So geht man langsam von Baum zu Baum, von Strauch zu Strauch und sucht die tauglichen Ruten, bis man die zehn Bündel, jedes so groß, wie man es mit beiden Armen umfassen kann, beieinander hat. Eine leichte Arbeit, so leicht, dass man sich nicht dabei erwärmen kann. Bei minus vierzig Grad Celsius langsam durch den Wald schreiten und Zweige pflücken – dabei erstarrt das Blut in den Adern, die erfrorenen Hände wollen sich nicht mehr krümmen, und in die schlecht geschützten Füße schneidet der Frost wie mit Messern.

Wir beide hatten uns ein gemeinsames Revier ausgesucht, und während wir in einigen Metern Entfernung unseren Ruten nachgingen, wechselten wir ab und zu ein paar Worte, die von der frostklirrenden Luft weithin durch den erstarrten Wald getragen wurden. Aber je mehr die Kälte meinen Körper durchdrang, desto schweigsamer wurde ich, um schließlich ganz zu verstummen. Nichts auf der Welt interessierte mich mehr außer einem Feuer, und das konnten wir nicht anlegen, da wir ja unsern Standort ständig wechselten.

Manchmal trampelte ich verzweifelt zwischen den Bäumen im Schnee herum oder rannte tiefer hinein in den Wald, wo sie nicht hören konnte, dass ich vor Kälte heulte wie ein kleines Kind. Aber all diese Ausbrüche dauerten nur ein paar Minuten, denn die Norm, die Norm musste erfüllt werden, und bis die Dunkelheit hereinbrach, mussten die zehn Bündel fertig sein.

Manchmal, wenn ich wieder neben ihr auftauchte, packte sie mich am Arm und vollführte mit mir einen rasenden Tanz im Schnee, den wir nach Atem ringend und mit lautem Lachen – das von Schluchzen schwer zu unterscheiden war – beendeten. Wenigstens für ein paar Minuten hatten wir uns erwärmt.

Wieder reckten wir uns nach den Ruten, und dann kam ihre Stimme zu mir herüber: »Kennst du eigentlich Turgenjews Gedicht in Prosa: ›Wie schön, wie frisch waren die Rosen‹?« Ich verneinte. Wo diese Frau die Wärme, die Stärke hernahm – ich weiß es nicht. Ich weiß nur, dass ich alles vergaß, damals im Wald, wenn auch plötzlich der Schnee von einem Zweig herunterrutschte und mir in den Nacken rieselte, denn auf einmal war der Schnee erfüllt vom Duft der Rosen, und die Worte Turgenjews, die sich in der Unendlichkeit des Waldes verloren, zogen einen Kreis um uns, den kein Elend der Welt mehr durchbrechen konnte.

Als sie geendet hatte, ging ich zu ihr und umarmte sie. So lange wir Schönheit empfinden konnten, so lange dieses Gefühl aufblühen konnte mitten im vierziggrädigen Frost, der durch alle Poren auf uns eindrang, solange gab es nichts, was uns brechen konnte. Und deshalb umarmte ich sie, obwohl das sonst unter Gefangenen nicht üblich ist. Unauslöschlich sind mir diese Rosen Turgenjews im Eis von Kolyma geblieben.

Ein Mensch bittet

Morgendlicher Ausmarsch aus dem Lager zu den Goldgruben. Ein paar Tausend Männer stehen in Fünferreihen und warten. Der Lagerkommandeur mit seinen zahlreichen Gehilfen sieht darauf, dass alles, was sich noch auf den Beinen halten kann, zum Lagertor hinausgejagt wird.

Eine Gestalt löst sich aus den grauen Heerscharen und tritt vor den Kommandeur.

»Bürger Kommandeur, erlauben Sie, dass ich Ihnen eine Eingabe überreiche?«

Der Kommandeur nickt.

Eine knochige Totenhand mit tiefen Rissen an den Fingerspitzen zieht ein Blatt aus dem zerlumpten Jackenärmel, durch dessen zahlreiche Löcher die schmutzige Wattefüllung heraushängt, und übergibt es der Hand im pelzgefütterten Handschuh. Apathische, hoffnungslose Hungeraugen verfolgen aus tiefen Höhlen den Ausdruck des Lesenden.

Der hat das Blatt kaum überflogen, als er schon dem Wachkommandanten zubrüllt: »Hier, diesem Kerl zehn Tage Karzer, ohne Ausmarsch zur Arbeit!«

Zehn Tage Karzer – das sind zehn Tage bei dreihundert Gramm Brot und einer Suppe, zehn Tage in ungeheizter dunkler Zelle auf nackten Brettern ohne Decke, während der herbstliche

Schneesturm durch die hölzernen Karzerwände pfeift. Zehn Tage Kampf mit vor Kälte schmerzenden Fingern und Zehen, bis sie hölzern und fühllos werden, bis kein Umsichschlagen und Auf- und Abtrampeln mehr hilft, und das erschöpfte, zusammengekauerte Lumpenknäuel in der Ecke nur noch ab und zu in Frost erschauert.

Aber keine Enttäuschung glimmt in dem apathischen Blick, der sich jetzt von dem zornroten Gesicht des Kommandeurs dem Wachsoldaten zuwendet, diese Augen hatten nichts mehr erhofft – und nichts mehr zu fürchten.

Ein gänzlich überflüssiger Fußtritt befördert den Gefangenen durch die niedere Karzertür ins Dunkel der Zelle – er dachte gar nicht daran, sich zur Wehr zu setzen.

Fünf Tage später wird er zum Lagerkommandeur gerufen. Taumelnd auf erfrorenen Füßen, schwindlig vor Hunger steht er vor dem Schreibtisch, an dem der Herr über sechstausend Gefangene sitzt.

»Sage mir, du Hurensohn, wie kommst du dazu, mir solch eine Eingabe zu schreiben? Ich soll dich in den Stand eines Pferdes überführen? Was willst du damit sagen, du Sohn einer Hündin? Antworte!«

Und das, was einmal ein Mensch war, antwortet:

»Sehr einfach zu erklären, Bürger Kommandeur. Wenn ich ein Pferd wäre, hätte ich wenigstens alle zehn Tage einen freien Tag. So habe ich keine freien Tage.

Wenn ich ein Pferd wäre, könnte ich mich auch während der Arbeitszeit ab und zu ausruhen, als Gefangener kann ich das nicht.

Wenn ich ein Pferd wäre, würde man mir so viel Arbeit zuweisen, wie es meinen Kräften entspricht. Als Gefangener zwingt man mich, eine Arbeit zu leisten, die ich unmöglich bewältigen kann.

Wenn ich ein Pferd wäre, bekäme ich genug zu fressen, um bei Kräften zu bleiben. Als Gefangener bin ich immer hungrig, und wenn ich mein Arbeitspensum nicht erfülle, bekomme ich weniger Brot, dadurch leiste ich wiederum weniger Arbeit, und schließlich bekomme ich so wenig Brot, dass ich kaum mehr auf den Beinen stehen kann.

Ein Pferd hat seinen Stall und seine Decke – ich habe schon seit zwei Jahren keine neue Wattejacke mehr bekommen, weil meine Arbeitsprozente zu niedrig sind.

Ein Pferd braucht nicht mehr als zwölf Stunden am Tag zu arbeiten. Ich aber werde vierzehn und sechzehn Stunden im Bergwerk gehalten, besonders wenn ich mein Pensum nicht erfüllt habe.

Wenn Fuhrleute ein Pferd zu viel schlagen und antreiben, werden die Fuhrleute bestraft. Denn ein Pferd ist kostbar in Kolyma. Wer aber bestraft die Wachsoldaten und Brigadiere, die mich schlagen und treten, weil ich zu schwach geworden bin?

Was ist ein Gefangener in Kolyma? Nichts! Aber ein Pferd – das ist noch etwas!

Und darum, Bürger Kommandeur, sehen Sie selbst, wie viel besser ich daran wäre, wenn ich ein Pferd wäre.«

»In den Karzer! Abführen! In den Karzer!«

Einen Augenblick ruhen die Augen des Gefangenen sehnsüchtig auf dem warmen, knisternden Ofen, dann stolpert er gesenkten Kopfes vor dem Wachsoldaten durch den Schnee, zurück in die eisige Zelle.

Der Kommandeur sitzt wieder allein an seinem Schreibtisch. Ohne es zu wollen, lesen seine Augen von Neuem: Ich bitte, mich in den Stand eines Pferdes zu überführen … Und darunter seine eigene Resolution:

Zehn Tage Karzer. Der Lagerkommandeur.

Nachdenklich spielt er mit dem Rotstift. Und auf einmal steht in großen Buchstaben quer über der Eingabe:

Wirtschaftsabteilung. Befehle auszuhändigen:

Eine Wattejacke (neu).

Essmarken I. (höchste) Kategorie auf die Dauer eines Monats.

5. Oktober 1944. Der Lagerkommandeur.

Und da in der Wirtschaftsabteilung Gefangene arbeiten, wurde diese Geschichte bekannt.

Mir erzählte sie der gefangene Buchhalter des betreffenden Lagers - genannt »Burchala«, Nördlicher Bergwerksdistrikt von Kolyma - den ich während seiner Krankheit im Gefangenenkrankenhaus des SGPU (= Nördlicher Bergwerksdistrikt) pflegte.

Neuntes Kapitel

KRANKE, SELBSTVERSTÜMMLER, SELBSTMÖRDER

Das Sanitätswesen der Lager

Unsere ersten Tage in unserem ersten Arbeitslager, dem Frauenlager Magadans, verbrachten wir mit Aufräumungsarbeiten auf dem Lagerhof. Es war Anfang Juni, aber wir konnten die wattierten Jacken gut gebrauchen, die so unförmig um uns herumschlotterten. Ein paar Spatenstiche – und wir stießen auf Eis. Ein unheimliches Gefühl beschlich mich. Es ist ein Unterschied, ob man in Geografiebüchern über Permfrost liest, oder ob man auf einem Boden steht, der auch im Hochsommer nur auf einen viertel Meter auftaut. Nur dort, wo die Erde Kolymas mit Pflügen und Traktoren bearbeitet wird, ist der ewige Frost um einiges in die Tiefe verdrängt worden.

Inzwischen hatte man unsere Dokumente geprüft, und all jene, die eine medizinische Vorbildung besaßen, sei es als Krankenschwester, sei es als Medizinstudentin, wurden auf einen Platz vor dem städtischen Krankenhaus geführt. Damals lag das städtische Krankenhaus noch in der Nähe des Frauenlagers. Inzwischen ist es in einen für dortige Verhältnisse imposanten Bau am andern Ende der Stadt in Hafennähe überführt worden, wo es von seinem Hügel auf die von Bergen umschlossene Bucht hinunterblickt.

Wir waren die ersten »Kontriki's« – abgesehen von Ärzten –, die auf medizinische Arbeiten zugelassen wurden, wie uns die älteren Lagerinsassen neidvoll-erstaunt mitteilten. Nicht etwa, weil das Regime gelockert worden wäre. Aber der Mangel an medizinischem Personal wurde mit dem ständig anwachsenden Strom von Gefangenen so groß, dass keine andere Lösung möglich war. Auch wurden wir nur zur Pflege von Gefangenen, nicht aber von freien Bürgern herangezogen.

Jedes Lager hat sein Ambulatorium und sein kleines Lazarett mit mehreren Betten. Entfernte Zweiglager werden ein- bis zweimal im Monat von einem Heilgehilfen, genannt Feldscher, besucht, der Verbände anlegt, Pülverchen verteilt und fiebernde Kranke von der Arbeit befreit. Schwere Fälle lässt er in das Lazarett des Hauptlagers überführen.

In Ambulatorium und Lazarett ist ein gefangener Arzt tätig, der sich gewöhnlich alle erdenkliche Mühe gibt, den Kranken die notwendige Pflege angedeihen zu lassen. Es ist nicht seine Schuld, wenn es an den nötigsten Medikamenten fehlt, und es ist nicht seine Schuld, wenn die Krankenkost völlig unzulänglich ist.

Besonders schwere, ansteckende und chronische Fälle werden in die großen Gefangenenkrankenhäuser überführt. Das größte dieser Krankenhäuser ist das Zentrale Krankenhaus des USWITL. Bis zum Jahre 1942 befand es sich in Magadan, dann wurden seine Baracken in eine Kaserne für reguläre Truppen umgewandelt, und es siedelte nach dem 23. Kilometer außerhalb Magadans über, wo es einen riesigen Komplex mit über 800 Betten einnahm. 1946 wurde es näher an das Goldgrubengebiet an das linke Ufer der Kolyma überführt, dort, wo die Fahrstraße nach Nordwesten den Fluss auf einer langen Brücke überquert. Diesmal waren es frei gewordene Kasernen, in denen während des Krieges Truppen stationiert waren, die in ein Krankenhaus umgewandelt wurden.

Das Krankenhaus umfasst jetzt etwa tausend Betten und besitzt sämtliche notwendigen Spezialabteilungen und die dazugehörigen gefangenen Spezialisten. Ein Teil der Ärzte hat inzwischen die Freiheit erlangt und arbeitet als Abteilungsleiter weiter.

Über dem gefangenen Ordinator steht gewöhnlich ein freier Arzt als Abteilungschef. Krankenpfleger, Krankenschwestern und Wärter sind Gefangene.

Mit Medikamenten und Präparaten aller Art ist dieses Krankenhaus meist gut versehen, auch kommen moderne Heilmethoden – Röntgen, Quarz, Pneumothorax, usw. – zur Anwendung, jedoch kommen all diese Anstrengungen einer sinnlosen Verschwendung gleich, weil das Hauptübel, die chronische Unterernährung aller Gefangenen nicht behoben werden kann. Zwar wird im Krankenhaus sorgfältiger gekocht, auch kommen bessere Lebensmittel wie Grieß, Reis, Preiselbeeren und in kleinen Mengen sogar Fleischkonserven zur Verwendung, aber die Portionen sind ebenso winzig wie im Lager. Dabei spielen die Veruntreuungen durch das gefangene Krankenhauspersonal eine Rolle, denen eigentlich nur die allgemeine Lagerkost zusteht, die sich aber in Wirklichkeit von den Krankenrationen miternähren.

Damals war das Gefangenenkrankenhaus von Magadan noch dem Städtischen Krankenhaus angegliedert, dessen zehnte Abteilung es bildete. Es umfasste einige Baracken in einem mit Stacheldraht, Wachttürmchen und Wachkommandanten versehenen Lager, San-Olp genannt, und unterstand dem Chefarzt des Städtischen Krankenhauses Fomenko. Der große, fette Mann mit dem eiförmigen Schädel, der fleischigen Nase und den breiten Händen ähnelte mehr einem Fleischer als einem Chirurgen. Er gehörte zu den wenigen Sowjetbürgern, die einen Hut tragen, den er bei der Untersuchung eines Gefangenen auf dem Kopf behielt. Auch hielt er es für eine überflüssige Anstrengung, wegen eines kranken Gefangenen das Hörrohr aus der Tasche zu ziehen, sondern legte dem Patienten das riesige fleischige Ohr an den Rücken, der zu diesem Zweck mit einem Handtuch bedeckt wurde – was die Exaktheit der gestellten Diagnose nicht gerade vergrößerte.

Meiner Tätigkeit in den Gefangenen-Krankenhäusern verdanke ich es, dass ich nicht nur über die verschiedenen Frauenlager und ihre Insassen informiert bin, sondern auch mit männlichen Gefangenen aus allen Lagern Kolymas, Indigirkas und Tschukotkas in Berührung kam, die mir einen Einblick in das Schicksal von Tausenden von Gefangenen gewährten. Dazu kommt die Überlieferung von

Mund zu Mund, die bei den Sowjetbürgern überhaupt, bei den Gefangenen aber in besonderem Maße, hoch entwickelt ist. Es ist dies die Folge der diktatorischen Politik der Geheimhaltung von Dingen, die in anderen Ländern durch die Presse veröffentlicht werden, und die eben um der Tatsache ihrer Geheimhaltung willen – gleichgültig, ob es sich um wesentliche oder unwesentliche Angelegenheiten handelt – das rege Interesse und Mutmaßungen der Bevölkerung hervorrufen. Geheimnisse haben es nun einmal an sich, ergründet und unter dem Siegel der Verschwiegenheit weitergeflüstert zu werden.

Es ist unvermeidlich, dass eine Krankenschwester des Gefangenen-Krankenhauses, die Hunderten von Gefangenen die Augen zudrückt und allmonatlich den statistischen Bericht über ihre Abteilung ins Kontor zu liefern hat, einen Einblick in die Sterblichkeitsziffer unter den Gefangenen bekommt.

Es ist unvermeidlich, dass sie aufgrund der Verlaustheit und des grauenvollen Allgemeinzustandes, in dem die Gefangenen ins Krankenhaus eingeliefert werden, Rückschlüsse auf die Lebens-, Arbeits- und Ernährungsbedingungen dieser Gefangenen im Lager zieht.

Es ist unvermeidlich, dass sie von Misshandlungen von Gefangenen erfährt, wenn sie ihnen den zerschlagenen Rücken verbindet.

All das, was sonst kaum ein Mensch erfährt, wird in den Nächten vor dem Tod der Krankenschwester anvertraut. Selbst die harmloseste Krankenschwester wird darüber nachdenken, warum es in den Jahren 1939/40 von Kranken wimmelte, die 1937/1938 verurteilt worden waren – darunter eine große Anzahl von Intellektuellen, während nach dem Jahre 1941 Gefangene dieser Jahrgänge nur noch ganz vereinzelt in den Krankenhäusern auftauchten. Sicherlich nicht, weil sie plötzlich alle so gesund geworden waren, sondern weil die Goldgruben sie inzwischen vernichtet hatten.

Niemand erhält solch einen Anschauungsunterricht über Erfrierungen, Selbstverstümmelungen, Selbstmordversuche und Hungertod wie die Krankenschwester in einem Gefangenen-Krankenhaus von Kolyma.

Nicht nur die Kranken erzählten ihre Geschichte und die Geschichte ihrer Kameraden, auch mit freien Ärzten, Chefärztinnen,

Sanitäts-Inspektoren und Chefs der sanitären Verwaltung kam ich durch meine Arbeit in Verbindung. Über dem weißen Kittel vergaßen sie die Gefangene, die darunter steckte. Mit zynischer Offenheit sprachen sie über Ereignisse und Bedingungen in den verschiedenen Lagern, die zu ihrem Verwaltungsbezirk gehörten. Um ihre eigene Arbeit herauszustreichen, bewiesen sie anhand eines erschütternden Zahlenmaterials die miserablen Zustände in andern Bezirken.

Wenn ein Arzt sich über die sanitären Zustände seines Lagers beschwerte, verwies ihn der Chef der Sanitätsverwaltung mit den Worten: »Ihr Lager? Das ist noch Gold gegen andere! Da sollten Sie mal Lager sehen, wo alle halbe Jahr einmal gebadet wird, und die Gefangenen die verlauste Wattejacke auf dem bloßen Körper tragen! Waren Sie mal am 56. Kilometer? (Am 56. Kilometer westlich von Magadan bestand ein Männerstraflager, wo 1940 eine große Flecktyphus-Epidemie ausbrach.) Da können Sie Läuse sehen, mein Lieber …«

Noch ehe ein einziger Gefangener aus unsern Besserungs-Arbeitslagern Zutritt zu den Lagern der Katorga-Sträflinge hatte – später arbeitete dort eine kleine Anzahl als Ärzte, Wärter und Krankenpfleger –, waren wir über das dortige Massensterben informiert durch die Berichte und Zahlen, die der Chef des Sanitätswesens, dem auch unser Krankenhaus unterstand, von dort mitbrachte. Derselbe Chef gab dem Apotheker unseres Krankenhauses den Auftrag, kilogrammweise Krätzebekämpfungsmittel vorzubereiten, da das ganze Katorga-Sträflingslager nicht nur von Dysenterie, sondern auch von Krätze verseucht war.

Auch geheime Berichte und Statistiken wurden den gefangenen Schreibern zur Zusammenstellung und Vervielfältigung überlassen, dank der ungeheuren Faulheit, durch die sich die freien Bürger auszeichneten, die sich mit der Zeit alle daran gewöhnten, auch die geringste Möglichkeit auszunutzen, um ihre Pflichten auf Gefangene abzuwälzen.

So hielten wir denn an jenem Sommertag unsern Einzug in das Gefangenen-Krankenhaus von Magadan. Die alte kränkliche

Oberschwester, die mich draußen auf dem Platz begutachtet und für ihre Abteilung ausgewählt hatte, hatte mir zwar von einer Frauenabteilung gesprochen, aber von Frauen war da nichts zu sehen. – Es war nur ein Trick von ihr gewesen, lächelte die alte Schwester, während sie mir einen weißen Kittel und ein Stück Mull als Kopftuch überreichte – in der Sowjetunion kennt man keine gestärkten Häubchen für Krankenschwestern. Wer sich bereit erklärte, in einer Frauenabteilung zu arbeiten, der würde erst recht gut in einer Männerabteilung arbeiten. Später musste ich ihr recht geben. Zumindest in Bezug auf Gefangene war es erfreulicher, kranke Männer als kranke Frauen zu pflegen. Aber damals war mir der Gedanke eher unangenehm und mit Beklemmung trat ich hinter der Oberschwester hinein zu den Kranken.

Von den meisten Kranken war nicht viel zu sehen. Es ist eine typische Gefangenenangewohnheit, sich – sobald man die Möglichkeit dazu hat – ganz und gar unter die Decke zu verkriechen, sodass sie auch den Kopf verhüllt. Nicht nur, weil man sich so besser erwärmen kann, sondern weil man nichts sehen und nichts hören will von der Umwelt, vor der man sich fürchtet, für die man nicht da sein will – eine Geisteshaltung, die besonders stark bei Avitaminosekranken hervortritt.

Doch der erste Kranke links in der Reihe, ein aufgedunsener Koloss, zu dessen mit Wasser gefüllten Gliedern der hagere Schädel mit dem eingefallenen gelblichen Gesicht und den bläulichen Lippen in merkwürdigem Gegensatz stand, musterte mich misstrauisch aus seinen schmalen dunklen Tartarenaugen.

Durchschnittlich kamen fünfzig Kranke auf eine Krankenbaracke. Dies war eine Abteilung für innere Krankheiten. Sie wurde geleitet von einer freien Ärztin (damals Pesselnikowa), der ein gefangener Arzt als Ordinator zur Seite stand. Jede Abteilung hatte zwei gefangene Krankenschwestern, die sich abwechselten und deren Dienstzeit vierundzwanzig Stunden hintereinander betrug. Von den vierundzwanzig Stunden, die man »frei« hatte, ging wieder ein Teil durch Appell, Ausmarschzeremonien, Warten auf Wachsoldaten und Schlangestehen um das Essen verloren. Die Schwestern unterstanden einer freien Oberschwester, die auch die Aufsicht über die gefangenen Wärter hatte, von denen meistens vier, je zwei für Tag- und Nachtschicht, auf die Abteilung kamen.

Im Anfang ist es außerordentlich schwer, sich an die vierundzwanzigstündige Arbeitszeit zu gewöhnen. Nachts machen der diensthabende Arzt und ein Wachsoldat zu verschiedenen Zeiten die Runde durch sämtliche Abteilungen. Wird eine Schwester oder ein Wärter schlafend aufgefunden, so wird am nächsten Morgen beim Rapport dem Hauptarzt Mitteilung gemacht, und der Betreffende fliegt. Ich arbeitete zwei Jahre hintereinander auf diese Art und Weise ohne freie Tage, denn Ersatzschwestern, wie sie später eingeführt wurden, gab es damals noch nicht, aber trotz einer gewissen Gewöhnung leidet der Organismus unter dieser unnatürlichen Arbeitszeit. Er will nun einmal jede Nacht und nicht nur einen Tag über den andern schlafen.

Die Sterblichkeitsziffer in unserer Abteilung betrug zwölf bis fünfzehn Tote im Monat auf fünfzig Betten, eine Zahl, die mir auch in andern Krankenhäusern, in denen ich später arbeitete, immer wieder begegnete. Für die chirurgischen Abteilungen lag sie gewöhnlich etwas höher, in Frauenabteilungen erheblich niedriger. Doch stirbt nur etwa die Hälfte der Gefangenen in den großen Krankenhäusern. Die andere Hälfte der Toten verteilt sich auf die Lager, die Lagerlazaretts und Invalidenlager.

Die Letzteren zeichneten sich durch besonders hohe Ziffern aus. Unheilbare chronische Fälle wurden in diese Invalidenlager überführt, wo sie auf Brettern in drei Etagen übereinander lagen, und wo jeden Morgen mehrere Leichen aus der Baracke geschafft wurden. Solch ein Invalidenlager befand sich längere Zeit am 23. Kilometer nördlich von Magadan, später am 72. Kilometer nordwestlich von Magadan.

Jedes Mal, wenn eine neue Schiffsladung von Gefangenen in Magadan ankam, bekamen wir den ersten Schub von Kranken direkt aus dem Hafen, den zweiten Schub aus dem Quarantäne-Lager, dem sogenannten Kar-Punkt, wohin zunächst alle männlichen Gefangenen eingeliefert und einer ärztlichen Kommission unterworfen wurden, ehe man sie in die verschiedenen Goldgrubenlager weiter verfrachtete.

Diese ärztliche Kommission, wie man sie ebenso für Neulinge im Frauenlager durchführte, dauerte pro Mensch genau so lange, wie man braucht, um mit Hörrohr plus Ohr einmal auf die Herzgegend und dann noch je einmal auf die rechte und linke Lungenseite zu tippen. Danach wurden die Gefangenen in die verschiedenen Arbeitskategorien eingeteilt:

1. Schwere physische Arbeit (Russische Abkürzung TFT).
2. Mittlere physische Arbeit (Russische Abkürzung SFT).
3. Leichte physische Arbeit (Russische Abkürzung LFT).

In Wirklichkeit hielten sich die Lagerkommandeure fast nie an diese Kategorien, schon aus dem Grunde, weil sie keine leichten Arbeiten zu vergeben hatten. Darüber hinaus gab es bei der Entlassung aus dem Krankenhaus noch zwei Kategorien:

4. Arbeitender Invalide.
5. Nicht arbeitender Invalide.

Am besten waren die arbeitenden Invaliden daran, die häufig in den Schreibstuben oder bei einer andern Arbeit innerhalb des Lagers verwendet wurden.

Neue Kranke wurden zunächst in das Bad geführt, wo sie gewaschen und von jeglichen Haaren befreit wurden. Der diensthabende Arzt, der die Verteilung der Kranken unter sich hat, bringt den Einweisungsschein der Schwester, für deren Abteilung der Kranke bestimmt ist, die ihn aus dem Bad abzuholen hat.

Es war im ersten Monat meiner Arbeit im Krankenhaus. Im Vorraum des Bades, wo die Badewärter – alles Kriminelle – herumlungerten, fragte ich nach meinem Kranken. »Im Bad sitzt er, Schwesterchen«, strahlten sie mich an.

Ich trat in den halbdunklen Baderaum und sah einen splitternackten Mann auf der Bank an der Wand sitzen. Empört drehte ich mich nach den beiden Wärtern um, die mir gefolgt waren: »Wieso habt ihr ihm nicht wenigstens ein Hemd angezogen?« Ein breites Grinsen war die Antwort. Erst dann bemerkte ich, dass der Mann auf der Bank tot war. Noch vor dem Bad war er gestorben. Speziell für mich hatten ihn die Wärter dorthin gesetzt. Und lachten noch tagelang über den gelungenen Witz. –

Die Erschütterung, die Ehrfurcht vor dem Tod, die Menschen normalerweise empfinden, ging uns allmählich verloren. Es waren zu viele. Entweder ging man zugrunde, oder man wurde hart. Viele Gefangene, die sich nach der Arbeit eines Wärters gedrängt hatten, gaben sie auf, weil sie es nicht aushielten. Besonders die abergläubischen Bauernmädchen konnten es nicht über sich bringen, nachts die Totenbahre in das Leichenhaus zu tragen.

Die Kranken

Von den Schiffen wurden die meisten Kranken mit Blutdurchfall (Haemocolitis) hereingetragen, den sie nur in seltenen Fällen überwanden. Sie lagen nebeneinander und sahen zu, wie einer ihrer Kameraden nach dem andern den Kampf aufgab. Sie sahen mir gerade in die Augen und sagten: »Der Nächste bin ich, Schwester.« Es nützte nichts, sie zu belügen – sie wussten es ebenso gut wie ich. Und wenn ich mit dem Apparat kam, mit dem ihnen in letzter Stunde literweise die physiologische Salzlösung unter die Haut gespritzt wurde, flüsterten sie: »Jetzt ist es also so weit.« Manche wehrten sich verzweifelt gegen diese Einspritzung, weil sie ihre Nachbarn kurz darauf hatten sterben sehen.

Trotz des elendiglichen Gefangenendaseins klammerten sich fast alle an das Leben. Nur bei Kriminellen habe ich manchmal in hoffnungslosen Fällen eine außergewöhnliche Charakterstärke beobachtet. Wenn sie erkannten, dass ihnen nichts mehr helfen konnte, taten sie alles, um den Tod zu beschleunigen.

Petja, der Taschendieb, der beste Wärter, mit dem ich dort zusammenarbeitete, saß neben einem sterbenden Kollegen. Seit Tagen hatte er alle Medikamente und Spritzen verweigert, weil er wusste, dass sie seinen Tod nur hinauszögern, aber nicht verhindern konnten.

Jetzt bat er um die »Ente«. Petja wollte ihm behilflich sein, da er längst zu schwach war, auch nur den Kopf zu heben. Aber er bedeutete Petja, dass er allein das Geschirr aus dickem Glas zu halten wünschte. Mit nachsichtigem Lächeln ging Petja auf diesen Einfall ein, bereit, das Gefäß aufzufangen, das der schwachen Hand des Kranken entgleiten musste.

Mit letzter Kraft klammerte sich die Knochenhand an das Gefäß, und ehe Petja ihn aufhalten konnte, holte er aus und ließ die »Ente« mit voller Wucht auf seine eigene Stirn niedersausen. Bewusstlos sank er zurück, und eine halbe Stunde später war er tot – wie er es gewünscht hatte.

Merkwürdig zimperlich waren die meisten Kriminellen, bei denen Schlägereien und Messerstechereien zur Tagesordnung gehörten, wenn man ihnen eine Spritze machte. Und wenn bei einer geringfügigen Blutentnahme für eine Analyse ein vierschrötiger Bulle leichenblass und einer Ohnmacht nahe dasitzt, so ist es sicherlich ein vielfacher Mörder. Keiner von ihnen kann den Anblick seines eigenen Blutes ertragen. – Ihre Behandlung wird erschwert, weil sie alle durch den übermäßigen Genuss von Alkohol und allen möglichen Rauschgiften verseucht sind. Bei einer Narkose braucht man für sie das Vielfache der üblichen Äthermenge. Liegen sie mit Lungenentzündung und hohem Fieber, so fluchen sie nicht nur in der unflätigsten Weise – während sie sonst im Krankenhaus die größte Zurückhaltung üben –, sondern sie bekommen auch noch Tobsuchtsanfälle, sodass man manchmal gezwungen ist, sie festzubinden.

Eines Nachts sprang solch ein Kranker plötzlich aus dem Bett, war mit einem Satz am Fenster und zerschlug mit der Faust die Scheibe. Zwar hängte ich mich an seinen Hemdzipfel, aber er schüttelte mich ab wie einen Floh und sprang hinaus in den Schnee. Er kam mit einigen Schnittwunden davon, aber mich hätte es um ein Haar meinen Posten gekostet, wenn nicht einmütig alle Kranken, die von dem Klirren der zerschlagenen Fensterscheibe aufgewacht waren, bezeugt hätten, dass ich wirklich an dem Hemdzipfel gehangen hatte.

Am anfälligsten waren die Gefangenen aus Mittel-Asien, Usbeken, Turkmenier, Tadshiken und Kirgisen, ebenso wie die kaukasischen Völker Georgier, Armenier, Tschetschenen, usw. Aus der subtropischen Hitze ihrer Heimat in die kältesten Regionen des Fernen Nordostens verschleppt, mussten sie eingehen wie die Fliegen. Jegliche Lebenstätigkeit erstarrte in ihnen, sobald sie hinauskamen in den eisigen Frost.

Sie setzten sich nicht zur Wehr. Sie ließen sich hinaustreiben in die Goldgruben. Dann rührten sie sich nicht mehr. Sie blieben unbeweglich stehen, die Arme gekreuzt, den gesenkten Kopf tief zwischen die hochgezogenen Schultern geduckt und warteten auf das Ende. Aufforderungen und Flüche prallten ungehört an ihnen ab. Schläge nützten nichts – ebenso hätte man von einem Bleisoldaten verlangen können, er solle sich tummeln.

Die Besten unter den Wachsoldaten, die begriffen hatten, dass diese Menschen nichts zum Arbeiten bewegen konnte, weil sie in dieser Kälte einfach aufhörten, Menschen zu sein, benutzten ihre Gewehrkolben dazu, sie immer wieder im Kreise herumzujagen – nicht aus Grausamkeit, sondern aus Mitleid –, weil sie es einfach nicht mehr mitansehen konnten, wie diese Gestalten da standen in ihrer Starre, bis sie schließlich umfielen wie Puppen. »Wieder einer erfroren«, registrierten die Gefangenen. »Thermoschock«, registrierte der Arzt.

Kam einer von ihnen ins Krankenhaus, so konnte man sicher sein, dass er es nur mit den Füßen voraus – auf der Totenbahre – verließ. Während sich ihre russischen Kameraden bis zum letzten Atemzug wehrten, warteten sie in aller Ergebenheit auf den Tod. Dieser Fatalismus, diese völlige Hingegebenheit an den Gedanken des Todes machte es auch in solchen Fällen unmöglich, sie zu retten, wo die Russen die Krankheit überwanden.

Während die russischen Kranken ihre Tabletten mit kindlicher Gläubigkeit an ihre Heilwirkung schluckten, nahmen sie ihre Medizin mit solch skeptischer Gleichgültigkeit ein, dass sie schon deswegen nichts helfen konnte.

Sich vor einer weiblichen Person, und sei es eine Krankenschwester, zu entblößen, verbot ihnen ihre Tradition. Ihnen eine Spritze oder gar ein Klistier zu machen, kostete jedes Mal einen Kampf. Während man aber sehr darauf achten musste, dass die russischen Kranken sich wuschen, waren diese Asiaten bis zum letzten Augenblick peinlichst um die Sauberkeit ihres Körpers bemüht.

Viele starben an Tuberkulose, viele an Darmkrankheiten, viele an Pellagra. Aber ihre eigentliche Krankheit war die Kälte, war die Sonnenlosigkeit, war das Gefangensein, was diese zum Teil noch als Nomaden aufgewachsenen Menschen nicht ertrugen.

Von den vielen Hunderten von Kranken, die ich in den Gefangenen-Krankenhäusern Kolymas gepflegt habe, blieb mir besonders einer meiner ersten Kranken im Gedächtnis, der Gefangene Radin. Er selbst sprach wenig über sich und seine Vergangenheit, aber seine kranken Nachbarn teilten es mir sogleich mit ehrfürchtigem Flüstern mit: Radin ist ein Brigade-General, er war der Kommandeur sämtlicher kaukasischen Truppen! Ein alter Bolschewik, einer der berühmten Kommissare des Bürgerkriegs! –

Jetzt lag er da, grau und eingefallen, mit gebrochenen Knochen, die man ihm im Moskauer Militärgefängnis »Lifortowo« zerschlagen hatte. Nur manchmal leuchteten im Gespräch seine dunklen Augen unter den eisgrauen, starken Brauen plötzlich auf und verrieten die faszinierende Persönlichkeit, die einst in diesem Wrack eines Menschen gewohnt haben musste. Nach seinem Alter befragt, antwortete er, er sei Anfang der Sechzig und schaute mich dabei prüfend an. Ich glaubte es ihm ohne Weiteres. Später stellte sich heraus, dass er erst 46 Jahre alt war, was er sorgfältig geheim hielt, da er sich seines greisenhaften Aussehens, das ihm Gefängnis und Verhöre eingetragen hatten, schämte.

Fünfzehn Jahre Lager lagen vor ihm. Aber im sechsten Jahr seiner Haft geschah ein Wunder. Der Krieg mit Deutschland war ausgebrochen. 1942 kam ein Telegramm, in dem sein sofortiger Abtransport nach Moskau mit dem nächsten Flugzeug gefordert wurde. Zwischen Magadan und Chabarowsk besteht eine regelmäßige Flugverbindung. In der Stunde der höchsten Gefahr, als die Deutschen vor Moskau lagen, hatte man sich an den misshandelten Radin und seine militärische Erfahrung erinnert.

Man schleppte ihn herbei aus irgendeinem Schneeschipperlager, die ehemals hochgewachsene Gestalt gebückt und in Lumpen, ein zahnloser schmutziger Vagabund. Und auch die Augen waren inzwischen gänzlich erloschen.

Noch einmal brachte man ihn ins Gefangenen-Krankenhaus, um den an Skorbut schwer Erkrankten wenigstens notdürftig zusammenzuflicken. Ein mildes, gleichgültiges Lächeln entblößte die zahnlosen Kiefer, als man ihm mitteilte, dass Moskau ihn offensichtlich zu rehabilitieren gedenke. Rang, Auszeichnungen, Ehren – das alles konnte diesen von Hunger und Frösten zerfressenen Mann nicht mehr locken. Im Gegenteil – er schien sich davor zu fürchten. Denn dieser Mann war bereits jenseits von allem. Mit Menschen wollte er nichts mehr zu tun haben, er wollte nur noch eins: Ruhe. Und so klammerte er sich an die Pritsche im Gefangenen-Krankenhaus, ein Flugzeug nach dem andern ging ohne ihn ab, und immer wieder schüttelte er gequält den Kopf, wenn man ihn fragte, ob er sich kräftig genug zur Reise fühle.

Mit abwesendem, verstörtem Gesicht zog er sich schließlich eines Tages doch die neue Ausrüstung an, die man ihm anstatt seiner Lumpen bereitgelegt hatte. Dann flog Radin nach Moskau. Nicht mehr der Kommissar des Bürgerkriegs, nicht mehr der Kommandeur der kaukasischen Truppen, Radin, der Gefangene aus Kolyma.

Ein neuer Kranker. Vom Wärter begleitet wankte er noch auf eigenen Beinen in die Baracke hinein, kroch auf seine Pritsche und blieb stöhnend auf dem Bauch liegen. Das Thermometer zeigte eine Temperatur von 39,8.

Da ich seine Personalien aufnehmen musste, bat ich ihn, sich umzudrehen. Ein abwehrendes Stöhnen. Ich betrachtete den Einlieferungsschein aus seinem Lager-Ambulatorium: Pleuritis exudativa. Damit liegt man doch gewöhnlich nicht auf dem Bauch! Vielleicht war sein Bewusstsein getrübt durch das hohe Fieber.

Ich versuchte ganz vorsichtig, ihm eine andere Lage zu geben, aber ein gequälter Aufschrei war die Folge. Vielleicht hatte er von irgendeinem unqualifizierten Mediziner, wie sie häufig in den Lager-Ambulatorien saßen, eine Spritze bekommen, die sich entzündet hatte.

Ich entblößte seinen Rücken. Vor mir lag eine breiige, braunrote Wunde, umgeben von angeschwollenen, entzündeten Rändern, inmitten von Striemen und blutunterlaufenen Flecken, die über den ganzen Rücken ausstrahlten.

»Wie kommst du zu dieser Wunde?«

»Ein Karbunkel«, war die Antwort.

»Und was ist mit dem Karbunkel geschehen?«

»Aufgeschlagen«, flüsterte er mit geschlossenen Augen in sein Strohkissen hinein.

»Womit?«

Er wollte schon antworten, da riss er plötzlich die fiebrigen Augen auf, sah den Wärter hinter mir, sah die fremden Gestalten auf den Nachbarpritschen, zögerte und sagte mit veränderter, leiernder Stimme:

»Selbst habe ich ihn mir aufgeschlagen. Mit meinem Sack. Wir kamen zu Fuß hierher. Der Sack auf dem Rücken hat ihn aufgerieben.«

Noch einmal sah ich auf den Einlieferungsschein. Das Lager, aus dem er kam, lag etwa vierzig Kilometer vom Krankenhaus entfernt. Eine hübsche Leistung mit einer feuchten Rippenfellentzündung, fast vierzig Grad Fieber und Schneesturm.

»Mit wem bist du gekommen?«

»Mit dem Wachsoldaten.«

Pause. Ich sah ihn fragend an. Er schwieg. Ich sah ihn bittend, eindringlich an. Er schwieg.

»Ruh dich aus«, sagte ich und deckte behutsam seinen zerschundenen Rücken zu. Als ich mich über ihn beugte, öffnete er noch einmal mit Anstrengung die trüben Augen und murmelte:

»Ich ging ihm immer zu langsam …«

Weiter fragte ich nicht.

Als der gefangene Abteilungsarzt von der Untersuchung dieses Kranken zurückkam ins Dienstzimmerchen, entlud er sich in einem heftigen Fluch. Dann bemerkte er mich und bat um Entschuldigung. Worauf er sich an seinen sogenannten Schreibtisch setzte und abermals einen Fluch von Stapel ließ. Um sich dann abermals zu entschuldigen. Dann zwirbelte er seine Schnurrbartenden zwischen Zeige- und Mittelfinger und fluchte ein drittes Mal.

»Sie brauchen sich nicht zu entschuldigen«, sagte ich, »es ist wohl das Einzige, was man zu diesem Karbunkel sagen kann.«

Nachts, als alles rings herum schlief und ich an der Pritsche des schlaflosen Mannes saß, löste sich seine Zunge und seine Angst. Auch mochte er wohl fühlen, dass es für ihn auf dieser Welt schon nichts mehr gab, wovor er sich zu fürchten brauchte. Und so kam es stoßweise heraus, dass der Wachsoldat, der den unangenehmen Marsch so schnell wie möglich hinter sich haben wollte, den Fieberkranken stundenlang mit Kolbenschlägen vorwärts getrieben hatte. Und zum Schluss hatte er ihm angedroht, dass er ihm noch nachträglich alle Knochen im Leibe zerschlagen werde, falls er im Krankenhaus darüber berichten sollte, dass der Wachsoldat ihn geschlagen hatte.

Schon für eine Rippenfellentzündung konnte diese Art von Kolbenstoß-Therapie todbringend sein. Aber hier war dazu noch jeder Schlag auf den eiternden Karbunkel niedergesaust, was bei dem Kranken Blutvergiftung hervorgerufen hatte.

Unser empörter Abteilungsarzt, selbst ein Gefangener, erstattete dem freien Chefarzt Bericht. Und schloss mit den bitteren Worten: »Was nützen uns Krankenhäuser und ein Stab von medizinischem Personal und teure amerikanische Medikamente, wenn jeder Wachsoldat sich an den Kranken vergreifen darf?«

Der Chefarzt war damals Ruban, ein menschlicher Arzt, der sich sofort bereit erklärte, etwas in dieser Angelegenheit zu unternehmen, falls der Kranke seine Aussage vor ihm bestätigen würde.

Aber der Kranke wiederholte seine Aussage nicht. In dem Augenblick, wo er einen Freien vor sich sah, wachte die ganze Angst des wehrlosen Gefangenen in ihm wieder auf. Auf alle Fragen antwortete er nur mit einem dahergeleierten: »Ich habe es selbst getan, mit meinem Sack, ich selbst, nur ich selbst.«

So ließ man ihn in Ruhe sterben und den Wachsoldaten in Ruhe weiterprügeln, denn das Zeugnis eines gefangenen Arztes genügt nicht gegen einen freien Bürger.

Auf der Suche nach Vergessen

Während des Krieges gab es zwei Dinge, die für die freie Bevölkerung immer zu haben waren: Lippenstifte und Alkohol. Die russische Frau liebt es, sich stark zu schminken, was sehr merkwürdig wirkt bei den spärlichen Mitteln, die sie für ihren Anzug verwenden kann.

Ein Liter Alkohol, was zwei Litern Wodka entspricht, kostete fünfhundert Rubel, bei einem staatlichen Brotpreis von vier Rubeln das Kilo. So viel Geld haben weder Gefangene noch freigelassene Gefangene. Aber trinken wollen alle. Jede Möglichkeit, wenigstens für eine Stunde die Wirklichkeit zu vergessen, wird ausgenutzt.

Ab und zu tauchte in der Ration für freie Bürger Eau de Cologne auf, das aber nicht für Schönheitspflege verschwendet, sondern getrunken wurde.

Während des Krieges wurde aus Amerika ein Mittel gegen das Gefrieren von Automotoren eingeführt, das den Namen Anti-Freeze trug und deutlich mit der Aufschrift »Gift« versehen war. Die Chauffeure waren gewarnt. Trotzdem gingen Dutzende zugrunde, weil sie der Versuchung nicht widerstehen konnten, sich an diesem Anti-Freeze zu betrinken, was eine vollkommene Zersetzung der Nieren und den Tod innerhalb der ersten vierundzwanzig Stunden zur Folge hatte.

Ein sehr beliebtes Mittel war auch Chloral-Hydrat, das immer wieder aus den Apotheken entwendet und von den Gefangenen als »trockener Sprit« bezeichnet wurde. Gefangene, die davon größere Mengen zu sich genommen hatten, erlitten schwere Lähmungserscheinungen, die sich oft erst nach einem halben Jahr beheben ließen.

Auf ihrer hoffnungslosen Suche nach Vergessen vergriffen sich die Gefangenen auch immer wieder an Lack, was ebenfalls zum Tod führte.

Ich erinnere mich eines baumlangen Kerls, der bewusstlos in unsere Abteilung gebracht wurde, nachdem er sich an Lack gütlich getan hatte. Bis zum letzten Röcheln pumpten wir ihm den Magen aus, dann drückte ich ihm die Augen zu und breitete die Decke über den Toten. »Vorfristig entlassen«, bemerkte ein Kranker auf der benachbarten Pritsche.

Der ganze Krankensaal hatte natürlich mit Spannung den Vorgang verfolgt. Schweigend sahen sie zu, wie ich Schlauch und Glasfilter zusammenpackte, um damit im Dienstzimmerchen zu verschwinden. Schon hatte ich mich zur Tür gewandt, als mir einfiel, dass ich auf dem Tischchen neben dem Toten eine Flasche mit Liq. ammon. caust. vergessen hatte, das ich bei der Spülung des Magens gebraucht hatte. Auf russisch heißt diese ungenießbare Flüssigkeit »Naschatyrny spirt«, ein Name, der an Spiritus erinnert. Als ich nach der Flasche griff, ging ein allgemeines bedauerndes »Oooh« durch den Raum.

Vollkommen fassungslos drehte ich mich nach den Kranken um. Vor ihren Augen war ein Mensch an seiner Trunksucht jämmerlich und qualvoll zugrunde gegangen, noch hing der Pestgeruch dieses mörderischen Lacks in der Luft, noch war die Leiche nicht erkaltet, und trotzdem bettelten sie: »Schwesterchen, lass uns doch die Flasche hier! Och, und wir hofften schon, Sie hätten sie vergessen! Nur ein Schluck, Schwester, sei doch nicht so geizig!«

Stumm wies ich auf den Toten. Aber mit einer verächtlichen Handbewegung wehrten sie ab: »Sterben kann man nur einmal! Wenn schon sterben, dann mit Musik! Sowieso landen wir unter den Sopki (Sopki = die dortigen Hügel, zu deren Füßen die Gefangenen verscharrt werden)!«

Ihre enttäuschten Augen verfolgten mich bis zum Ausgang des Krankensaals.

Der Apothekerschrank der Abteilung durfte keine Minute unverschlossen bleiben, da sowohl Wärter als Kranke auf solch einen Augenblick lauerten, um sich über alles, was nur entfernt an Alkohol erinnerte, herzumachen. Sämtliche Tinkturen, die auf der Basis von Alkohol hergestellt werden, von Pfefferminz bis zu Belladonna und Baldrian verschwanden im Handumdrehen und unverdünnt in den durstigen Kehlen.

Im Laboratorium des Krankenhauses wurden in Spiritus interessante Präparate wie Nieren, Herzen, Lebern usw. aufbewahrt. Wenn den Laboranten, einen Mann von nahezu sechzig Jahren, die Schwermut überkam, trank er diesen duftenden Spiritus aus und die Präparate saßen auf dem Trockenen.

Codein-Tabletten wurden gehamstert, um sich durch das Einnehmen größerer Dosen in einen Rauschzustand zu versetzen.

Passte man nicht auf, so hatte ein bestochener Wärter im Nu einen Wattebausch in die Ätherflasche getunkt, woraufhin man irgendeinen Schwerkranken selig unter der Decke versteckt auffinden konnte, im Begriff, sich einen Ätherrausch anzuriechen.

Der einzige gefangene Arzt, der nicht als Konterrevolutionär verurteilt war, war ein Morphinist, der für die Entwendung von Morphium unter der schlichten Formulierung »Diebstahl« zu zehn Jahren verurteilt worden war. All seine Eingaben um Revision seines Falles oder um Amnestierung blieben erfolglos.

Selbstverständlich ist das Lager nicht der Ort, wo man von solcher Sucht geheilt wird, und da er als »Krimineller« gute Beziehungen zu Nahrungsmittelquellen und größere Bewegungsfreiheit hatte, gelang es ihm immer wieder, sich Morphium zu verschaffen. Aber bei der Knappheit von Medikamenten und dem strengen Kontrollsystem, dem speziell Morphium unterworfen war, musste er immer verzweifeltere Anstrengungen machen, um ab und zu in den Besitz einer Ampulle zu gelangen.

Dann entzog man ihm noch das Recht, im Lager als Arzt zu arbeiten, und der gutmütige und äußerst gebildete Mensch verfiel zusehends. Schließlich wurde auch dieses menschliche Wrack in das Invalidenlager von Mariinsk abgeschoben.

Ein Krankenwärter

Die Wärter wurden jeweils aus den Rekonvaleszenten der Abteilung ausgesucht, wobei die Kriminellen den Vorzug hatten. Doch erinnere ich mich an einen alten ukrainischen Bauern, der als »Konterrevolutionär« seine zehn Jahre verbüßte und nach schwerer Krankheit eine Weile bei uns als Wärter arbeitete.

Es war ein umsichtiger Mann, der früher eine eigene Wirtschaft besessen hatte. Jetzt war er immer schweigsam, und seit er in den Goldgruben gearbeitet hatte, konnte nichts mehr seine finstere Ruhe erschüttern. Nur einmal sah ich diesen alten Mann aufgeregt, ganz außer sich, mit weit aufgerissenen, glänzenden Augen.

Zwischen den Krankenbaracken sollten winzige Haferfelder angelegt werden, der zwar nicht reifte, aber mit seinem frischen Grün das trostlose Bild des Hofes beleben sollte. Ein kleiner Pflug war herbeigeschafft worden, um den Boden zu bestellen, ein jämmerlicher, kleiner, alter Pflug, aber immerhin ein Pflug. Ein paar Arbeiter des Krankenhauses standen um das kleine Jakutenpferdchen herum, das sie in den Pflug eingespannt hatten.

Auf einmal kam unser Alter herausgerannt, wie er war im weißen Wärterkittel, schob die verdutzten Arbeiter beiseite, schnalzte dem Pferdchen aufmunternd zu und ergriff den Pflug. Wie er ihn festhielt, mit welcher Wollust seine Hände die eisernen Griffe umklammerten! Seine geduckte, düstere Gestalt war verwandelt. Aufrecht, erhobenen Hauptes, ging er mit langen, sicheren Schritten hinter dem Pflug her, und seine Augen waren so voll Freude, dass sie übersprang auf alle, die vorbeikamen, sodass sie stehen blieben und stumm auf diesen gefangenen Bauern schauten, der ganz trunken war in seinem Glück, nach so vielen langen Jahren der Entbehrung einen Pflug in seinen Händen zu spüren.

Als er ihn schließlich loslassen musste, kehrte er in die Baracke zurück, wieder ein erloschener, schweigsamer Mensch, ein Bauer, auf ewig weggerissen von seiner Geliebten, der Erde.

Die freien Ärzte

Das Verhältnis der freien Ärzte zu den Kranken war ein unterschiedliches. Die meisten taten wirklich alles, was im Bereich ihrer Möglichkeiten lag, um das Los der Gefangenen zu erleichtern; die meisten waren vom echten Geist des Mediziners beseelt, möglichst viel Menschenleben zu retten – gleichgültig, ob sie einen Freien oder einen Gefangenen vor sich hatten.

Im Allgemeinen nahmen die Ärzte ihre Pflichten viel ernster als die Ärztinnen. Merkwürdigerweise wurden gerade die Ärztinnen viel rascher abgestumpft und gleichgültig gegenüber all den menschlichen Tragödien, deren Ende sie täglich miterlebten. Vor allem waren sie in ihrem Verhalten gegenüber den Kranken viel abhängiger von Launen, zufälligen Eindrücken, Sympathien und Antipathien, und sie waren viel empfänglicher für Kriechertum und Zuträgereien, womit sich die kranken Gefangenen in ihre Gunst zu setzen suchten.

Fast alle freien Ärzte und Ärztinnen kommen frisch vom Staatsexamen nach Kolyma. Der sowjetische Student, der sein Studium beendet hat, kann sich nicht nach eigenem Gutdünken um einen Posten in irgendeinem der staatlichen Krankenhäuser oder Polikliniken bewerben. (Privatpraxis ist zwar theoretisch möglich, wird aber praktisch mit so hohen Abgaben belegt, dass man nicht davon leben kann.) Die frischgebackenen Ärzte werden vom Staat dorthin geschickt, wo Ärztemangel herrscht, d. h. in die entlegenen Gebiete.

So kommen sie nach Kolyma, wo die unerfahrenen jungen Menschen sofort auf die verantwortungsvollen Posten von Abteilungsleitern im Gefangenen-Krankenhaus gestellt werden. Die Wertvollen unter ihnen benützen die Zusammenarbeit mit den gefangenen Ärzten, die zumeist über große Erfahrung und langjährige Praxis verfügen, um von ihnen zu lernen. Zu diesen gehörte meine erste Abteilungsleiterin Pesselnikowa, ebenso Jekatarina Ruban, eine Frauenärztin, und ihr Mann, der Chirurg Ruban, der eine Zeit lang Chefarzt des Krankenhauses war. Sie alle eigneten sich wirkliche Kenntnisse an und waren mit ganzer Seele bei ihrer Sache.

Andere wiederum wälzten die ganze Last der medizinischen Arbeit auf den gefangenen Ordinator ab, beschäftigten sich nur mit administrativen Dingen, blieben ebenso unqualifiziert wie sie gekommen waren, und benutzten die Verdienste der gefangenen Ärzte dazu, um sich möglichst rasch eine Karriere zu bauen. Am schlimmsten war es, wenn sie ihre Autorität als »Freie« gegen die gefangenen Ärzte ausspielten, um ihnen in ihre Behandlungsmethoden hineinzupfuschen, was oft katastrophale Wirkungen für die Kranken zeitigte.

Jekatarina Wassiljewna Klimenko war als junge Ärztin nach Magadan gekommen und rückte sehr bald zur Abteilungsleiterin von drei Krankenbaracken mit hundertfünfzig Plätzen auf. Diesen Posten verdankte sie nicht etwa ihren Kenntnissen auf medizinischem Gebiet, sondern der Tatsache, dass sie einen einflussreichen Mitarbeiter der NKWD geheiratet hatte. Seitdem zitterte alles vor ihr, Gefangene nicht minder als Freie, und jede ihrer Launen wurde im Krankenhaus zum Gesetz. Manchmal kam ihre Machtstellung den Kranken in ihrer Abteilung sogar zugute, denn man beeilte sich, Medikamente, die nur in geringen Mengen vorhanden waren, in erster Linie ihrer Abteilung zu liefern, ebenso wie Wäsche oder Heizmaterial. Auch war ihre Abteilung selbstverständlich die erste, die umgebaut wurde, sodass die Kranken nicht mehr in einem Raum zusammen lagen, sondern in drei, durch dünne Bretterwände getrennten Krankenzimmern. Auch das Dienstzimmerchen, in dem sie während ihrer sechsstündigen Arbeitszeit ihre Residenz hatte, wurde mit Ölfarbe ausgemalt, die in Kolyma einen begehrten und raren Artikel darstellt.

Morgens um neun Uhr erschien sie im Dienstzimmerchen,

eine üppige, rosige Blondine mit blassblauen Augen, die ein wenig schielten, eingehüllt in eine Wolke von Parfum und einen eleganten Pelzmantel, den sie gegen den makellos weißen Kittel vertauschte, der für sie bereithing.

Nachdem sie Rezeptbuch und die Krankengeschichten derer, die entlassen wurden, unterzeichnet hatte, begab sie sich in die Abteilung selbst, wobei ihre Aufmerksamkeit nicht so sehr auf die Kranken wie auf den Fußboden gerichtet war, von dessen Reinlichkeit nicht nur das Wohl und Wehe der damit beschäftigten Wärter, sondern auch der diensthabenden Schwester abhing. Die Untersuchung der Kranken überließ sie dem gefangenen Ordinator, von dem sie sich über interessante Fälle berichten ließ.

War man um einen sterbenden Kranken bemüht, dem man noch eine letzte Kampferspritze mit auf den Weg gab, so kehrte sie umgehend ins Dienstzimmerchen zurück – denn diesen Anblick hatte sie nicht gern. Wenn man ihr gar vorher sagte, der Kranke X. mache es wohl höchstens noch eine halbe Stunde, so ging sie erst gar nicht zu den Kranken hinein.

Nachdem sie die gleiche anstrengende Prozedur auch in den beiden andern Baracken vollzogen hatte, kehrte sie endgültig ins Dienstzimmerchen zurück. Von nun an sah sie nur noch auf die Uhr. Abwechselnd auf ihr goldenes Armbandührchen und auf die Schwarzwälderuhr an der Wand. Zwischendurch öffnete sie ihr entzückendes Schmollmündchen zu einem herzhaften Gähnen, das sie nur andeutungsweise mit der müden, kleinen, weißen Hand mit den molligen Grübchen verdeckte. Alles an ihr war lässig, rund, kätzchenhaft. Niemals erhob sie die etwas näselnde, immer etwas gelangweilte Stimme – auch dann nicht, wenn sie wegen einer geringfügigen Unachtsamkeit einen Wärter in die Goldgruben stecken ließ.

Ganz wach wurde sie eigentlich nur, wenn sie mit den Krankenschwestern über die Handarbeiten sprach, die sie sich in großer Menge von ihnen anfertigen ließ. Stickmuster, Stickgarn, Farbenzusammenstellungen – das waren Dinge, die sie brennend interessierten. Krankenschwestern, die nicht sticken konnten, wenn sie auch noch so eifrig in der Krankenpflege waren, genossen nur ihre verächtliche Duldung, während die handarbeitenden ruhig ihre Pflichten gegenüber den Kranken vernachlässigen konnten – sie durften trotzdem der geneigten Protektion dieser sogenannten Ärztin sicher sein.

In der Frauenabteilung lagen immer ein paar Kranke, die im Übrigen einen recht gesunden Eindruck machten, und mit der Anfertigung von gestickten Deckchen und Bildern – im Geschmack unserer Großmütter – beschäftigt waren.

In dieser Leidenschaft wetteiferten sämtliche Damen der Gesellschaft von Magadan miteinander, sehr zur Freude der betreffenden Gefangenen, die sich damit einige zusätzliche Nahrungsmittel verdienten. Es entbehrte nicht einer gewissen Komik, dass gerade die Gattinnen von NKWD-Beamten sich darin überboten, den »Konterrevolutionärinnen« heimlich diese Gaben zukommen zu lassen – was natürlich offiziell verboten war. Aber über der Sucht, sich auf so billige Art zu bereichern – denn in ihren Augen stellten diese überflüssigen und meist geschmacklosen Handarbeiten Reichtum dar –, vergaßen sie ihre sonst so zur Schau getragene Verachtung und ihren Hass gegenüber den »Konterrevolutionären«.

Rückten die verschiedenen Zeiger endlich in die Nähe der ersehnten Stunde, so erhob sich Jekatarina Wassiljewna in ihrer würdigen Fülle, ließ sich den Kittel abnehmen und den Pelz reichen und ging – selbstverständlich ohne Gruß – auf ihren hübschen Füßchen davon. – Russinnen zeichnen sich oft durch sehr kleine Füße aus.

Aber bei Weitem die bemerkenswerteste Erscheinung unter allen freien Ärzten, mit denen ich zusammenarbeitete, war die Chefärztin des Gefangenen-Krankenhauses für das Nördliche Goldgrubengebiet. Nina Wladimirowna S. war eine Kaukasierin, eine Osetinerin. Die Wildheit des kaukasischen Bergdörfchens, wo sie aufgewachsen war, durchbrach immer wieder die hauchdünne

Schicht der Hochschulbildung, die sie sich in Moskau angeeignet hatte.

Diese junge Generation sowjetischer Ärzte erlernt ihren Beruf, wie man ein Handwerk erlernt. Sie besuchen nicht die Universität, wo sie Gelegenheit hätten, ihre Allgemeinbildung zu vertiefen, sondern das sogenannte medizinische Institut, wo ihnen nichts als die nötigen Fachkenntnisse beigebracht werden.

Mit achtundzwanzig Jahren war Nina Wladimirowna Chefärztin eines Krankenhauses für fünfhundert Kranke. Sie benahm sich wie eine »Pomeschtschiza«, eine Großgrundbesitzerin aus der Zarenzeit, und betrachtete das ganze Personal des Krankenhauses, von dem sie nie anders sprach als »mein« Krankenhaus, als ihre persönlichen Leibeigenen. Ihre von schwarzem Flaum bedeckte, fleischige Hand beutelte einen säumigen Wärter bei den Haaren, der Statistiker, ein Gefangener, der jahrelang dieses Amt bekleidete, bekam den ganzen Telefonapparat an den Kopf geworfen, weil er ihr Missfallen erregt hatte, dem Arzt, der ihr zu widersprechen wagte, warf sie den Tintenlöscher ins Gesicht, Ärzte und Krankenpfleger wurden in Gegenwart der Kranken abgekanzelt – wobei sie Ausdrücke gebrauchte, die jedes alten Seebären würdig gewesen wären, und worunter »Dummkopf« und »Esel« als Kosenamen zu betrachten waren.

Da es in diesem Krankenhaus, das mit seinem Dutzend Baracken völlig isoliert im Wald lag, weder Wachsoldaten noch Lageradministration gab, vereinigte sie die dreifache Gewalt von Chefärztin, Lagerkommandeur und Wachkommandant in ihrer orientalisch üppigen Person.

Sie bewohnte ein Holzhäuschen mit drei Zimmern und einer Kochecke, das zum Areal des Krankenhauses gehörte, und wo ihr ein älterer, männlicher Gefangener den Haushalt führte.

Dieser Mann, der zwar häufig mit Backpfeifen und beständig mit wütenden Beschimpfungen bedacht wurde, war gleichzeitig ihr Spion in allen Krankenhaus- und ihr Vertrauter in allen Privatangelegenheiten. Seine Stellung bei ihr war unerschütterlich, zumal er auch ein großes Talent für Spekulationen besaß, die er zum Teil in ihrem Auftrag, zum Teil auf eigene Rechnung mit Dingen durchführte, die sich bei näherer Betrachtung als Eigentum des Krankenhauses herausgestellt hätten.

Wollte man sich in diesem Krankenhaus halten, so musste man nicht nur Ninas Ein- und Ausfälle über sich ergehen lassen, sondern auch die Gunst dieses Subjekts zu erwerben suchen.

Weder am Tag noch in der Nacht war man vor Nina sicher, da sie in den unwahrscheinlichsten Stunden plötzlich in der Abteilung erschien, wo ihren schwarzen Glutaugen auch nicht die geringste Verfehlung entging. Ungeachtet der schlafenden Kranken steigerte sie sich dann in einen Tobsuchtsanfall hinein, den der schlaftrunkene Krankenpfleger oder der herbeigestürzte Arzt schweigend und zitternd hinnahm, und den sie ebenso plötzlich abbremsen konnte, wenn irgendjemand hinzukam, der ihr sympathisch war – wobei man aber nie sicher sein konnte, wie lange man ihre Sympathie genoss.

Erschien man mit Rezeptbüchern oder sonstigen Dokumenten, die ihre Unterschrift erforderten, in ihrem Kabinett, so wusste man nie zuvor, wie es ausging und suchte nach Möglichkeit, die Stimmung der Herrscherin vorher zu erforschen. Hatte ihr jemand die Laune verdorben, so konnte es vorkommen, dass sie plötzlich mit den Füßen aufstampfte und mit erhobenen Fäusten alle hinausjagte – bis auf den jeweiligen Gegenstand ihrer Sympathie, dem sie ein gebieterisches »Bleib« zuschrie und der als verlegener Zeuge dabeisitzen musste, wenn die wütenden Flüche allmählich in hysterisches Schluchzen übergingen, wobei sie tränenüberströmt versicherte, alle hätten sich verschworen, sie zugrunde zu richten.

Dabei war sie eine vorzügliche Administratorin, und nie war das Krankenhaus in solch einem ausgezeichneten Zustand als zur Zeit ihrer »Herrschaft«. Ihre Energie, ihre Spannkraft waren unerschöpflich. Hatte sie sich etwas in den Kopf gesetzt, wie z. B. den Bau eines Treibhauses für Tomaten, so beschaffte sie die dazu nötigen Scheiben, wenn es sein musste, aus dem mehr als fünfhundert Kilometer entfernten Magadan. Dass die Tomaten später zum größten Teil ihr und ihren Vorgesetzten aus der sanitären und der Lagerverwaltung des Goldgrubengebiets zugute kamen und nur zum allergeringsten Teil den Kranken, versteht sich von selbst. Aber ohne sie hätte eben kein einziger Kranker auch nur eine halbe Tomate zu sehen bekommen. Während der Sommermonate hatte ein von ihr ausgesuchter Gefangener sich ausschließlich mit Fischfang zu befassen. Auch hierbei profitierte sie in reichlichem Maße, aber nur dank dieser Initiative erfuhr die Diät wenigstens der schwächsten Kranken eine wertvolle Bereicherung.

Für die Gefangenen empfand sie weder Hass noch Verachtung, ebenso wenig wie ein Großgrundbesitzer in früheren Zeiten seine Leibeigenen gehasst hätte. Sie sah in ihnen das naturgegebene Mittel zu ihrer Bereicherung, die Voraussetzung für ihre Machtposition. Darüber hinaus konnte sie sogar Mitleid empfinden, und trotz aller Tyrannei war sie sehr anhänglich an die Gefangenen, mit denen sie längere Zeit zusammengearbeitet hatte.

Jedes Frühjahr zu Beginn der Goldsaison wurde das Krankenhaus eines Tages von Wachsoldaten umzingelt, unter der persönlichen Führung des Verwaltungschefs des Nördlichen Goldgrubengebiets, des Kapitäns Selesnjow, und alles, was auf den Beinen stehen konnte, wurde zusammengetrieben, auf Lastwagen geladen und in die Goldgruben verschickt.

Dann kämpfte Nina heldenhaft um ihre sonst so geschmähten Arbeiter. Von den einen behauptete sie, sie sähen nur gesund aus, seien aber in Wirklichkeit von einer verheerenden Krankheit zerfressen; von anderen, sie seien viel zu alt für die Goldgruben, und von dritten sagte sie, das Krankenhaus könne einfach nicht ohne sie bestehen. All ihre Bitten, Erklärungen, Forderungen prallten ab an dem breiten Rücken des untersetzten Selesnjow, an seinen goldglitzernden Achselstücken, an diesem unbewegten Gesicht eines Mannes, den niemals jemand lächeln sah.

Wenn dann die Lastwagen mit »ihren« Gefangenen davonrollten, stand Nina da und schaute ihnen nach – und ihre Augen waren voller Tränen.

In Elgen gab es eine Zeit lang einen Sanitätsinspektor, einen alten grauaarigen Heilgehilfen, den das Schicksal auf irgendeine Art nach Kolyma verschlagen hatte, wohin er nicht passte, denn er war ein gütiger, nachdenklicher Mensch.

Ich arbeitete damals in einem Waldlager, wo ich als zusätzliche Arbeit zum Holzfällen die Kranken zu betreuen hatte. Ich klagte ihm mein Leid, weil es so viele Kranke im Lager gab, zu denen die geringe Anzahl derer, die pro Tag befreit werden durften, in keinem Verhältnis stand. Er nickte mir voller Verständnis zu und sagte:

»Das Lager ist dazu da, die Schraube um den Gefangenen immer fester anzuziehen. Und wir Mediziner sind dazu da, mit viel Geduld diese Schraube immer wieder ein klein wenig zu lockern. Mehr zu tun, ist uns hier nicht vergönnt.«

Selbstverstümmler

> Arbeit ist eine Sache der Ehre, des Heldentums, des Ruhmes für jeden Sowjetbürger! (Stalin)

Auch im Lager bleibt man nicht verschont vor den Transparenten, Schlagzeilen, Losungen und Stalin-Zitaten, in die das Sowjetsystem so vernarrt ist.

Über dem Eingang zum Esssaal leuchtet es:

»Wer nicht arbeitet, soll nicht essen!«

Kein Zweifel, dass man im Lager verhungert, wenn man nicht arbeitet. Leider verhungern aber auch die, die arbeiten. Von allen Wänden ruft es:

»Reih dich ein unter die Bestarbeiter!«

Die Bestarbeiter sind die Frischen, Unverbrauchten. Woher ein Gefangener nach vielen Jahren Hungerregimes die Kraft nehmen soll, wird nicht gesagt.

»Zweihundertprozentler, übergebt eure Erfahrung den Übrigen!«

Rezept: Man tue möglichst wenig, schmiere den Brigadier mit Geld oder Sprit – am besten beides, woraufhin er die von anderen erarbeiteten Prozente auf den Zweihundertprozentler überschreibt. Wenn man eine Frau ist, kann man die Rechnung mit dem Brigadier auch ohne Geld und ohne Sprit begleichen.

»Ehrliche Arbeit ist der Weg zur vorfristigen Befreiung!«

In Spanien gibt es Hunderennen, wobei die Hunde einem auf einer Schiene laufenden Hasen nachrennen. In dem Moment, wo der erste Hund am Ziel angekommen ist, wird der Strom ausgeschaltet, und der Hase verschwindet vor den verdutzten Augen des Renners. Es ist ebenso leicht für einen ehrlich arbeitenden Sowjetgefangenen, die vorfristige Befreiung zu erlangen, wie für den spanischen Hund den Hasen.

»Sauberkeit garantiert die Gesundheit!«

Leider nicht nur Sauberkeit allein.

Von der Arbeit kann man nur durch den Arzt befreit werden. Arbeitsverweigerung wird bestraft. Jeder Arbeitsverweigerer kommt sofort in den Karzer. Über den Tatbestand wird ein Protokoll aufgenommen, das vom Lagerkommandeur, Wachkommandanten und vom Arzt unterzeichnet wird. Drei bis fünf Protokolle genügen, um dem Arbeitsverweigerer den Prozess zu machen. In Friedenszeiten wird er aufgrund des § 58, Punkt 14, das ist konterrevolutionäre Sabotage, zu fünf oder zehn Jahren zusätzlicher Gefangenschaft verurteilt. In Kriegszeiten wurden Konterrevolutionäre, die die Arbeit verweigerten, aufgrund desselben Paragrafen erschossen, Kriminelle kamen meistens mit zehn Jahren zusätzlicher Gefangenschaft davon.

Im Allgemeinen sind Fälle von Arbeitsverweigerung bei den sogenannten Konterrevolutionären selten. Wer bestrebt ist, sich auf alle Arten von der Arbeit zu drücken, das ist der Kriminelle. Der Kriminelle ist arbeitsscheu. Darum ist er ja auch meistens zum Verbrecher geworden. Regelmäßige Arbeit ist ihm eine Qual. Ein paar Wochen lang überbietet er alle Höchstleistungen – dann ist es aus. Er lungert herum und sinnt nur noch darauf, wie er ins Krankenhaus kommen könnte.

Er trinkt Salzwasser, sein Körper schwillt auf – er wird von der Arbeit befreit.

Aus dem Ambulatorium wird eine Spritze entwendet, damit spritzt er sich Petroleum unter die Haut. Effekt: Phlegmone, womit er wochenlang im Krankenhaus liegt.

Morgens vor dem Ausmarsch wickelt er sich einen nassen Fußlappen um den Fuß. Abends kommt er zurück mit erfrorenen Zehen dritten Grades. Dasselbe kann man mit den Fingern machen.

Aber eine andere Methode wird weitaus häufiger von den Kriminellen angewendet. Sie legen die linke Hand auf einen Holzblock und schlagen sich mit einer Axt die drei mittleren Finger ab, nur kleiner Finger und Daumen bleiben übrig. Mit diesen beiden Fingern kann er die Schubkarre auf der Goldgrube nicht mehr halten, aber in der Freiheit kann er mit dieser verstümmelten Hand doch noch einen Beruf ausüben.

Blaustift und Säure werden in die Augenlider eingerieben, was ein Krankheitsbild ähnlich dem von Trachoma hervorruft.

Auch verfügen die Kriminellen über ein streng geheim gehaltenes Rezept, womit sie typische Syphilis-Symptome hervorrufen.

Aus Machorka – Tabaksorte, hauptsächlich aus Stängeln und Wurzeln – machen sie ein Gebräu, womit sie Herzstörungen und Fieber hervorrufen.

Auch das Einreiben der Achselhöhle mit Zwiebeln oder Knoblauch vor dem Fiebermessen ergibt gute Resultate – aber in Kolyma wird eine einzige Zwiebel mit fünfzig Rubeln gehandelt und besitzt Seltenheitswert.

Dass in unbewachten Momenten das Quecksilberende des Thermometers gerieben wird, um die nötige Temperatur zu erlangen, bedarf wohl keiner Erwähnung.

Ischias ist eine der beliebtesten Lagerkrankheiten, doch ist schon mancher Gefangene wieder enttäuscht zur Arbeit gehumpelt, weil er des Guten zu viel tat und doppelseitigen Ischias simulierte – was es nicht gibt.

Ein großer Teil simuliert auf Geistesstörung, manche davon jahrelang. Es gibt spezielle Irrenhäuser für Gefangene. Jedoch ist auch erwiesene echte Geisteskrankheit in der Sowjetunion kein Grund zur Befreiung eines Gefangenen.

Den Gefangenen wird nie vorher Mitteilung darüber gemacht, wenn sie von einem Lager ins andere überführt werden. Erst wenn der Lastwagen schon bereitsteht, werden die für den Transport bestimmten Gefangenen mit ihren Bündeln aus den Baracken gejagt und verladen. Ist der Kriminelle aus irgendeinem Grunde der Ansicht, dass das neue Lager für ihn schlechter sein wird als das Lager, in dem er sich befindet, schneidet er sich im letzten Moment die Bauchdecke auf, wobei er so geschickt vorgeht, dass er niemals innere Organe verletzt. Diese Fälle sind allerdings so häufig, dass der Gefangene damit nicht einmal ins Krankenhaus eingeliefert, sondern die klaffende Wunde im Ambulatorium des Lagers zugenäht wird. Wenn er Pech hat, wird er dann eine halbe Stunde später doch noch auf den Lastwagen geworfen.

Weibliche Kriminelle ziehen sich, um einem Transport zu entgehen, splitternackt aus und verkriechen sich auf die oberen Bretter. Auf alle Aufforderungen, sich zum Lastwagen zu begeben, antworten sie mit einer Flut von Schimpfworten. Schließlich kommen zwei Wachsoldaten, binden die Schreiende und mit Händen und Füßen Ausschlagende mit Stricken fest und werfen sie so auf den Lastwagen, wo sie dann von ihren Kumpaninnen während der Fahrt angezogen wird – denn irgendein Mitleidiger hat ihre Sachen hinterhergeworfen.

Gebrochene Arme und Beine sind jedem Gefangenen hochwillkommen – und die Knochen von Skorbutkranken brechen leicht. Auch da wird nach Möglichkeit nachgeholfen, indem zum Beispiel ein Bein zwischen die fahrenden Loren im Bergwerk gehalten wird.

Ganz besonders zu beneiden sind aber Gefangene mit großen trophischen Geschwüren, die sich ebenfalls auf der Grundlage von Skorbut häufig entwickeln. Allerdings muss es schon eine sehr große Wunde sein, um damit von der Arbeit befreit zu werden. Die kleineren Skorbutgeschwüre, die monate- und jahrelang nicht zuheilen, werden nicht berücksichtigt.

Taubheit, Stummheit, Lähmungserscheinungen werden manchmal jahrelang simuliert, da in vielen Lagern keine qualifizierten Ärzte vorhanden sind. In den Gefangenen-Krankenhäusern wird dann solch »Lahmer« auf folgende Art überführt: man legt ihn auf den Operationstisch und macht ihm einen leichten Ätherrausch. Im Moment des Erwachens, wenn der »Lahme« aber noch nicht bei vollem Bewusstsein ist, stellt man ihn auf die Füße und ruft ihn beim Namen. Automatisch geht er ein paar Schritte. Sobald er zum vollen Bewusstsein erwacht, lässt er sich zusammensinken – aber es ist zu spät, da man sich bereits davon überzeugt hat, dass seine Beine ihn ausgezeichnet tragen.

Erwiesenes Simulieren und Selbstverstümmelung sind strafbar. Falls ein ärztliches Protokoll über solch einen Fall vorliegt, hat der Betreffende mindestens zwei Jahre zusätzlicher Gefangenschaft zu gewärtigen. Es kommt aber nur ganz selten vor, dass Ärzte, wenn sie es irgendwie umgehen können, solch ein Protokoll aufstellen. Auch die Bestimmung, wonach Selbstverstümmler nicht mehr als dreizehn Tage im Krankenhaus verbringen dürfen, wird gewöhnlich umgangen.

Selbstmord

Als letzter Ausweg bleibt noch der Selbstmord. Dies ist ein Weg, der von den Kriminellen nie, von männlichen sogenannten Konterrevolutionären häufiger, von weiblichen sehr selten beschritten wird. Der Hauptgrund für die relativ niedrige Zahl von Selbstmorden ist der, dass man nie allein ist. Sowohl in der Baracke als auf der Arbeit ist man ununterbrochen umgeben von seinen Mitgefangenen oder von Wachsoldaten. Schon die Tatsache, dass Tausende von andern dasselbe tragen wie man selbst, lässt den Gedanken an Selbstmord nicht aufkommen.

Ununterbrochen werden neue Gerüchte erfunden, wonach eine Revision der Fälle, eine Amnestie, eine Lockerung des Regimes, eine Aufbesserung der Essrationen, und so weiter und so weiter, »unterwegs« sei. Man glaubt nicht daran, man lacht darüber, aber ein Hoffnungsfünkchen bleibt zurück und glimmt weiter.

Frauen sind weitaus zäher als Männer. Es gibt einen Grad von Erschöpfung, wo ein Mann nichts mehr anerkennt als Essen und Schlafen. Eine Frau versucht auch dann noch, sich einen Rest von Menschentum zu bewahren. Auch in Bezug auf die ungewohnte physische Arbeit sind Frauen anpassungsfähiger. Objektiv gesehen ist Holzfällen im Urwald leichter als die Arbeit in der Goldgrube, wo Frauen nicht beschäftigt werden. Aber der Sprung für eine Angestellte, Hausfrau oder geistig tätige Frau zum Holzfällen ist nicht kleiner als der Sprung eines Intellektuellen in die Goldgrube.

Gerade die Schicht der Geistesarbeiter war es aber, die einen freiwilligen Tod durch Erfrieren, Erhängen, durch einen Sturz in die Tiefe vom Turm der Goldmaschine hinab der langsamen tödlichen Marter des Lagers vorzogen.

Weder im Fall eines »natürlichen« noch im Fall eines gewaltsamen Todes werden die Angehörigen benachrichtigt. Ein Vermerk in der Statistik, und die Akten werden in einen andern Schrank eingeordnet, der das Schildchen trägt: »Archiv Nr. 3«.

Das Totenhäuschen

»Petja«, rief die Schwester und legte die gebrauchte Spritze zum Auskochen in den Sterilisator. Petja, der Wärter, von Haus aus Taschendieb, der in seinem fünfundzwanzigjährigen Leben bereits zum fünften Mal im Lager saß, streckte seinen geschorenen Kopf mit den abstehenden Ohren durch die Tür des Dienstzimmerchens.

»Petja, der Wolkow lässt dir ein langes Leben wünschen.«

Petja war durch diese Mitteilung über den Tod des gefangenen Wolkow nicht sehr erschüttert. Seit er in dieser Abteilung des Gefangenen-Krankenhauses arbeitete, hatte er schon so viele sterben sehen, dass es ihm keinen Eindruck mehr machte.

»Sollen wir ihn noch heute Nacht wegschaffen, Schwester?«

Sie schaute auf die Wanduhr, eine Art Schwarzwälderuhr mit eisernen Gewichten in Form von Tannenzapfen. Wie kamen diese Uhren nach Kolyma? – Es war kurz vor Mitternacht.

»Ja, in zwei Stunden könnt ihr ihn ins Totenhäuschen bringen. Was soll er die ganze Nacht zwischen den Kranken liegen. – Wo ist Njura?«

»Sie wäscht den Fußboden.«

»Bis dahin wird sie gerade fertig sein. Bring mir ein Brettchen für den Wolkow.«

Während sie die Personalien des toten Wolkow auf das Brettchen malte, machte Petja sich um die Leiche zu schaffen. Hemd und Unterhose mussten ausgezogen werden, denn das war Krankenhauswäsche – Gefangene wurden nackt begraben. Dann zog er die Decke über das eingefallene gelbliche Gesicht mit den geschlossenen Augen.

»Eine gute Schwester«, murmelte Petja, »sogar die Augen hat sie ihm zugedrückt. Die andern machen sich diese Mühe nicht.«

Ehrfürchtig sah er zu, wie sie die letzten Worte auf das Brettchen schrieb. Petja konnte nicht schreiben.

Mit einem Stückchen Mullbinde band er das Brettchen an den großen Zeh der Leiche. Dann sah er sich nach Njura um.

Njura war fünfzehn Jahre älter als er, aber er liebte sie zärtlich. Njura war keine Diebin. Njura hatte ihr Leben lang schwer gearbeitet. Zuerst in ihrer Jugend im Dorf, später – durch Revolution und Bürgerkrieg in die Stadt verschlagen – in einer Fabrik, und schließlich als Mutter von vier Kindern in einer kleinen Arbeiterwohnung irgendwo in Bjelorussland. Aber sie stammte von einer polnischen Mutter ab, und das war 1938 in der Sowjetunion ebenso gefährlich wie die Abstammung von einer jüdischen Mutter in Hitler-Deutschland. Mit dem Stempel KRD, konterrevolutionäre Tätigkeit, und zehn Jahren Lager versehen, wurde sie etwa dreizehntausend Kilometer weit nach Kolyma verfrachtet, um eine nicht existierende Schuld abzubüßen.

Für Njura waren alle Menschen gut, solange sie ihr nicht sehr eindringlich das Gegenteil bewiesen hatten. Und dann war sie immer noch im Zweifel, denn vielleicht hatte sie sich doch geirrt. Freundlichkeit gehörte zu ihr wie ihre rosige Haut, wie die Fältchen um die grauen Augen und wie das saubere Kopftüchlein, das sie glatt und streng über die schlichten blonden Haare band.

Sie tat die Arbeit einer Wärterin im Krankenhaus, aber niemand wäre es eingefallen, sie mit der üblichen Bezeichnung »Sanitarka« anzusprechen. Von allen wurde sie »Njanja« gerufen, mit jenem Namen, den Kinder ihrer Kinderfrau geben – und für sie waren auch alle ihre Kinder: der Arzt, die Kranken und Petja, der Taschendieb. Ihre Stimme war nicht besonders zart oder geschmeidig, ebenso wenig wie ihre Hände, aber sie war sehr gütig – ebenso wie ihre Hände. Andere Mütter, die man von ihren Kindern getrennt hatte, wurden hart und bitter in ihrem Leid. Aber Njura, die während der ersten Monate ihrer Gefangenschaft alltäglich um ihre Kinder geschluchzt hatte, konnte ihre Mütterlichkeit nicht in sich verschließen. Und so gab sie allen davon, die mit ihr in Berührung kamen.

Petja war ihr ergeben wie ein Hund. Er hatte Frauen gekannt, Huren zumeist und Diebinnen. Herumgestoßen von klein auf, hatte er eltern- und obdachlos seine Knabenjahre als blinder Passagier zwischen den Puffern von Eisenbahnzügen verbracht. Es war ihm gleich, wohin sie fuhren. Wenn er nur irgendwo im Süden überwintern konnte – betteln um ein Stück Brot konnte man überall; und gab man ihm nicht genug, so mauste er sich das Übrige.

Manchmal tat er sich zusammen mit ein paar andern Bürschchen, bis sie sich wieder verloren in der endlosen Weite des Landes.

Einmal schnappten sie ihn und brachten ihn in eine Kinderkolonie. Aber ihm, dem die Steppe ein Haus, der Sternenhimmel ein Dach gewesen, der seine Tage blinzelnd hingestreckt auf einem Felsen über dem Schwarzen Meer verbracht, dem das Rattern der Eisenbahnräder die Musik des Lebens war – ihm war die eintönige Arbeitsdisziplin der Erziehungskolonie unerträglich, und in den ersten warmen Tagen lief er davon.

Das nächste Mal wurde er eines Diebstahls wegen ins Gefängnis eingeliefert und von dort aus in eine Strafkolonie. Zum Verbrecher gestempelt, wurde er zum Verbrecher. Von nun an arbeitete er zusammen mit Leuten vom »Fach«. Was er noch nicht konnte, brachten ihm die erwachsenen Diebe bei. Das Lager war seine Schule, Banditen seine Lehrer. Als Rückfälliger kam er 1938 nach Kolyma.

Nach überstandener Krankheit blieb er als Wärter im Krankenhaus für Gefangene hängen. Er war ein finsterer Bursche mit düsteren Augen und einem harten Zug um den Mund, den er nur widerwillig auftat, um das Allernotwendigste zu sagen. Bis Njura kam.

Njura war wie ein Öfchen, und wie ein frierendes Tier streckte er sich nach ihrer Wärme. Stumm hockte er neben ihr, unfähig zu sagen, was er für sie empfand, denn zum ersten Mal war ein Mensch einfach gut zu ihm. Allmählich kamen Worte, von denen er nicht gewusst hatte, dass sie in ihm waren, allmählich kam ein Lächeln, wie er es nie gelächelt hatte. Petja, der Arbeitsscheue, rannte kopfüber hinaus in den Schneesturm, schwenkte eifrig die sonst so verhassten Eimer, denn Njura brauchte Wasser, und Njura sollte nichts schleppen, wenn er es für sie tun konnte.

Jetzt kroch sie mit dem Wischlumpen unter die dicht nebeneinanderstehenden Pritschen mit den schlafenden Kranken. Nur ein aufgeschwollener Herzkranker in halb sitzender Stellung – als Rückenstütze hatte man ihm ein Stück Holz unter den Strohsack geschoben – döste mit offenen entzündeten Augen vor sich hin. Rasch und gequält ging sein Atem.

Ihm gegenüber stand die Pritsche mit dem Toten. Über dem Tisch in der Mitte der Baracke hing die brennende Birne, für die Nacht verhüllt mit einem dunkelblau gefärbten Mulllappen. Ab und zu blickte er hinüber auf die Pritsche, wo Wolkow unter seiner Decke lag. Wolkow war so abgemagert, dass nur an der Stelle, wo der Kopf lag, eine kleine Erhöhung wahrzunehmen war. Nicht, dass es ihm besonders leidtat um Wolkow. Er war ein unangenehmer, zänkischer Kranker gewesen. Aber so sterben, in dieser Baracke, so einsam, so ohne ein einziges Gesicht, das zu einem gehörte, ohne eine vertraute Hand, an die man sich klammern konnte, wenn das Letzte, Schwerste kam – er stöhnte leise vor sich hin.

Njura war fertig mit ihrer Arbeit. Petja goss das schmutzige Wasser in sprühendem Bogen ein paar Schritte hinter der Baracke aus. Das war zwar verboten, aber es schneite sowieso, und die schmutzigen Tropfen waren im Nu zugedeckt von reinen Flocken.

Dann legten sie den Toten auf eine Tragbahre, breiteten die Decke über den nackten starren Körper und trugen ihn hinaus. Nur die Fußspitzen mit dem Brettchen am linken großen Zeh guckten heraus, aber der Winter von Kolyma konnte Wolkows Füßen nichts mehr anhaben.

Sie zogen sich die Wattejacken über und stapften hinaus in den Schnee.

Nach einem raschen Blick auf die Bahre ließ der Wachkommandant sie passieren. Das Totenhäuschen lag außerhalb der Krankenhauszone. Sie schritten die menschenleere Fahrstraße entlang, am Laboratorium und einem zweistöckigen Wohnhaus vorbei, bis sie zu einem alleinstehenden Holzhäuschen kamen.

Außen am Türpfosten lehnte eine Gestalt. Petja fuhr zurück: Ein Toter bewachte die Toten. Er überwand sich und klopfte. Es dauerte eine Weile, bis Kolja, der gefangene Wächter der Toten, öffnete.

»Was hast du denn hier für einen Gehilfen?«, fragte Petja und deutete auf die Leiche. Kolja grinste.

»Das ist das beste Mittel gegen Wachsoldaten. Wirkt unfehlbar. Nicht ein Einziger kommt mehr in die Nähe, wenn ich so einen draußen stehen habe. Früher schnüffelte ab und zu einer von den Kerlen bei mir herum. Jetzt kann man in Ruhe ein Glas hinter die Binde gießen – er knipste erläuternd mit Zeigefinger und Daumen an die Gurgel – und wenn Katja Nachtschicht hat und auf einen Sprung herüberkommt, so können wir ungestört...«, er sprach den Satz nicht zu Ende, fuhr sich mit der Zungenspitze über die dicken Lippen und warf einen Seitenblick auf Njura, ob sie sich vielleicht auch zu einem Schäferstündchen zwischen den Toten eigne.

Aber Njuras Augen blickten an ihm vorbei auf die Toten, die rings um den Seziertisch an den Wänden aufgestapelt lagen. Jetzt lag auch Wolkow dort, als ob er nie geatmet und gesprochen hätte, mit baumelndem Arm, und sein Kopf hing über die Beine der darunterliegenden Leiche herab.

»Die kommen morgen dran zum Sezieren«, sagte Kolja und berührte mit dem Fuß einen steif gefrorenen Leichenstapel.

»Muss einheizen, dass sie mir zur Zeit auftauen«, und er machte sich an dem kleinen eisernen Öfchen zu schaffen. »Wenn du dir noch eine anrauchen willst, Petja, könnt ihr euch zu mir reinsetzen.«

Er öffnete eine Tür, die zu einem kleinen Verschlag hinter dem Sezierraum führte. Dort stand seine Pritsche. Rings herum an den Wänden standen auf Brettern Glasgefäße mit Herzen, Nieren, Mägen in Spiritus. Kolja schloss die Tür hinter ihnen und ging zu seinen Leichen zurück.

Sie waren allein. Aber Petja drehte sich keine Zigarette. Er schaute auf Njura, auf die geschlossene Tür, auf die Pritsche. Auf dem Fensterbrett schwelte eine Petroleumfunsel. Er blies sie aus und packte die Frau. Zuerst wehrte Njura sich, dann ließ sie es geschehen.

Als Kolja sie hinausgeleitete, murmelte Petja beiläufig: »Die Lampe ist ausgegangen. Wohl kein Brennstoff drin.«

»Schon gut«, brummte Kolja verständnisvoll und schloss die Tür.

Als sie diesmal an der Leiche neben dem Türpfosten vorbeigingen, warf ihr Petja einen dankbaren Blick zu.

Zehntes Kapitel

DIE TRADITION DER POTEMKINSCHEN DÖRFER

Wallace in Magadan

Keine noch so hohe Kommission hat solch eine Aufregung verursacht wie der Besuch von Wallace in Kolyma während des Krieges. Diesem Besuch ging ein Märchen voraus, an dem die frierenden Gefangenen immer wieder ihre Seelen erwärmten: Für die während des Krieges geleistete Hilfe an die Sowjetunion werde das Goldland Kolyma an Amerika abgetreten!

Auch die Vernünftigsten und Nüchternsten unter den Gefangenen erwogen immer wieder diese Möglichkeit, und lange Diskussionen wurden darüber geführt, ob auch die Gefangenen mit an Amerika abgetreten würden. Es war ein typisches Gefangenenmärchen, ebenso absurd wie zäh. Und welchen Auftrieb erfuhr es erst, als sich die Nachricht von dem bevorstehenden Besuch des amerikanischen Staatssekretärs in Kolyma verbreitete!

Wallace bereiste damals den asiatischen Teil der Sowjetunion, um die Kapazität der sowjetischen Industrie in Augenschein zu nehmen. Ich weiß nicht, was er im übrigen Sowjet-Asien gesehen hat, aber in Kolyma löste die NKWD ihre Aufgabe in der glänzendsten Weise: Er sah auch nicht das Geringste von dieser Eishölle mit ihren Hunderttausenden von Verdammten.

Die Zufahrtsstraßen nach Magadan waren besät mit hölzernen Wachttürmchen. Zu Ehren von Wallace wurden sie in einer Nacht niedergelegt.

Am Rande der Stadt befinden sich einige Gefangenenlager, darunter das große Frauenlager mit etwa tausend Insassen. Diese Gefangenen arbeiten auf den verschiedensten Plätzen in der Stadt. Sie alle lassen hiermit Herrn Wallace ihren verbindlichsten Dank aussprechen. Denn Herr Wallace war schuld, dass die Gefangenen, zum ersten und letzten Mal, drei Tage hintereinander frei hatten: am Tage der Ankunft, am Tage des Besuchs und am Tage der Abreise von Wallace durfte kein einziger Gefangener aus dem Lager herausgelassen werden.

Nicht genug damit. Zwar war die Route für Herrn Wallace und seine Suite vorher genau festgelegt, aber durch einen Zufall hätte das Auge des Besuchers vielleicht doch die Gefangenen auf ihrem Lagerhof entdecken können – und das wäre kein schöner Anblick gewesen. Daher wurde auf höheren Befehl den Gefangenen Kino vorgespielt, drei Tage lang, von morgens bis abends. Da trieb sich natürlich kein Gefangener auf dem Hof herum.

In gewisser Weise haben die Gefangenen Magadans ihren Dank zwar abgetragen, doch davon weiß Herr Wallace vermutlich nichts. Oder sollte er auf den Gedanken gekommen sein, dass die Schauspieler, an denen er sich an jenem Abend im Gorki-Theater der jungen Hafenstadt erfreute, zum größten Teil Gefangene waren? Wohl kaum. Umso mehr, als er nicht einen Einzigen dieser Schauspieler zu Gesicht bekommen hat, weil sie sofort, nachdem der Vorhang fiel, auf einen Lastwagen geladen und ins Lager zurückbefördert wurden. Denn es wäre doch peinlich gewesen, wenn so ein Schauspieler, der vielleicht sogar englische Sprachkenntnisse besaß, Herrn Wallace erzählt hätte, dass er einer der vielen Unschuldigen sei, die hier ihre zehnjährige Gefangenschaft verbüßen.

Und woher sollte Herr Wallace wissen, dass diese Stadt, die für die dortigen klimatischen Verhältnisse so unglaublich schnell aus dem Urwald herausgewachsen war, ausschließlich von Gefangenen erbaut worden war? Woher sollte er wissen, wie viel gefangene Frauen da alltäglich die Balken und die Ziegelsteine schleppten?

Er hat wohl auch nicht gesehen, in welche Verwirrung er die

adrett gekleideten Schweinehüterinnen von der Musterfarm am 23. Kilometer außerhalb Magadans durch eine harmlose Frage bezüglich der Schweinchen versetzte. Die Schweinehüterinnen waren nämlich gar keine Hüterinnen, sondern ein paar nett aussehende Büromädels, die speziell für den Besuch von Herrn Wallace auf diesen Posten anstelle der sonst dort beschäftigten Gefangenen beordert worden waren. Aber der Übersetzer rettete die Situation, und alles ging glatt.

Mit Befriedigung konstatierte Herr Wallace auch das reiche Assortiment von russischen Waren in den Schaufenstern von Magadan. Er ließ es sich sogar nicht nehmen, solch einen Laden zu betreten, die russischen Erzeugnisse aus der Nähe zu betrachten und eine Kleinigkeit einzukaufen. Die Bürger Magadans waren allerdings noch erstaunter über alle die über Nacht in den Schaufenstern aufgetauchten russischen Waren als Herr Wallace, denn seit zwei Jahren war alles, was es – streng rationiert – auf Karten zu kaufen gab, amerikanischen Ursprungs. Aber NKWD hatte die Mühe nicht gescheut, aus den verstecktesten Magazinen die verstecktesten Reste russischer Produktion zusammenzukratzen, um Herrn Wallace zu imponieren. Ein geistesgegenwärtiger Bürger Magadans schlüpfte gleichzeitig mit dem hohen Besuch in den Laden und ergatterte eine längst aus dem Handel verschwundene Delikatesse. Ein Zweiter wollte es ihm gleichtun, doch da Herr Wallace den Laden bereits verlassen hatte, musste dieser Bürger mit dem lakonischen Bescheid »Unverkäuflich« wieder abziehen.

Dann reiste Herr Wallace ab, um seinen begeisterten Bericht über Sowjet-Asien zu veröffentlichen.

Die Wachttürmchen wurden wieder aufgerichtet, die Gefangenen wieder auf Arbeit gejagt, und in den leeren Schaufenstern lagen traurig und verstaubt ein paar Streichholzschachteln.

Dewjatka

Dewjat heißt auf russisch Neun. Ein gewisser Laden in Magadan hat im Volksmund den Namen »Dewjatka«, das heißt der »Neunerladen«. Nur neun Familien haben aufgrund eines besonderen Ausweises das Recht, in diesem Laden einzukaufen.

Wer sind die Privilegierten, die im »Lande der Arbeiter und Bauern« Zutritt zu den Schätzen dieses Luxusladens haben, der auch während des Krieges alles aufwies, von Orangen, Schokolade, ausländischen Konserven bis zu erlesenen Stoffen, feinen Schuhen und amerikanischen Zigaretten – all die Dinge, die der gewöhnliche Sowjetbürger seit dreißig Jahren nicht einmal mehr im Traum sieht? Wer sind die »Helden der Arbeit«, die sich mit ihren Familien an sämtlichen irdischen Gütern erfreuen dürfen?

1. Der Chef des »Dalstroi-Trust«, Oberster Chef von Kolyma, Indigirka und Tschukotka – Generalleutnant Nikischow.
2. Sein Stellvertreter – Oberst Gakajew.
3. Der Chef der politischen Verwaltung.
4. Der Prokuror.
5. Der Chef der NKWD-Truppen in Kolyma.
6. Der Chef der Wachmannschaften (Wochr) in Kolyma.
7. Der Chef der regulären Truppen in Kolyma.
8. Der Chef der Wirtschaftsabteilung.
9. Der Chef der Sanitätsverwaltung des USWITL (sämtlicher Lager Kolymas, Indigirkas und Tschutkotkas).

Kein anderer Sterblicher darf diesen Laden betreten, wie ehrlich er auch immer sein Geld verdient haben mag, ganz entsprechend jener – laut Stalin bereits erreichten – Phase des vollendeten Sozialismus, die gekennzeichnet ist durch die Worte:

Jedem nach seinen Fähigkeiten – jedem nach seinen Bedürfnissen!

Artikel 119 der Verfassung der UdSSR: Die Bürger der UdSSR haben das Recht auf Erholung

Oberst Gakajew, der zum Stellvertreter Nikischows, des obersten Chefs von Kolyma aufgerückt ist, war vorher Chef der Verwaltung des Nördlichen Goldbergwerk-Distrikts von Kolyma (SGPU). Sitz der Verwaltung ist Jagodnoje, eine größere Siedlung mit hübschen Holzhäuschen am Fuße der Berge.

Gakajew, ein gebürtiger Kaukasier, war gefürchtet wie ein asiatischer Despot. Mit einer Skrupellosigkeit und Brutalität, die selbst unter der dortigen Sorte von Sklavenhaltern ihresgleichen sucht, verwirklichte er die Jahrespläne für die Goldgewinnung und überbot sie – was ihm die hübsche Prämie von 50 000 Rubeln in einem Jahr eintrug.

Doch nicht nur die Gefangenen waren seinen Anfällen von kaukasischer Wildheit ausgeliefert, auch die freie Bevölkerung seines Herrschaftsbereichs lebte in der ständigen Erwartung neuer Schikanen, die er nicht müde wurde, für sie zu erfinden. Der größte Teil dieser Bevölkerung bestand natürlich aus ehemaligen Gefangenen, die zum Teil in den Goldgruben, zum Teil als Angestellte und Arbeiter aller Art in Jagodnoje beschäftigt waren. Gakajew organisierte nicht nur ihre Arbeitszeit, er organisierte auch ihre Freizeit.

Jeden Sonntag standen ein Dutzend Lastwagen bereit, die diese Arbeiter und Angestellten zu den Goldgruben fuhren, wo sie als »freiwillige Stoßarbeiter« den ganzen Tag Gold waschen mussten.

Ausgestorben lagen die Straßen von Jagodnoje an den Sonntagen da. Niemand traute sich hinaus. Selbst jene nicht, die ein ärztliches Attest besaßen, das sie von dieser »freiwilligen« Arbeit befreite, selbst jene nicht, die – wie zum Beispiel Ärzte – unabkömmlich waren. Traf man unseligerweise Gakajew am Sonntag, so ließ er sich auf keinerlei Diskussionen ein, er requirierte den nächstbesten Wagen, jagte seine Opfer hinauf, half auch eigenhändig nach, wenn es ihm nicht schnell genug ging, überschüttete sie mit saftigen Flüchen – die er mit besonderem Genuss auf der Zunge zergehen ließ – und drohte ihnen obendrein, sie als Saboteure vor Gericht zu bringen.

In Jagodnoje gab es einen Volleyball-Platz. (Volleyball ist einer der beliebtesten Sports in der Sowjetunion.) Zwar wurde er nur selten benützt, denn allzu kurz ist der Sommer in Kolyma, aber ab und zu fanden sich doch ein paar Burschen zusammen, um zu spielen.

Schließlich kann man nicht nur schuften, nur Karten spielen, nur saufen. So meinten sie wenigstens, als sie sich nach einem Goldwäscher-Sonntag im milchigen Licht der hellen Sommernacht, die keine Dämmerung, kein Dunkel kennt, entspannten.

Nicht so Gakajew. Er kam vorbei, sah die jungen Männer beim Spiel und war so empört bei ihrem Anblick, dass ihm im ersten Moment der übliche Fluch auf den Lippen erstarrte. Im nächsten Augenblick holte er dieses Versäumnis allerdings mit verdoppelter Lautstärke nach, wobei sein Stiernacken vor Wut rot anschwoll. So also hatten sie auf der Goldgrube gearbeitet, dass ihnen am Abend noch Kraft blieb, Volleyball zu spielen!

Am nächsten Tag wurde auf Befehl des Obersten Gakajew der Volleyballplatz von Jagodnoje in die Luft gesprengt.

Elftes Kapitel

NACH DEM KRIEG

Die »Übersitzer«

Die Gefangenen auf der ganzen Welt zählen die Jahre, die Monate, die Wochen und schließlich die Tage bis zu ihrer Befreiung. Ich hatte mir eine Streichholzschachtel zugelegt, mit einem Streichholz darin für jeden Monat Haft. Fünf Jahre sind sechzig Monate, also sechzig Streichhölzer. Jeden Monat nahm ich ein Streichholz heraus. Eines Tages im Sommer 1942 warf ich das letzte Streichholz weg.

Und dann geschah gar nichts.

Wie immer krächzte die Schiene zum Ausmarsch in der Früh, wie immer fluchten die Wachsoldaten, wie immer schrien die Antreiber in allen Tonarten: »dawai, dawai!« und »bystrej, bystrej!« (Los, los! Schneller, schneller!), wie immer schwitzten wir unter der Last von Baumstämmen und Säcken und Ziegelsteinen, stritten uns um den Rest einer Zigarette, die schon vier andere vorher geraucht hatten, froren jämmerlich vor den Lagertoren, bis man uns endlich passieren ließ, wurden gezählt und gezählt und gezählt, stierten in den ausgekratzten Suppennapf, ob er sich vielleicht durch ein Wunder noch einmal füllen werde, bis man durch einen Rippenstoß der ungeduldig Wartenden von der Bank geschupst wurde, und krochen auf die Bretter zu den Wanzen – wie immer.

Anderthalb Jahre nachdem ich das sechzigste Streichholz weggeworfen hatte, wurde mir nach dem abendlichen Appell von einem Wachkommandanten ein Zettel zur Unterschrift vorgelegt:

Die Gefangene E. L., geboren ..., verurteilt zu fünf Jahren Besserungs-Arbeitslager, hat ihre Straffrist am ... 1942 abgebüßt. Sie wird jedoch im Lager zurückbehalten bis zur Beendigung des Krieges. Von diesem Beschluss wurde sie in Kenntnis gesetzt.

Elgen, den ... 1943. Unterschrift der Gefangenen:

Und Tage, Wochen, Monate, Jahre vergingen, es verging die Hoffnung, es verging das Leben. Raus, raus! Schneller, schneller! Los, los! Müde, hungrig, durchfroren.

Einmal in einem sauberen Bett liegen, einen Tag nicht die Schiene rasseln hören, einen Tag allein sein ... Wie duftet ein Apfel? Fahren irgendwo auf der Welt noch Eisenbahnen? Nicht einmal Spatzen gibt es in dieser Wildnis.

Aber einen Himmel gibt es mit einem surrenden glitzernden Dreieck. Drei Flugzeuge, das mittlere mit Gold beladen, zu beiden Seiten die Geleitflieger. Gold für Amerika.

Ein Sprüchlein aus einem Kindermärchen kommt mir in den Sinn:

Wenn doch was käm
Und mich mitnähm ...

Aber es kommt nur der Brigadier – los, los, schneller, schneller!

Wie lange noch? Wie lange noch?

Jahre vergingen. Es kam der Mai 1945. Es kam der Tag des Sieges mit Versammlungen und Reden. Gefangene umarmten sich. Augen voll Glück, voll Tränen, voll Hoffnung.

Und dann geschah gar nichts.

Tage und Wochen und Monate und Jahre vergingen. Es verging das Jahr des Sieges 1945. Es verging das Jahr 1946. Das zehnte Jahr der Gefangenschaft. Unschuldig. Alte Gefangene sterben. Alte Gefangene gehen in die Freiheit. Und immer neue und abermals neue Gefangene spucken die Schiffe aus ihren Bäuchen ans Ufer. Eine Gefangene mehr oder weniger. Wen kümmert es?

Und auf alle Eingaben, Bittschriften, Anfragen – »Wann lassen Sie mich frei?« – die stereotype Antwort: »Wir warten auf eine Bestimmung aus Moskau.«

Schuften und hungern, schuften und frieren, schuften, schneller, schneller, los, los!

»Du, ich habe ein Buch, das dich interessieren wird.«

»Mich? Ein Buch? Geh zum Teufel mit deinem Buch. Ich will die Freiheit!«

»Du, heute wird im Klub ein Film gezeigt.«

»Geh zum Teufel mit deinem Film. Gebt mir die Freiheit!«

»Du, man sagt, die Übersitzer (jene, die über das ursprüngliche Strafmaß hinaus im Lager zurückbehalten wurden) sollen bald freigelassen werden.«

»Ach, geh zum Teufel mit deinen Märchen, wer glaubt ihnen noch, den Betrügern?«

Der Gefangene, der seine Straffrist verbüßt hat, wird nicht automatisch entlassen. Das Lager holt unter Einsendung eines Führungsberichts eine Bestätigung der zutreffenden Stellen ein, die häufig mit Verspätung eintrifft.

Während des Krieges wurden die sogenannten »Bytowiki« freigelassen, das sind Personen, die in irgendeiner Form das Gesetz übertreten haben, aber weder als Konterrevolutionäre noch als gemeine Verbrecher verurteilt wurden. Sie machen im Lager aber nur einen ganz geringen Prozentsatz aus. Auch Kriminelle wurden befreit, mit Ausnahme derjenigen, die aufgrund des § 59, Punkt 3, das ist Banditismus, verurteilt waren.

Von Personen, die unter die Kategorie »Konterrevolutionäre« fielen, wurden während des Krieges nur die als Familienmitglieder Verurteilten befreit, außerdem § 58, Punkt 12, das ist Nichtanzeige, und Personen mit der Formulierung SOE, sozialgefährliches Element.

Letztere Formulierung und fünf Jahre Lager erhielt z. B. die russische Braut K. F. des ausländischen Vertreters des Internationalen Roten Kreuzes W. W. in Moskau, der 1938 die Sowjetunion verlassen musste. Einen Tag nach seiner Abreise wurde sie verhaftet und nur aufgrund dieser Verlobung als sozialgefährliches Element verurteilt und nach Sibirien (Mariinsk) transportiert. –

Alle andern Personen, die aufgrund des § 58 oder aufgrund einer konterrevolutionären Formulierung durch die OSO (das unsichtbare Richterkollegium) verurteilt waren, wurden während des Krieges nach Beendigung ihrer Straffrist nicht freigelassen. Sie alle wurden davon in Kenntnis gesetzt, dass sie bis zur Beendigung des Krieges im Lager zurückbehalten würden. Man nannte sie »Peresidtschiki«, die »Übersitzer«. Ihre Befreiung erfolgte aber nicht sofort nach dem Kriege, sondern begann listenweise im Frühjahr 1946, und zwar nach dem Alphabet, sodass Personen, deren Namen mit A oder B anfingen, sich bereits im Mai der Freiheit erfreuten, während die letzten Buchstaben des Alphabets erst im Spätherbst entlassen wurden. Doch wurden auch dann noch Ausnahmen gemacht, und zwar in Bezug auf einzelne Personen, die als Trotzkisten verurteilt waren. Als ich Ende 1946 Kolyma verließ, warteten sie immer noch auf einen Entscheid, obwohl sie anstatt der ihnen ursprünglich auferlegten fünf Jahre bereits zehn Jahre verbüßt hatten.

Nach der Entlassung

Jeder Gefangene, der entlassen wird, bekommt zunächst ein Papier, das den Namen »Form Nr. 25« trägt. Es hat nur Gültigkeit am Ausstellungsort und ermächtigt nicht zur Fortbewegung nach andern Orten. Erst nach einer gewissen Zeit erhält der ehemalige Gefangene den Inlandpass; kein Sowjetbürger erhält einen Auslandpass, mit Ausnahme der wenigen, die von der Regierung ins Ausland geschickt werden. Dieser Inlandpass bekommt einen Vermerk, der als minus 135 bezeichnet wird. Das heißt, der Träger darf sich in den 135 größten Städten der Sowjetunion und hundert Kilometer in ihrem Umkreis nicht ansiedeln. Außerdem erstreckt sich das Verbot auf sämtliche Grenzgebiete und Verwaltungszentren (Rayonzentren) und auf den Wohnort, den der Betreffende vor seiner Verhaftung innehatte. Bei der Ausfertigung dieser Papiere muss der ehemalige Gefangene angeben, wo er sich ansiedeln will, und dieser Ort, falls genehmigt, wird in den Dokumenten festgelegt.

Die Reise des Entlassenen nach dem Ansiedlungsort wird vom Staat bezahlt. Wohin er auch kommt, er ist überall sofort als ehemaliger Gefangener gekennzeichnet. Diese Bestimmungen gelten für die ganze Sowjetunion.

Der Gefangene, der in Kolyma entlassen wird, unterliegt jedoch zusätzlichen Beschränkungen. Er darf Kolyma nicht verlassen, wenn er nicht über fünfzig Jahre alt oder von der Ärztlichen Arbeitskommission (russische Abkürzung WTK) zum Invaliden erklärt worden ist. Auch Personen über fünfzig Jahre bekommen die Ausreise nicht, wenn sie einen Beruf ausüben, der in Kolyma dringend gebraucht wird, wie z. B. Ärzte, Geologen, Ingenieure, Chemiker, Buchhalter, Köche, Schneider.

Eine besondere Kategorie sind die entlassenen Gefangenen deutscher Abstammung, Wolgadeutsche, sibirische Deutsche, deutsche Emigranten und Einwanderer und deutsche Juden, die alle die sowjetische Staatsbürgerschaft vor ihrer Verhaftung besaßen. Sie alle mussten ein Papier unterzeichnen, worin ihnen mitgeteilt wurde, dass sie als Kolonisten in Kolyma angesiedelt wurden, zumeist auf sechs Jahre, manchmal ohne Zeitangabe.

Mit wenigen – weiblichen – Ausnahmen wurden sie in einem entlegenen Gebiet (Kolyma's!) angesiedelt, wo sie in Gemeinschaftsbaracken leben müssen. Sie haben nicht das Recht, den ihnen angewiesenen Arbeitsplatz – es handelt sich dort fast ausschließlich um schwere physische Arbeiten – zu verlassen und unterstehen der ständigen Kontrolle der NKWD von Tienki, wie dieser Bezirk heißt.

Entlassene Ausländer, die die sowjetische Staatsbürgerschaft nie besaßen, werden in ihre Heimat abgeschoben, so wie es in meinem Fall geschah.

Jeder entlassene Gefangene muss sich bei der Kaderabteilung melden, die nach ihrem Ermessen die Arbeitskader verteilt. Personen mit Hochschulbildung werden in ihrem Beruf verwendet, da daran ein großer Mangel herrscht. Alle Übrigen müssen in der

Hauptsache mit Arbeiten in den Goldgruben rechnen, Frauen mit Feldarbeit.

Da die Zahl der freien Bevölkerung durch entlassene Gefangene allmählich zunimmt, gibt es jetzt Goldgruben, wo nur freie Bürger beschäftigt werden, z. B. die Grube des Nördlichen Bergwerkdistrikts (SGPU) »Werchny At-urjach«, während die in der Nähe liegende Goldgrube »Nishny At-urjach«, die den Beinamen »Maxim Gorki« trägt, von Gefangenen bearbeitet wird.

Es besteht die Tendenz, diesen ganzen Nördlichen Bergwerksdistrikt mit freien Bürgern zu bearbeiten, während die Gefangenen in den letzten Jahren in noch entferntere Gegenden verschickt werden: an den Flusslauf der Indigirka, wo sich ebenfalls große Gold- und Gefangenenlager befinden, und nach der Tschukten-Halbinsel am Nördlichen Eismeer, die als unabhängige Verwaltung (»Tschukstroi«) vom Trust »Dalstroi« losgelöst werden soll, der bisher alle drei Gebiete – Kolyma, Indigirka und Tschukotka – unter sich hatte.

Die Mühle mahlt

Abgesehen von den Kriminellen waren es in den Dreißigerjahren die Bauern, die das Hauptkontingent der sogenannten konterrevolutionären Gefangenen stellten.

Nach der Ermordung Kirows Ende 1934 kamen große Kontingente von Arbeitern und Intellektuellen in die Lager.

Ende 1936, 1937 und 1938 ergoss sich der endlose Strom von sogenannten Konterrevolutionären aus allen Schichten der Bevölkerung, aus Städten und Dörfern, aus sämtlichen Unions-Republiken in die Lager.

1939 und 1940 kamen die Polen, die nach der Teilung ihres Landes in reichlichem Maße verhaftet wurden. 1941 erfreuten sie sich allerdings einer Amnestie, da sie als polnische Freiheitsarmee gegen Hitler eingesetzt wurden.

Es kamen Menschen aus den Balkanländern, die vor den Hitlertruppen geflüchtet waren, zum großen Teil Juden, die sofort nach dem Grenzübertritt von den Sowjetbehörden gefangen genommen wurden und entweder als Grenzverletzer drei Jahre oder als Spionageverdächtige acht Jahre Lager bekamen. Sowohl die eine wie die andere Gruppe musste acht Jahre absitzen, da auch die Grenzverletzer während des Krieges nicht freigelassen wurden. 1940 kam ein Schiff mit sechshundert solcher Flüchtlinge unter Tausenden von andern Gefangenen in Kolyma an. Nach Beendigung des Krieges kehrten sechzig in ihre Heimat zurück. Die Übrigen hatten ihr Leben, das sie in der Sowjetunion zu retten glaubten, in den Goldgruben Kolymas gelassen.

1941 kam der Krieg und mit ihm eine neue Kategorie von Gefangenen, die »Ukasniki«. Es gab einen »Ukas«, wonach jeder Arbeiter, der seinen Platz in einem Kriegsbetrieb, gleichgültig aus welchen Gründen, verließ, zu sechs oder acht Jahren Freiheitsentzug verurteilt wurde. Da kamen Hunderte von jungen Mädchen zwischen achtzehn und zwanzig Jahren nach Kolyma, die zurück ins Dorf gelaufen waren, weil sie den Hunger in der Stadt nicht mehr ertrugen, wohin man sie zwangsweise mobilisiert hatte. Manche waren nur auf ein paar Tage ins Dorf gefahren, um eine kranke Mutter zu pflegen, aber der Fabrikdirektor gab keinen Tag Urlaub, und als sie zurückkehrten, wurden sie verhaftet. Halbe Kinder kamen da an, aus denen Kolyma im Handumdrehen ganze Dirnen machte. Tausende von Arbeitern kamen wegen eines geringfügigen Vergehens als »Ukasniki« in die Lager Kolymas. Zwar wurden sie nach Beendigung des Krieges Ende 1945 amnestiert, doch soweit sie nicht physisch vernichtet waren, waren sie es moralisch.

1944/45, mit dem Vormarsch der Sowjettruppen nach dem Westen, kamen die Gefangenen aus den befreiten Gebieten. Tausende von jungen Letten und Litauern wurden in Kolyma zuerst gefangen gehalten, dann zwangsweise kolonisiert – unter dem Namen »Spezialkontingent«.

Tausende von Menschen, die unfreiwillig die Okkupation der Deutschen erduldet hatten, wurden nur dieser Tatsache wegen aufgrund von üppig blühenden Denunziationen auf zehn Jahre als Landesverräter nach Kolyma geschickt.

Wieder kamen Hunderte von jungen Mädchen zwischen siebzehn und zweiundzwanzig Jahren nach Kolyma mit dem Paragrafen 58, Punkt 1 – Landesverrat – und zehn Jahren Lager. Es waren junge West-Ukrainerinnen – die West-Ukraine wurde nach dem Krieg von Polen an die Sowjetunion abgetreten –, die zu der Organisation der »Bandjerowzi« gehört haben sollten. Später haben mir polnische Partisanen erzählt, dass diese Organisation die grausamsten und unmenschlichsten Schandtaten sowohl gegen Polen als gegen Sowjetbürger begangen und bei vielen Pogromen mitgemacht hatte – und zwar aufgehetzt von den Deutschen, von den ukrainischen Nationalisten, von der Geistlichkeit und von der eigenen Rohheit und Unkultur. Man hat sie gefangen, man hat sie bestraft. Aber wozu haben Sowjetoffiziere siebzehnjährigen Mädchen beim Verhör das Schlüsselbein gebrochen, die Rippen zertreten mit ihren Militärstiefeln, dass sie blutspuckend in den Gefangenen-Krankenhäusern Kolymas lagen? Überzeugt von ihren Übeltaten hat man mit diesen Übeltaten keine von ihnen. Und mit dem Blechmedaillon der Muttergottes auf der zerschlagenen Brust und mit Hass in den Augen sind sie gestorben.

Und dann kamen 1946 die Heimkehrer nach Kolyma, Frauen und Mädchen, von den Deutschen aus der Ukraine nach Deutschland verschleppt, von den Deutschen zur Arbeit in den Munitionsfabriken gepresst, die voll von Heimweh und Erwartung die Züge nach der Sowjetunion bestiegen hatten.

Das gleiche Los erwartete die Unglücklichen, die in deutsche Kriegsgefangenschaft geraten waren – denn ein Soldat der Sowjetarmee darf sich nicht gefangen nehmen lassen, er muss kämpfen bis in den Tod.

Kriegsgefangenenlager für Deutsche gab es in Kolyma nicht, wohl aber für Japaner. Ihre Lager waren isoliert von den russischen Straflagern, ihre Arbeitszeit betrug nur acht Stunden, und als Brigadiere fungierten ihre ehemaligen Offiziere, die keine physische Arbeit leisten mussten. Zumeist wurden sie für Straßenbau verwendet. Sie bekamen ihre fixe Reisration, unabhängig von der Menge der geleisteten Arbeit, später gingen auch sie zum Brot über, – das offenbar sättigender war unter den dortigen klimatischen Verhältnissen, unter denen sie ganz besonders litten.

Vor dem Krieg, während des Krieges, nach dem Krieg – unaufhörlich werden neue Massen zermalmt. Der Schnee von Kolyma deckt die Gefangenen zu, die Goldgruben an der Indigirka schlucken und schlucken Gefangene, Tschukotka, die riesige Halbinsel am Nördlichen Eismeer, reich an Metallen, reich an Kohle, reich an Uran, frisst und frisst Gefangene.

Keiner kennt die Namen. Keiner zählt die Toten.

Aber die Sowjetunion ist reich und mächtig, und einig steht das Sowjetvolk hinter seinem Führer. So wird es gesagt, so wird es geschrieben. Einig? Und wer sind die zwölf Millionen Gefangenen – eine Ziffer, die immer wieder aus NKWD-Kreisen bestätigt wird –, die beständig die Gefängnisse und Lager der Sowjetunion füllen? Wären es wirklich Gegner des Regimes, so kann es sich also nur halten, wenn es zwölf Millionen des eigenen Volkes, in dessen Namen es angeblich regiert, mit blutiger Gewalt niederhält? Sind es aber Unschuldige, wie sie es in Wahrheit sind, wer kann dann behaupten, dass dieses Regime und sein Führer das Recht hat, sich Befreier seines Volkes zu nennen?

Letzte Begegnungen mit Gefangenen auf Kolyma

Im Röntgenkabinett des Zentralen Krankenhauses des »USWITL« am Dreiundzwanzigsten Kilometer in einem dunklen Vorraum warten die Kranken aus den verschiedenen Abteilungen. Nur wenn die Barackentür geöffnet wird und einen neuen Kranken hereinlässt, fällt für einen Augenblick Licht auf die wartende Gruppe. Alle tragen die Krankenhaustracht, Männerunterhemden und Männerunterhosen, die mit Bändeln an den Knöcheln befestigt werden, worüber sie ein Betttuch oder eine Decke drapiert haben.

Neben mir hustet eine junge Frau, den bellenden, heiseren, gequälten Husten der Schwindsüchtigen. Ein paar Kriminelle wechseln die üblichen Flüche, die bei ihnen menschlichere Begrüßungsformeln ersetzen. An einem bedrückten Aufseufzen neben mir erkenne ich, dass die junge Frau an solche Ausdrücke noch nicht gewöhnt ist, also noch nicht lange in Kolyma sein kann. Wir kommen ins Gespräch.

Mit dem letzten Schiffstransport kam sie an und wurde vom Hafen direkt ins Krankenhaus eingeliefert. Noch weiß sie nicht, die zu zehn Jahren Gefangenschaft verurteilt ist, was Lager bedeutet. Vermutlich wird sie es auch nie erfahren. Mit ihrer offenen Tuberkulose wird man sie von Krankenhaus zu Krankenhaus, von Invalidenlager zu Invalidenlager schaffen, wo sie so lange husten und so lange Blut spucken wird, bis es zu Ende ist. Gewöhnlich erbarmt sich der Tod rasch über solche Gefangene, denn jakutisches Klima und sowjetische Hungerration sind ihm ein guter Wegbereiter.

Die Schwindsucht hat sie sich nicht in sowjetischer Gefangenschaft erworben, die Schwindsucht hat sie sich bei den Nazis geholt. Als Siebzehnjährige hatten die Deutschen sie aus ihrer heimatlichen Ukraine weggeschleppt bis nach dem Ruhrgebiet, wo sie in den Krupp'schen Munitionsfabriken arbeiten musste. Dort hatte das Fieber und der Husten angefangen, und dort hatte sie zum ersten Mal monatelang im Spital gelegen. Dann hatte man sie wieder in die Fabrik geschickt – und dann war der Krieg zu Ende.

Sie konnte nicht mitsingen, weil sie dann husten musste, als sie mit den andern russischen Heimkehrern aus Deutschland im festlichen, blumengeschmückten Zug der Heimat zurollte. Aber träumen konnte sie, von ihrem ukrainischen Heimatdorf, das sie in wenigen Tagen wiedersehen würde, von dem würzigen Brot, das man dort buk, und von Sahne und Speck und von roten, duftenden Kohlsuppen mit Fleisch. Vielleicht war jetzt alles knapp nach dem Krieg, aber um einen Menschen, den die Nazis krank gemacht hatten, würde man sich doch sicher ein wenig bemühen.

Man bemühte sich. Alles war wohl organisiert.

An der Grenze wurden sie in einen andern Zug verladen, denn die russische Spurweite der Eisenbahnschienen ist breiter als die europäische. Dieser Zug war nicht mehr mit Blumen geschmückt. Dafür waren die Fenster vergittert und die Türen von außen verschlossen.

Den entgeisterten Heimkehrern erstarben die Lieder auf den Lippen. Von nun an wurden sie als Strafgefangene behandelt, obwohl sie weder eine Anklage noch einen Richter zu Gesicht bekommen hatten. Erst in Magadan teilte man ihnen mit, dass sie als Landesverräter zu zehn Jahren Lager verurteilt worden waren.

Sowjetunion 1946.

Die Erzählung einer litauischen Jüdin

Als die Deutschen 1941 die litauische Hauptstadt besetzten, jagten sie die Juden ins Ghetto. Darunter war auch eine Kindergärtnerin mit ihren beiden kleinen Kindern. Ihr Mann wurde gleich in den ersten Tagen weggeschleppt und erschossen. Sie hungerte sich noch eine Weile durch, dann wurde sie eines Abends zusammen mit ihren Kindern und allen übrigen Ghettobewohnern hinausgejagt vor die Stadt an eine große Grube.

Zwischen Müttern, Kindern und Greisen stand sie am Rand der Grube, auf dem einen Arm ihr fünfjähriges Töchterchen, das sich mit beiden Ärmchen um ihren Hals klammerte, den andern fest um ihr achtjähriges schluchzendes Bübchen geschlungen.

»Mama«, schrie er, als die Salven losknatterten, »Ma –«, dann wurde er plötzlich still, und die Mutter hörte seinen kleinen Körper aufschlagen auf den Leichen in der Tiefe. Im selben Augenblick löste sich der Griff der kleinen Händchen um ihren Hals, und über den Leichen ihrer beiden Kinder stürzte sie selbst in die Grube.

Nachts wachte sie auf unter den Toten. Sie war nicht getroffen worden. Noch ehe eine Kugel sie erreichte, hatte der Tod ihrer

Kinder ihr das Bewusstsein geraubt. Halb erstickt rang sie sich zwischen den Leichen hindurch nach oben, zur Luft, zum Leben. Kein Deutscher war in der Nähe. Sie waren weitergezogen zu neuen Morden. Unbemerkt entkam sie in den nahen Wald. Barmherzige Menschen nahmen sie auf und hielten sie während des ganzen Krieges versteckt.

Bis eines Tages im Jahre 1944 die Rote Armee kam und das Land befreite. Litauen wurde zur Sowjet-Rupublik erklärt. Sie konnte ihr Versteck verlassen, sie konnte wieder arbeiten.

Aber alles umher erinnerte sie an das Geschehene, an den erschossenen Mann, an die Grube, an das letzte Weinen ihrer ermordeten Kinder. Keiner ihrer Freunde, keiner ihrer Verwandten war übrig geblieben. Sie allein hatte die Grube wieder ausgespien. Sie hielt es hier nicht mehr aus, sie konnte hier nicht bleiben.

Da erfuhr sie, dass ein längst tot geglaubter Bruder die Jahre des Grauens überstanden und in Rumänien lebte. Sie versuchte, die Ausreiseerlaubnis nach Rumänien zu bekommen.

Aber es gibt keine Ausreiseerlaubnis für Sowjetbürger. Durch einen Zufall hörte sie, dass eine Reihe anderer Juden in einer ähnlichen Lage waren wie sie, und sie beschloss, mit ihnen in einem Flugzeug heimlich das Land zu verlassen.

Man ließ das Flugzeug ruhig starten, es erhob sich in die Luft, dann wurde es von den Sowjetbehörden zur Landung gezwungen. Selbstverständlich war die NKWD durch ihre Spitzel schon vorher von dem abenteuerlichen Plan unterrichtet gewesen, doch wollte sie für einen Prozess die Tatsache des vollendeten Abflugs haben.

Sämtliche Insassen des Flugzeugs wurden verhaftet und ins Gefängnis gebracht. Nach einigen Verhören hatte die NKWD das Geständnis in Händen, dass eine jüdische Kindergärtnerin die verbrecherische Absicht gehabt hatte, nach Rumänien auszuwandern. Sie wurde vor ein Kriegsgericht gestellt und als Landesverräterin zu zehn Jahren Lager verurteilt. Als das Urteil verkündet wurde, schrieb man das Jahr 1946.

Als ich mich am Abend vor meinem Abtransport aus Kolyma

in der Baracke des Frauenlagers Magadan von ihr verabschiedete, saß sie auf ihrer Pritsche, wiegte den Oberkörper hin und her, als ob sie ein Kind auf den Armen schaukle und murmelte: »Warum bin ich nicht in der Grube geblieben, warum bin ich nicht gestorben, damals, zusammen mit meinen Kindern, warum …?«

Da ich in der Beschreibung meiner Erlebnisse und Beobachtungen in Kolyma häufig von der chronologischen Folge abgewichen bin, um den inneren Zusammenhang verschiedener Episoden aus verschiedenen Lagern nicht zu zerreißen, sei hier noch kurz ein Überblick über meinen Aufenthalt in den Lagern Kolymas beigefügt.

Die ersten zwei Jahre in Kolyma verbrachte ich im Frauenlager Magadan (Shen-Olp) und arbeitete im Gefangenen-Krankenhaus, das unweit vom Lager in der Stadt lag.

Nach Ausbruch des Krieges wurde ich zunächst mit einem Schleppboot nach Balagannoje verfrachtet, dann ging es weiter im Lastwagen durch den Urwald nach dem Lager Talon, das 36 Kilometer von Balagannoje entfernt am Flusse Taui liegt, wo ich als Schneeschipper, Waldarbeiter, Lastträger, auf den Feldern und schließlich wieder im Ambulatorium verwendet wurde. Nach etwa einem Jahr ging es wieder zurück, diesmal auf einem klapprigen Leiterwagen, von einem Jakutenpferdchen gezogen, das ungefähr denselben Gesichtsausdruck hatte wie wir Gefangenen: müde, mürrisch, verhungert und arbeitsunlustig. Viele Stunden rüttelte es uns durch den Urwald, und einmal hatten wir sogar Gelegenheit, ein paar Hände voll Beeren am Wegrand zu pflücken, von denen der Waldboden dort über und über besät ist – Preiselbeeren, zwei verschiedene Sorten von Blaubeeren (russisch: Golubiza und Shimolos), weiter eine herrliche gelbrote Beere, aromatisch wie Ananas, die auf russisch den Namen Moroshka trägt, und schließlich noch Hagebutten, die besonders schmackhaft sind, wenn der Frost über sie hinweggegangen ist. In Balagannoje kamen wir wieder aufs Schleppboot, das mir in unangenehmster Erinnerung geblieben ist: von oben regnete es, von unten schaukelte es, und ich war so seekrank wie noch nie in meinem Leben. Aber als ich den Eindruck hatte, dass ich jetzt nur noch meinen Magen selber ausspucken könnte, legten wir gerade in der »Fröhlichen Bucht« von Magadan an.

Die nächste Etappe führte mich als Kranke in das Zentrale Gefangenen-Krankenhaus, das sich nun am Dreiundzwanzigsten Kilometer außerhalb Magadans befand. Nachdem ich wieder etwas auf den Beinen war, ging es zurück ins Frauenlager Magadan. Zwei Monate arbeitete ich im eisigen Gemüsemagazin (für die freie Bevölkerung) beim Sortieren von Kartoffeln, von denen mehr als die Hälfte verfault und gefroren war. Aber für Gefangene gab es keine Kartoffeln. Lieber ließ man sie verderben. Zwei Monate wanderte ich täglich im Morgengrauen mit meiner Brigade durch die verschlafene Stadt Magadan in das stinkende Kartoffellager, an das ich mich bald voller Sehnsucht erinnern sollte, denn jetzt kam der Transport nach Elgen. Alles, was bisher gewesen, verblasste vor den Schrecken dieses Lagers, die ich zwei Jahre lang sowohl im Hauptlager Elgen als in seinen drei Zweiglagern auskostete. Es fing an mit dem Ausländerlager, 7 Kilometer von Elgen entfernt, wo ich sowohl als Holzfäller im Wald als an einer primitiven Werkbank an der Herstellung von hölzernen, sogenannten finnischen Dachschindeln arbeitete. Nach beendeter Arbeit wanderte ich dann noch ab und zu die 7 Kilometer ins Gefangenen-Krankenhaus von Elgen und zurück, um wenigstens die unerlässlichsten Medikamente für die Kranken meines Lagers zu holen, die ich zu betreuen hatte. Dann folgten in stetem Wechsel: Hauptlager Elgen mit Erdarbeiten in der sogenannten Agro-Base, das Zweiglager »Woltschok« (4 Kilometer von Elgen entfernt), wo ich von der Aussaat bis zur Ernte auf den Feldern arbeitete, daran schloss sich das Sammeln von Weidenruten in den Wäldern rings um Elgen, wo wir oft 10 Kilometer in unserem unförmigen Schuhwerk machen mussten, ehe wir unsern Arbeitsplatz erreichten. Im nächsten Winter ging der Kelch des Holzfällens an mir vorüber – ich wurde Korbflechterin. Das Frühjahr fand mich in einem anderen Zweiglager »Polewoi Stan«

(5 Kilometer in entgegengesetzter Richtung außerhalb Elgens) bei der Aussaat. So ging es hin und her, zwischen Hauptlager und Zweiglagern, von einer Arbeit auf die andere, und auch heute kann ich nicht sagen, was das Schlimmste war: der ständige Hunger, die wahnwitzige Kälte im Winter oder die Stechmückenwolken im Sommer.

Ein ungewöhnlicher Glücksfall brachte mich als Kranke ins Zentrale Gefangenen-Krankenhaus des Nördlichen Goldgrubendistrikts (180 Kilometer von Elgen und 6 Kilometer von Jagodnoje entfernt), wo ich nach meiner Genesung anderthalb Jahre als Krankenschwester arbeitete und in ständigem Kontakt mit den kranken Gefangenen aus den Goldgruben war.

Doch beständig wurde meine Arbeit als Krankenschwester, die ich liebte, durch ein hartnäckiges Fieber und Schwächezustände unterbrochen, sodass ich schließlich nach zweitägiger Fahrt im offenen Lastwagen wieder im Gefangenen-Krankenhaus am Dreiundzwanzigsten Kilometer landete. Den achten Herbst meines Aufenthaltes in Kolyma verbrachte ich wieder im Frauenlager Magadan, diesmal in der Qualifikation einer Putzfrau.

Und dann geschah das, woran ich schon nicht mehr zu glauben gewagt hatte: Ich wurde auf ein Schiff gesetzt, um nach einer Odyssee von abermals eindreiviertel Jahren doch noch in die Freiheit, in die Heimat zurückzukehren.

Zwölftes Kapitel

DIE RÜCKFAHRT

Auf dem Schiff

Ein Schiff liegt im Hafen. An der Schiffswand empor klimmen kleine dunkle Wesen. Nein, nicht über die Schiffswand. Nur von Weitem sah es so aus. In Wirklichkeit klettern Menschen über viele fast senkrechte Sprossen des eisernen Stegs.

Den Sack mit der unentbehrlichen Habe auf dem Rücken, setzte ich zögernd und unsicher einen Fuß um den andern auf die schmalen Sprossen.

Höher und höher hinauf. Einmal blickte ich hinunter in die Tiefe auf den schmalen Wasserstreifen und mir schwindelte. Für Bergtouren bin ich auch nicht mehr geeignet. Bergtouren? Wie kam ich auf Bergtouren? Vielleicht gar in der Schweiz?

Vergiss es nicht, du fährst auf Veranlassung der Untersuchungsorgane von Moskau! Wohin? – Wird nicht mitgeteilt. Wozu? – Wird nicht mitgeteilt. Fahrt in die Freiheit? – Aber die Wachsoldaten wichen keinen Augenblick von der Seite unserer kleinen Gruppe von Gefangenen, die in einem Laderaum des Schiffes verstaut wurde.

Seht sie euch an, die Hölle, wo Menschen sich um einen Trunk Wassers schlagen, seht sie euch an, wie die Graugesichtigen in ihrem verschlossenen Verschlag seekrank von den Brettern hinunter oder in den verbeulten Eimer kotzen, in dem sie ihre Notdurft verrichten, vor den Augen der beiden Frauen, die mit ihnen dort eingesperrt sind. Seht, wie sie dort übereinander, aufeinander liegen, seht die Hände mit den abgefrorenen Fingerstummeln, seht die dürren Beine von Geschwüren bedeckt, seht den jungen Burschen mit der Totenschädelnase im lebendigen Gesicht – abgefallen ist die Nase, abgefroren. Seht die geilen Augen, mit denen sie auf die Frauen starren; sieben Jahre haben sie keine Frau mehr gesehen. Nachts klettern sie auf die eine, schamlos, kaum von einer zerlumpten Decke verhüllt, die andern schauen zu mit gierigen Augen. Die andere hockt da, mit weißem Gesicht, schlaflos in ihrer Angst, und schiebt die hungrigen Bestien weg mit ihren Füßen, mit ihren Ellbogen, mit ihrem Ekel.

Fahrt in die Freiheit? – Aber in Buchta Nachodka erwartete uns ein Platz auf dem Fußboden in der überfüllten Baracke für Transit-Gefangene.

Buchta Nachodka

Während des Krieges wurde Wladiwostok zum ausschließlichen Kriegshafen erklärt. Damit wurde das Transitlager liquidiert und eine Tagesreise weiter nördlich nach dem ebenfalls am Stillen Ozean gelegenen Hafen Buchta Nachodka überführt. Die dortigen Verhältnisse entsprechen der Tradition von Wladiwostok. Verwanzte und überfüllte Baracken, ekelerregender Fraß, der gleiche Wassermangel.

Ein einziges Mal haben diese grauenhaften Verhältnisse zu einem vollkommen sinnlosen, ja geradezu wahnwitzigen Terrorakt geführt, über den in der Sowjetpresse selbstverständlich nichts veröffentlicht wurde.

Im Jahre 1945 nach der Befreiung von Lettland und Litauen und dem Anschluss dieser Länder an die Sowjetunion wurden dort Tausende von jungen Leuten unter der Beschuldigung, mit den Deutschen zusammengearbeitet oder in der deutschen Wehrmacht gedient zu haben, verhaftet. Für einen großen Teil von ihnen traf dies zweifellos zu, viele von ihnen trugen die Blutgruppen-Tätowierung auf dem Arm, was ihre Zugehörigkeit zur SS bewies, doch waren darunter auch ganz junge Bürschchen, die von der Schulbank herunter hauptsächlich zur deutschen Flak gepresst worden waren.

Sie alle wurden ohne Unterschied nach dem Hafen Buchta Nachodka und von dort aus nach Kolyma gebracht. Erst dort, an ihrem Bestimmungsort, sollte ihnen der Prozess gemacht werden.

Zunächst wurden sie in die russischen Arbeitslager gebracht, wo sie zwar in gesonderten Baracken lebten, aber mit den übrigen Gefangenen zusammen auf die Arbeit in den Goldgruben gejagt wurden.

Nach und nach wurde ein Teil von ihnen zu kurzer Untersuchungshaft ins Gefängnis überführt, wo sie schematisch aufgrund von § 58, Punkt 1, das ist Landesverrat, zu zehn Jahren Freiheitsentzug verurteilt wurden.

Plötzlich wurde diese Aktion im ersten Halbjahr 1946 abgestoppt. Über die Gründe wurde selbstverständlich nichts bekannt, doch vermutete man einen gewissen Druck vonseiten des Auslands in dieser Angelegenheit. Jedenfalls wurden keine weiteren Urteile mehr ausgesprochen, und diejenigen, die noch nicht verurteilt waren, wurden auf freien Fuß gesetzt. Doch wurden sie der freien Bevölkerung nicht völlig gleichgestellt, erhielten die Bezeichnung »Spezielles Kontingent« (abgekürzt SK), wohnten in Gemeinschaftsbaracken und wurden an bestimmten Punkten angesiedelt, die sie nicht verlassen durften. Auch als Freie wurden sie zum größten Teil zur Arbeit in den Goldgruben verwendet, jedoch war ihre Arbeitszeit und ihr Verdienst dem der übrigen Freien angeglichen.

Jener Teil der SK, der noch nicht nach Kolyma herübergebracht worden war, wurde in Buchta Nachodka freigelassen und dort im Hafen zur Arbeit verwendet.

Im Frühjahr 1946 sollen die höchsten Verwaltungsstellen von Buchta Nachodka ein anonymes Schreiben erhalten haben, worin angeblich die Forderung erhoben wurde, keine Gefangenen mehr nach Kolyma zu schicken und überhaupt Buchta Nachodka von Gefangenen zu räumen.

Tatsache ist, dass zur selben Zeit der Ozeanfrachtdampfer »Dalstroi« mit Fahrtrichtung Magadan im Hafen lag. Seine Fracht sollte wie gewöhnlich zum Teil aus Gefangenen, zum Teil aus Sprengstoff, der in großen Mengen in den Goldgruben verwendet wird, bestehen.

Mehrere Tonnen dieses Sprengstoffes, genannt Ammonal, befanden sich bereits in den Laderäumen. Menschen hatte man noch nicht verladen.

Es war um die Mittagszeit, als sich kaum jemand außer dem Kapitän an Bord befand. Da wurde das Schiff in die Luft gesprengt. Der unbekannte Täter ging dabei spurlos zugrunde. Der Kapitän wurde vom Luftdruck emporgewirbelt, und ein Stück seines zerfetzten Körpers wurde neun Kilometer weiter auf einem Hügel identifiziert.

Der Steuermann, der gerade das Schiff verlassen hatte, sah die Feuergarbe aufschießen und zerschnitt im selben Augenblick die Trosse, die das Schiff mit dem Land verband. So trieb es etwas vom Ufer ab, sonst wären die Verwüstungen wohl noch fürchterlicher gewesen.

Der gleiche Steuermann raste zum nächstliegenden Gefangenenlager, und mit dem Schrei »Rette sich, wer kann!« riss er die Tore auf.

Die Gefangenen stürzten in wilder Flucht davon, der Steuermann wurde von den Wachsoldaten des Lagers niedergeschossen.

Im Umkreis von fünf Kilometern wurde alles vernichtet. Unzählige Opfer wurden unter den Trümmern der eingestürzten Gebäude begraben. Sämtliche Kinder in den staatlichen Kindergärten kamen um.

Unter den Gefangenen, deren Baracken zumeist weiter vom Hafen entfernt lagen, gab es kaum Opfer. Die Entlaufenen sammelten sich außerhalb der Gefahrenzone und wurden nach der Katastrophe wieder ins Lager gebracht. In der Gefangenenzone für Frauen wurden sämtliche Fenster eingedrückt, viele Frauen wurden zu Boden geschleudert, getötet wurde niemand. Doch vermehrte das Bewusstsein, eingeschlossen zu sein, die Panik, die unter den Gefangenen herrschte.

Wie viel Opfer dieser Terrorakt gefordert hat, ist nicht abzuschätzen, da keine Zahlen darüber veröffentlicht wurden.

Doch wird als sicher angenommen, dass der Täter ein Lette oder Litauer aus den Reihen jener SK war, die zu jener Zeit im Hafen von Buchta Nachodka beschäftigt wurden. Auch die damals im Sommer 1946 vorgenommenen Verhaftungen lassen darauf schließen.

Der Hafen wurde wieder instand gesetzt, und unverändert wandern Tausende von Gefangenen durch das Transitlager von Buchta Nachodka auf die Schiffe nach Kolyma.

Die gefangenen Frauen im Transitlager, neben denen ich mich auf dem schmutzigen Barackenboden ausstreckte – die Bretter waren überfüllt –, waren noch voll von den Schrecken der Explosion, und während der zwei Tage, die ich mit ihnen verbrachte, wurden sie nicht müde, immer wieder neue Einzelheiten davon zu erzählen.

Eine Abschiedssuppe aus verfaulten Kartoffeln, die nach Kloake stanken. Ein kurzer Marsch und wir standen – am Bahnhof! Eine Lokomotive, eine echte Lokomotive! Zum ersten Mal seit acht Jahren. Ich hätte sie streicheln mögen. Meine Zärtlichkeitsgefühle vergingen mir, als ich in den Gefängniswaggon stieg, in den wir eingeliefert wurden.

Der Gefängniswaggon

Ein Personenwagen wie alle andern. »Stolypinskije« nennt man sie in Russland. Eine Erfindung noch aus der Zarenzeit. Die äußeren Fenster vergittert mit engmaschigen Eisenstäben. Im Korridor gehen die Wachsoldaten auf und ab. Die Abteile sind ohne Fenster, bis auf ein winziges vergittertes Quadrat – Seitenlänge zwanzig Zentimeter. Ins Abteil führt eine eiserne Gittertür, die während der ganzen Fahrt verschlossen ist. Die Fensterscheiben zu beiden Seiten der Tür sind durch eiserne Gitter ersetzt. Im Bedarfsfall, das heißt, wenn über die »Reisenden« Karzer verhängt wird, kann eine zweite kompakte Eisentür vor Gitter und Gittertür gerollt werden, dann sitzen die Gefangenen im Dunkeln.

Unten im Abteil sind zwei Holzbänke. Darüber abermals zwei Holzbänke, durch eine eiserne Platte miteinander verbunden. Darüber wieder zwei Holzbänke als dritte Etage. Die eiserne Platte hat einen Ausschnitt vor der Gittertür, sodass man sich durch diese Öffnung von der zweiten und dritten Etage herunterlassen und umgekehrt hinaufziehen kann.

In solch ein Abteil werden bis zu fünfundzwanzig Menschen hineingestopft. Und die Fahrt dauert vier, fünf, sechs Tage hintereinander von einem Gefängnis zum andern.

Die Ernährung während der Fahrt besteht aus fünfhundert Gramm Brot, einem Stückchen gesalzenen Fischs und manchmal aus einem Teelöffel Zucker pro Tag. Meistens wurde der Zucker vom jeweiligen Transitgefängnis unterschlagen.

Ein Offizier aus dem Transitlager Buchta Nachodka warf einen letzten Blick auf uns, die wir wie Tiere im Käfig saßen. Etwas war in seinem Blick, das mir Mut gab.

»Wohin fahren wir, Bürger Offizier?«

»Nach Kasachstan«, antwortete er leise.

»Wie lange werden wir unterwegs sein?« – Er zögerte einen Augenblick.

»Ungefähr zwölf Tage«, sagte er und blickte weg. Wie kann man so aufrichtige Augen haben und so lügen?

Mehr als zwei Monate kosteten wir alle Quälereien von Gefängniswaggons und Transitgefängnissen aus, bis wir in Kasachstan ankamen. Nicht die Enge war es in den Abteilungen, auch den Hunger vergaßen wir – es war das Wasser.

Wir schrien uns heiser um einen Tropfen kalten Wassers, während die Speisen und der dampfende Teekessel für die Begleitmannschaft auf dem Gang an unserm Gitter vorbeigetragen wurden. Auf jeder Station gab es Wasser – aber nicht für uns.

»Ihr Hunde gebt uns gesalzenen Fisch und nichts zu trinken«, gellt eine Stimme. Der Wachsoldat im Gang steht drohend am Gitter.

»Was hast du gesagt, du Schlampe?«

»Nichts – trinken will ich.«

»Wirst es abwarten.«

Endlich kommen sie. Zwei Wachsoldaten mit einem Eimer. Eine Klappe in der Gittertür wird aufgeschlossen. Sie zählen die Insassen des Abteils. Der eine schöpft mit einem eisernen Becher das Wasser und reicht es durch die Öffnung. Der andere zählt die Becher. Mit einem einzigen Becher werden hintereinander an die hundert Sträflinge abgetränkt.

Wie in jedem andern Eisenbahnwagen ist an beiden Enden des Waggons ein Abtritt. Im Gang stehen die Wachsoldaten, gähnend vor Langeweile. Nur ein paar Schritte sind es von den Gittertüren bis zum Abtritt. Die Gefangenen bitten, betteln, brüllen, krampfen sich an die Gitter:

»Lasst uns hinaus, lasst uns hinaus!«

Viele sind krank, viele leiden an Durchfall. Schwarzbrot, gesalzener Fisch, kaltes Wasser – tagelang. Aber nur zweimal in vierundzwanzig Stunden werden die Gefangenen auf den Abtritt herausgelassen, obwohl es nur ein paar Schritte sind und die Wachsoldaten den ganzen Tag untätig im Gang herumlungern. Es ist Vorschrift. Und nur selten lässt sich der Sergeant, der den Transport unter sich hat, dazu erweichen, die Gefangenen ein drittes Mal herauszuführen.

Und so winseln und wimmern, heulen und fluchen Menschen, die man wie wilde Tiere im Käfig von einem Gefängnis ins andere schleppt, und die man mit Fußtritten und Gewehrkolben traktiert, wenn sie es nicht mehr ausgehalten und ihre Notdurft unter sich verrichtet haben.

Nach eintägiger Fahrt schließen sich hinter uns die Gefängnistore von Wladiwostok. In den vergitterten Raum, wo wir auf die Leibesvisitation warten, kommt ein junges, rundliches Bauernmädchen, schürzt den Rock hoch, der zwei kräftige Stampfer sehen lässt, und beginnt den Fußboden zu wischen. Ab und zu schielt sie neugierig unter ihrem blonden Schopf hervor auf uns Neuankömmlinge.

»Dotschka (Töchterchen), wie alt bist du denn?«

»Sechzehn Jahre«, antwortet sie freundlich, während sie den Wischlappen auswindet.

»Und wie kommst du ins Gefängnis?«

»Ich habe ein halbes Jahr abzubrummen«, antwortet sie gleichmütig und wischt sich mit der nassen roten Hand den Schweiß von der Stirn.

»Was hast du denn ausgefressen? Hast wohl etwas geklaut, wie?«

»Nein« – dagegen verwahrt sie sich energisch. »Ich bin aus der Handwerksschule durchgebrannt.«

Und auf unsern verständnislos-fragenden Blick:

»Wir wurden nämlich gar nicht erst gefragt, ob wir auf eine solche Schule wollen. Sie wurden nach dem Krieg eröffnet. Irgendjemand hat die Liste zusammengestellt, und dann wurden wir von der Dorfschule dorthin geschickt. Es hat mir aber gar nicht in der Handwerksschule gefallen, und das Essen war so schlecht in der Stadt, und da habe ich eines Tages beschlossen, in unser Dorf zurückzufahren. Ich hatte mich noch mit zwei andern Mädels verabredet, die waren aber erst fünfzehn Jahre alt, und weil sie sagten, ich hätte sie angestiftet, kriegten sie jede nur fünf Monate Gefängnis. Und ich als Anführerin bekam ein halbes Jahr. Wir kamen nämlich gar nicht erst ins Dorf, sie haben uns schon unterwegs geschnappt.«

»Und wie geht es dir hier im Gefängnis, Dotschka?«

»Och«, meint sie, »eigentlich nicht schlecht. Ich arbeite als

Putzfrau. Bloß abends muss ich in die Zelle. Und dann ist da Mitja, der Gehilfe vom Koch«, – sie wird ein wenig rot und kichert verlegen – »der schiebt mir immer irgendetwas zu essen zu.«

Wie zur Bestätigung öffnet sich die Tür, und nachdem er sich vergewissert hat, dass kein Aufseher in der Nähe ist, kommt Mitja mit einem Bündelchen Karotten herein, das er vorsichtig aus der Hemdöffnung über der Brust hervorzieht und der Kleinen überreicht.

Er ist mindestens doppelt so alt wie sie, unappetitlich, mit Eiterpickeln am Hals, lauernde Augen unter der niedrigen Stirn, zwei Vorderzähne fehlen – und mit dem zynischen Grinsen des Berufsverbrechers packt er sie, greift nach ihrer Brust, tätschelt sie aufs Hinterteil.

Sie lässt es gleichgültig geschehen. Sie schaut nicht hin auf den ekelerregenden Kerl, sie schaut nur auf die saftige Karotte, die er ihr gebracht und gräbt ihre gesunden weißen Zähne hinein.

Sechzehn Jahre – aber schon hat sie begriffen, dass man allerhand über sich ergehen lassen muss, wenn man im Gefängnis satt sein will. Und was kann quälender für so ein halbwüchsiges Geschöpf sein als Hunger?

Und noch eins hat sie gelernt – dass es auch mit der Arbeit nicht so schlimm ist, wenn man sich ab und zu von einem Aufseher abknutschen lässt.

Mit dieser großen Weisheit kehrt sie nach wenigen Monaten ins Leben zurück: Eine Frau braucht weder zu hungern noch zu arbeiten, solange es Männer gibt, die für ein bisschen sogenannte Liebe bezahlen.

Nach zehntägigem Aufenthalt im Gefängnis von Wladiwostok, wo wir ohne Spaziergang, ohne Beleuchtung zu viert in einer Einzelzelle, die zwei Meter breit und zweieinhalb Meter lang war, hockten, werden wir wieder in den Gefängniswaggon verladen.

Chabarowsk

Diesmal ist es eine bunte Fracht, die mit uns nach dem Transitgefängnis von Chabarowsk fährt. Ein Teil besteht aus Japanern, in fantastischen hohen Pelzmützen und langen, pelzverbrämten Mänteln, der Rest aus jugendlichen Verbrechern zwischen zwölf und sechzehn Jahren.

Bleiche, magere, im Wachstum zurückgebliebene Kinder. Bei der Prüfung der Personalien nach der Einlieferung in den Gefängniswaggon antworten fast alle mit § 162 – Diebstahl – und drei Jahren Freiheitsentzug. Das Brot, das für drei Tage bestimmt ist, haben sie schon am ersten Tag verzehrt. Wenn es Erwachsenen fast unmöglich ist, ihre Ration aufzuteilen, wie sollten es diese verhungerten Kinder können? Dazu kommt, dass sie sich gegenseitig das Brot wegstehlen, sodass es auf jeden Fall im Magen am sichersten aufgehoben ist.

Zweimal im Tag werden sie wie alle Übrigen paarweise auf den Abtritt hinausgelassen. Auf dem Hinweg rennen die kleinen gequälten Kerle, so schnell sie können. Die paar Schritte zurück über den Gang suchen sie so lang wie möglich hinauszuziehen, vor allem, wenn sie am Frauengitter vorbeikommen, in der Hoffnung, ein Stückchen Brot oder etwas Tabak zu erwischen. Fünfzig Paar Bubenaugen schauen neugierig-erwartungsvoll zu uns herein, teils frech, teils bittend, und alle hungrig. Lange ausgefranste Hosen beuteln sich über den zerlumpten Schuhen, in den Ärmeln der schmutzigen Männerjacke, die ihnen bis über die Knie reicht, verschwinden die schmalen grauen Hände der kleinen Diebe. Eine Flut von anzüglichen Bemerkungen, unterstrichen durch entsprechende Handbewegungen und zotige Flüche, wie sie selbst die erwachsenen Verbrecher nur selten in Gegenwart von Frauen aussprechen, kommen über ihre blutleeren Lippen, dann verschwinden sie wieder hinter ihrem Gitter, wo sie sich um die Plätze balgen und wo ab und zu ein Kleiner, der sich nicht wehren kann, laut aufheult.

Der Zug hält auf dem Bahnhof von Chabarowsk. Die Wachmannschaft des dortigen Transitgefängnisses nimmt uns in Empfang. Ein Gitter nach dem andern wird aufgeschlossen und jeder Einzelne mit Namen aufgerufen.

Einer nach dem andern springen die Bürschchen von der hohen Wagenstufe hinunter auf den schneebedeckten Bahnsteig, durch kein Bündel beschwert, denn sie besitzen nichts. Die Hände in den langen Ärmeln wie in einen Muff vergraben, hocken sie mit gesenkten Köpfen nebeneinander im Schnee, wie es der Befehl verlangt, und ihre Ohren, soweit sie nicht durch einen Fetzen verhüllt sind, laufen blaurot an.

Dann geht es im Laufschritt zu den »schwarzen Raben«, die uns zum Transitgefängnis bringen.

Von den zehn verschiedenen sowjetischen Gefängnissen, die ich von innen sah, war Chabarowsk bei Weitem das sauberste, von Wanzen abgesehen, die es eben überall gibt. Das Essen, wenn auch nicht ausreichend, wurde wenigstens nicht aus verdorbenen Nahrungsmitteln hergestellt, und der Zucker, den die meisten Transitgefängnisse unterschlagen, wurde täglich in gerechter Weise verteilt. Sogar zum Arzt konnte man gleich am ersten Tag gelangen, sodass das kleine Tartarenmädel, das bereits in Buchta Nachodka mit Krätze verladen worden war, seine wundgekratzten, eitrigen Hände und den übrigen juckenden Körper einsalben konnte.

Irkutsk

Nach ein paar Tagen ging es wieder in den Gefängniswaggon, diesmal zu einer fünftägigen Fahrt bis nach Irkutsk. Ein paar junge Prostituierte aus unserm Käfig, das bunte Kopftuch schief auf einem Ohr, mit dicken Waden, dickem Busen und malerisch tätowierten Armen bedienten die Wachmannschaft, für die sie angeblich die Fußböden in deren Abteil wuschen. Sie kehrten mit einem reichlichen Vorrat an Tabak zurück, der sowohl uns als den lärmenden Bürschchen im Nebenkäfig, die wieder mit uns zusammen fuhren, zugute kam – denn von allen Gefangenen sind Prostituierte am freigebigsten. Eines Nachts kam der Transportkommandeur, ein betrunkener Sergeant mit glasigen Augen, in unsern Käfig hereingeschwankt, schob die Frauen bis auf ein junges siebzehnjähriges Ding von der Bank und streckte sich mit ihr in zärtlicher Umarmung aus. Wir benützten den günstigen Augenblick und erbettelten uns die Erlaubnis, ein übriges Mal auf den Abtritt gehen zu dürfen – begleitet von neidischen Blicken aus den Männerkäfigen.

Das Transitgefängnis von Irkutsk, berüchtigt aus der Zarenzeit, erfreut sich auch heute noch einer traurigen Berühmtheit unter den Gefangenen. Die überfüllten Zellen wimmeln von Wanzen und Läusen und werden nur einmal im Tag geöffnet, wenn der mörderisch stinkende Kübel, der sämtlichen Bedürfnissen von achtzig Zelleninsassen dient, hinausgetragen wird. Keine Waschgelegenheit, kein Spaziergang.

Eine der Frauen hatte ihre nassen Filzstiefel einer Gefangenen vom Küchendienst zum Trocknen mitgegeben, die sie ihr abends, wenn sie nach Beendigung ihrer Arbeit in die Zelle zurückkehrte, wieder mitbringen sollte.

In der Zwischenzeit wurden die Insassen unserer Zelle aber in ein anderes Gebäude des Gefängnisses überführt, wobei wir mehrere schneebedeckte Höfe überqueren mussten. Die Frau war barfuß und bat den Wachsoldaten um Erlaubnis, erst ihre Stiefel zu holen. Aber der Soldat ließ sich auf nichts ein. Sie verkroch sich auf den Brettern. Da zerrte er sie eigenhändig herunter, stieß sie zur Tür hinaus, schleifte sie über den Steinfußboden des dunklen Korridors und trieb sie mit Rippenstößen und Flüchen über den Schnee.

»Über die Faschisten schreien sie – aber was sie selber tun …?«, schluchzte die Frau, als er sie mit einem letzten Stoß in die Zelle beförderte.

Nowosibirsk

Unser nächster Aufenthaltsort nach mehrtägiger Fahrt war Nowosibirsk.

Eine Zelle im Transitgefängnis von Nowosibirsk. Auf den Brettern, in zwei Etagen übereinandergebaut, liegen eng aneinandergepfercht die gefangenen Frauen. Es ist eine ganz gewöhnliche Sowjetzelle: düster, mit einem ziemlich kleinen vergitterten Fenster hoch oben in der Wand, das durch einen hölzernen Maulkorb so abgedichtet ist, dass man nur ein kleines Fleckchen Himmel, aber keine gegenüberliegende Zelle oder den Gefängnishof sehen kann. In einer Ecke der Kübel, in allen Ecken Ratten, die mit leisem Quieken den Schlafenden über die Gesichter springen und doch weniger stören als die Wanzen, die man weder verjagen noch wegfangen kann, denn ihre Zahl ist Legion.

Jetzt quiekt etwas auf den oberen Brettern. Das sind keine Ratten. Das sind die zehn Tage alten Zwillinge, die mit ihrer Mutter von einem Lager ins andere verfrachtet werden und zwischendurch in Erwartung eines weiteren Transports in die Zelle des Transitgefängnisses eingeliefert wurden.

Selbstverständlich sind den gefangenen Frauen sämtliche Beziehungen zum andern Geschlecht – seien es freie Bürger oder Gefangene – verboten. Aber unter der von Kriminellen geprägten Devise »Man hat uns die Freiheit, nicht aber die Natur genommen!« werden in den langen Jahren des Lagerlebens trotz aller Bewachung – und unter häufiger Mitwirkung der Wachsoldaten, die meistens sehr empfänglich für die Reize gefangener Prostituierter sind – viele Kinder geboren.

Schlaflos liege ich auf den Brettern. Auf meiner linken Seite wird es plötzlich bedenklich warm. Da hat mich das acht Monate alte Bübchen getauft, das das »Licht« der Welt in einem Gefängnis erblickt hat. Seine Mutter war in andern Umständen gewesen, als sie verhaftet wurde. Wo sollte sie Windeln für ihn hernehmen? Von dem Lumpen, den sie unter seine dünnen Beinchen gelegt hat – in den Gefängnissen gibt es weder Strohsäcke noch

Decken, nur die ungehobelten Bretter – ist das Baby im Schlaf heruntergerollt und hat sich mit seinem aufgedunsenen rachitischen Bäuchlein an mich gedrückt. Jetzt fängt es an zu weinen. Ich wecke die ausgemergelte Mutter, die ihm seufzend die leere Brust in das hungrige Mäulchen schiebt.

Zu meiner Rechten liegt eine ukrainische Bäuerin, den Arm um ihr fünfjähriges Mädchen geschlungen, an das sich das achtjährige Schwesterchen schmiegt. Daneben stöhnt die sechzehnjährige Schwester im Traum.

Diese Frau hatte während des Krieges in einem Gebiet gewohnt, das von den Deutschen besetzt worden war. Dadurch war sie verdächtig, ebenso wie Tausende von andern, die die deutsche Okkupation überlebt hatten. Vielleicht hatte sie den Deutschen Milch oder Eier verkauft. Als die sowjetischen Truppen das Gebiet befreiten, erhielt sie den Befehl, nach Sibirien zu übersiedeln.

Sie packte ihre kärgliche Habe und ihre drei Kinder und fuhr nach Sibirien. Das nennt man »Freie Verbannung«. Ein paar Jahre schlug sie sich kümmerlich durch. Dann packte sie das Heimweh nach dem fruchtbaren Boden ihrer reichen Ukraine so stark, dass sie eines Tages aufs Neue ihr Bündel schnürte, ihre drei Kinder bei der Hand nahm und zurück in ihr Heimatdorf fuhr.

Aber nicht lange genoss sie das Glück, auf den heimatlichen Feldern zu arbeiten. Sie wurde verhaftet. Anklage: »Flucht aus der Verbannung«. – Urteil: »Fünf Jahre administrative Verbannung nach Sibirien«.

Diesmal durfte sie nicht als freie Bürgerin nach Sibirien fahren. Sie wurde mit ihren Kindern im Gefängniswaggon von einem Etappengefängnis ins andere verschickt, und als Endziel erwartete sie eine noch weit unwirtlichere Gegend als jene, aus der sie entflohen war.

Solch eine Etappe dauert viele Monate lang, und Wochen und Wochen sitzen die Gefangenen in den Transitgefängnissen und warten auf den nächsten Transport.

So leben die Kinder in der Zelle, starren auf das winzige Himmelsfetzchen, raufen sich bei den verlausten Haaren, bis sie von mürrischen Gefangenen beiseitegestoßen werden, heben sich gegenseitig auf den stinkenden Kübel, und während das Fünfjährige hungrig danebensteht, reckt sich das Achtjährige auf den Zehenspitzen zum »Judas«, um nach der Gefängnissuppe Ausschau zu halten.

Und wenn sich die beiden Kleinsten in ihrem Heißhunger allzu schnell auf die Suppe stürzen, und etwa ein übriges Kohlblatt erwischen, dann bekommen sie von der Sechzehnjährigen einen Klaps mit dem Holzlöffel auf die Stirn, denn sie und die Mutter sind ja genauso hungrig wie die beiden Kleinen.

Einmal am Tag wird ein Spaziergang von fünfzehn Minuten auf dem Gefängnishof gemacht. Blinzelnd im ungewohnten Tageslicht stapfen dann die Kinder mit den Gefangenen in einer Reihe durch den Schnee, die fröstelnden Händchen in die viel zu langen Ärmel der zerlumpten Jacke gesteckt, immer in der Runde, immer in der Runde … Bis der Wachsoldat alle zurücktreibt in die dumpfe Zelle und hinter dem Kleinsten, das sich noch einmal sehnsüchtig umblickt, die eisenbeschlagene Zellentür verschließt.

Und draußen in der Stadt, nur ein paar Häuser vom Gefängnis entfernt, hängt ein rührendes Plakat, ein Plakat, das man immer wieder in allen Städten und Dörfern der Sowjetunion antrifft – Stalin mit einem kleinen Mädchen auf dem Arm und darunter die Unterschrift: »Dank dem Genossen Stalin für die glückliche Kindheit!«

Tscheljabinsk

In Tscheljabinsk kamen wir an einem Festtag, dem Tag der Verfassung, an. Die Bluthunde auf den Fersen, von mürrischen Wachsoldaten angetrieben, hetzten wir kilometerweit durch die fahnengeschmückten Straßen der Stadt. Ein Teil der Gefangenen war paarweise mit Handfesseln aneinandergekettet. In den ersten Reihen marschierte eine Gruppe jugendlicher Diebe.

Die erwachsenen Passanten warfen einen raschen Blick auf

uns und hasteten vorüber. Gefangene sind eine zu alltägliche Angelegenheit in Sibirien, als dass sie noch Aufsehen erregten. Und Mitleid mit ihnen zu zeigen, wäre gefährlich.

Ein kleines, etwa dreijähriges Mädchen weist mit erstauntem Fingerchen auf uns und fragt mit lautem, hellem, Stimmchen: »Mama, was ist das?« – »Ach, das sind die vom Gefängnis«, antwortet die Mutter mit gleichgültiger Stimme und zieht das Kleine in den Hausflur.

Aber eine Gruppe spielender Knaben begleitet uns in einiger Entfernung auf der anderen Straßenseite. Schreiend und johlend schlittern sie über den glatt gefrorenen Straßendamm. Und immer wieder winken und rufen sie ihren kleinen Altersgenossen in unseren Reihen. Immer wieder schreit es herüber: »Kommt doch her, Jungens! Kommt doch zu uns! Spielt doch mit!« Aber die Jungens in unsern Reihen schielen nur sehnsüchtig hinüber, wenn es ihnen auch in den Beinen zuckt, einen Anlauf zu nehmen und so eine herrliche lange Schleife entlangzuschlittern. Sie wissen, was die Buben da drüben nicht verstehen, dass jeder Schritt aus der Reihe als Fluchtversuch betrachtet wird und die Wachsoldaten dann das Recht haben, ohne vorherige Warnung zu schießen. Allmählich bleiben die spielenden Buben zurück, und über die menschenleeren Straßen am Rande der Stadt schleppen wir uns dem acht Kilometer vom Bahnhof entfernten Transitgefängnis zu.

Nachdem man uns registriert hat, werden Männer und Frauen getrennt. Wir werden auf einen Hof geführt, in dessen Mitte ein Kreis von etwa zehn Metern im Durchmesser von einem doppelten Stacheldrahtzaun eingefasst ist. Am Eingang steht ein Wachsoldat in einem langen, steifen Pelz, der ihm bis auf die Füße reicht, die Pelzmütze tief über die Ohren gezogen.

In Schweiß gebadet von dem langen Marsch werfen wir unsere Säcke in den Schnee und setzen uns darauf. Aber nach zehn Minuten sind wir bereits so durchfroren, dass wir trotz unserer Müdigkeit zwischen den runden Stacheldrahtwänden auf und ab traben.

Die übliche Geschichte: Zuerst werden die Männer ins Bad gejagt, dann kommen zum Schluss die Frauen daran. Das Bad ist klein, fasst nur fünfzehn Menschen auf einmal – und Hunderte von Gefangenen warten. Aber es ist eine Spezialität von Tscheljabinsk, die Gefangenen im Dezember draußen im Schnee warten zu lassen.

So traben wir auf und ab. Die Dunkelheit bricht herein, wir traben immer noch. Ein Scheinwerfer beleuchtet bleiche, erstarrte, von ohnmächtigem Hass erfüllte Gesichter. Drei Stunden warten wir im Schnee.

Im schwach geheizten Baderaum mit eiskaltem Steinfußboden gießen wir zwei Schüsseln lauwarmen Wassers über uns und warten dann nackt etwa eine halbe Stunde lang auf unsere Kleider, die inzwischen in der Desinfektionskammer entlaust werden. Wenn wir nur schon in der Zelle wären und ausruhen könnten. Dass wir den ganzen Tag nichts gegessen haben, haben wir längst vergessen.

In der Zelle finden wir mit Mühe einen Sitzplatz auf dem Boden. So vergeht die erste Nacht, so vergehen noch vier Tage und vier Nächte. Dann wieder acht Kilometer zurück zum Bahnhof. Dann wieder Gefängniswaggon.

Einen ganzen Tag lang stehen wir auf einem toten Geleise in Orenburg. Der Zug, an den wir angehängt werden sollten, war ohne uns abgefahren.

Sol-Iletsk

Achtzig Kilometer hinter Orenburg werden wir ausgeladen. Nach der Einlieferung ins Gefängnis werden wir gebadet. (Einzelheiten siehe oben.)

Dann werden wir auf verschiedene Zellen verteilt. Ich habe mich gerade auf den Brettern ausgestreckt, als die Tür geöffnet wird und die Wächterin die Zelle auffordert, sich zum Bad fertig zu machen. Ich teile ihr mit, dass ich gerade aus dem Bad komme. »Vorschrift, Badetag der Zelle, fertig machen!« Ich zeige ihr meine nassen Haare. »Vorschrift, Badetag, fertig machen!« Ich bade zum zweiten Mal. (Einzelheiten siehe oben.)

Die meisten Insassen dieser Zelle sind »Kontrikis«. Ein Teil stammt aus Gebieten, die von Deutschen besetzt waren, ein Teil hat Familienangehörige, die nach Beendigung des Krieges nicht in die Sowjetunion zurückgekehrt sind. Meine Nachbarin, die ursprünglich zu fünf Jahren verurteilt worden war, hat gerade noch zwei Jahre dazubekommen, weil sie eine Decke aus dem Lagerinventar verschachert hat.

Alle erheben die angstvolle Frage: Ob auch wir nach Kolyma kommen? Ich tröste sie mit der auf Kolyma üblichen Formel, mit der man alle Neulinge zur Verzweiflung bringt: Nur die ersten fünf Jahre sind schrecklich, nachher gewöhnt man sich daran!

Zehn Jahre ... Sie schauen mich an mit demselben ehrfürchtigen Blick, mit dem ich vor vielen, vielen Jahren jene ersten Gefangenen angeschaut habe, die mir von ihrer langjährigen Gefangenschaft erzählten. Und auf die Frage, wie denn diese Jahre vergehen, antworte ich ihnen mit der Strophe aus einem Lied, das alle Gefangenen in allen Lagern, in allen Gefängnissen summen, wenn sie auf den Brettern liegen und hinauf zur Decke starren:

Wohin du immer blickst
Erstorben ist die Welt
Und langsam, langsam nur
Vergeht der Tag ...

Den Sack auf der schmerzenden Schulter, rennen wir über einen vereisten Abhang dem Bahnhof zu. Die Ersten kommen ins Rutschen und stürzen hin. Die Nächsten fallen darüber. Ein unentwirrbarer Knäuel aus schreienden, schimpfenden Menschen, rasend gewordenen Hunden und fluchenden Wachsoldaten.

Schließlich stehen wir auf einem kleinen Platz, von dem eine Holztreppe hinauf zu den Geleisen führt. Das ist der Bahnhof. In einem Stand bieten ein paar dicke, in große Umschlagtücher vermummelte Bauernweiber etwas Essbares zum Verkauf an. Aber immer wieder steuern ein paar Bürger auf uns zu, in der Meinung, dass wir gekommen seien, unser Brot für die Reise, das wir unter den Arm geklemmt halten, feilzubieten. Erst nach dem wütenden Anruf des Wachsoldaten: »Machen Sie, dass Sie wegkommen, Bürger!« erkennen sie ihren Irrtum und drehen schleunigst und bedauernd um.

Fast eine Stunde vor Eintreffen des Zuges hat man uns an die Station getrieben. Ein schneidender Wind, vom Ural her kommend, fegt über den ungeschützten Platz. Ein kleiner Kalmückenjunge, der sich auf dem Weg nach dem Gefängnis von Taschkent befindet, steht mit hochgezogenen Schultern regungslos im beißenden Frost. Die dunklen, schräg geschnittenen Augen über den hervorstehenden Backenknochen im flachen, gelblichen Gesicht mit der breiten Nase hat er vor Schmerz zusammengekniffen. Der Wind zerrt an seinen zerlumpten Hosenbeinen über den löchrigen Schuhen, sodass ein Stück der nackten Beine herausguckt. Wir rütteln ihn, schieben ihn hin und her, stoßen ihn vorwärts – wenigstens die paar Schritte, die uns erlaubt sind, um den Abstand von den freien Bürgern zu wahren. Er sträubt sich, blickt uns stumm und flehend an – russisch versteht er nicht – denn jeder Schritt auf erstarrten Füßen schneidet wie mit Messern. Aber wenn er sich nicht bewegt, sind die Füße verloren. Immer wieder reißen wir ihn hoch, wenn er sich ergeben in den Schnee hocken will. Endlich kommt der Zug. Endlich wird sein Name aufgerufen. Wie er hinaufsteigt in den Waggon mit starren, ungeschickten Füßen, werden noch einmal seine armen nackten Beine sichtbar.

Aktjubinsk

Unsere letzte Fahrt im Gefängniswaggon. Zweihundertachtzig Kilometer südöstlich von Orenburg werden wir ausgeladen. Mit einigen Schwierigkeiten. Denn am Bahnhof ist nur die Miliz mit einer Gruppe von Gefangenen aus dem örtlichen Milizgefängnis.

Die Miliz ist für uns nicht zuständig. Aber der Kommandeur des Gefängniswaggons weigert sich, die Milizgefangenen anzunehmen, wenn die Miliz nicht uns dafür in Empfang nimmt. Schließlich werden sie handelseinig.

Die Lokomotive pfeift bereits zum zweiten Mal, als wir aufatmend auf den Bahnsteig hinunterspringen. Um ein Haar hätten wir noch fünf Tage weiter nach Taschkent mitfahren müssen, um dort im Gefängnis auf den Rücktransport zu warten. So war es nämlich einer anderen Gruppe unserer Gefangenen aus Kolyma ergangen, die man in einem der Transitgefängnisse von uns getrennt hatte und die erst einen Monat später wieder mit uns zusammentrafen. Solche Extrafahrten waren keineswegs eine Seltenheit. Wir hatten unterwegs genügend Gefangene getroffen, die vom zuständigen Gefängnis nicht abgeholt wurden und infolgedessen in das nächste, meist tagelang entfernte Transitgefängnis mitgenommen wurden, wo alle Gefangenen aufgenommen werden. Abgesehen von der zusätzlichen Quälerei jedes neuen Gefängnisses und jeder Fahrt im Gefängniswaggon, fährt so ein Gefangener ohne Brot, da diese zusätzliche Fahrt in seine Ration nicht einberechnet war. Wie viel Tausende von Kilometern auf diese Art verfahren werden – wen kümmert es? Wer bezahlt dafür? Sowjetwirtschaft.

Wir übernachteten in dem Milizgefängnis, das traulich hinter einem kleinen Vorgarten mit schneebedeckten Bäumen lag. Der Offizier, der uns in Empfang nahm, bemerkte zum Wachsoldaten: »Ganz egal, in welche Zelle. Die kommen morgen ins deutsche Lager!« – Der Einfachheit halber schob man die Männer in den Karzer, eine eisige Zelle mit nackten Wänden und nacktem Steinfußboden, wo sie die ganze Nacht auf- und absprangen, um nicht zu erfrieren. Wir streckten uns auf dem Fußboden einer Frauenzelle aus. Aber schlafen konnte ich nicht. »Deutsches Lager«, ging es in meinem Kopf herum. »Deutsches Lager?« War das das Ende der Fahrt in die Freiheit?

Am nächsten Vormittag wurden wir unverpflegt – denn die Miliz war ja nicht zuständig für uns – auf einen offenen Lastwagen geladen und sieben Kilometer außerhalb der Stadt in ein Lager gebracht.

Im Nazilager

Lager für Zivilinternierte Nr. 222. Seine Insassen waren Nazis aus Ostpreußen und Oberschlesien, die sofort nach dem Einmarsch der sowjetischen Truppen verhaftet und hierhergebracht worden waren. Etwa tausend Männer und hundert Frauen waren die Insassen des Lagers. Sie wohnten ebenso wie die kasachische Bevölkerung außerhalb des Lagers in Erdhütten, unterirdischen Baracken, von denen nur die schmalen Fenster und das runde, lehmverschmierte Dach über den Erdboden herausguckten. Für sowjetische Verhältnisse waren diese Erdbaracken sehr geräumig, jeder Internierte hatte seinen Strohsack und Decken, im Winter bekamen sie Schafpelze und Filzschuhe, wovon kein russischer Gefangener zu träumen wagt.

Die offizielle Arbeitszeit betrug acht Stunden und für die Geschwächten und Alten – ein großer Teil der Internierten war über fünfzig Jahre alt – nur sechs Stunden. Soweit sie nicht innerhalb des Lagers in Flickstuben, Schusterwerkstatt, Korbflechterei, Wäscherei, Bad, Küche und Schreibstuben beschäftigt waren, arbeiteten sie beim Bau von Siedlungshäusern für die Stadt Aktjubinsk und auf den umliegenden Feldern. In einem Zweiglager namens Kossuschai, in etwa vierzig Kilometer Entfernung, arbeiteten die Männer in einem Kohlenbergwerk.

Die Minimalration von fünfhundert Gramm Brot erhielten alle unabhängig von ihrer Arbeitsleistung, darüber hinaus gab es Brotprämien für gute Arbeitsleistung. Im Übrigen bestand die Ernährung aus einer Suppe dreimal am Tag, aus Grütze zweimal am Tag, dazu einmal am Tag entweder eine Fleischsoße aus zweifelhaftem, gesalzenem Fleisch oder ein Stück Fisch. Außerdem erhielt der Internierte dreihundert Gramm Zucker im Monat und hundertfünfzig Gramm Tabak.

Trotz der geringeren Arbeitszeit und der besseren Ernährung im Verhältnis zu den russischen Straflagern befand sich der größte Teil der Lagerinsassen in einem kläglichen Zustand, und ständig bevölkerten Hunderte die Krankenbaracken, hauptsächlich mit der Diagnose distrophia alimentaris – Unterernährung. Eine weitere Geißel war die Malaria, an der neunzig Prozent des Lagers litten. Weder in Bezug auf die Ernährung noch in Bezug auf die klimatischen Verhältnisse – große Hitze bis zu fünfzig und sechzig Grad Celsius im Sommer und eisige Schneestürme im Winter – konnten sich die Deutschen auch nur im Geringsten anpassen. Ihr moralischer Zustand war äußerst jämmerlich.

In dieses Lager hatte man uns zwecks Repatriierung gebracht, wie wir – aber nur inoffiziell – inzwischen in Erfahrung gebracht hatten. Meine Kameraden aus Kolyma, deren Leidensweg mit diesem Lager zu Ende ging, waren Menschen, die vor den anrückenden Nazis geflüchtet waren, zum großen Teil Juden, die nun mit diesen selben Nazis im gleichen Lager zusammengesperrt und zum großen Vergnügen dieser Nazis dem gleichen Regime unterworfen wurden. In den Baracken, in denen sie zunächst gemeinsam hausten, hagelte es von Schlägereien und Beschimpfungen. Die Kolyma-Gefangenen, verwildert in jahrelanger Gefangenschaft, wendeten gegenüber den Nazis die Methoden an, die sie mit Erfolg und bemerkenswerter Gelehrigkeit den russischen Kriminellen abgeguckt hatten. Schließlich sah sich die Lagerleitung gezwungen, ihnen eine eigene Baracke anzuweisen. Auch weigerten sie sich, mit den Nazis zusammen oder unter einem deutschen Brigadier zu arbeiten, was sie ebenfalls durchsetzten.

Drei Monate später wurden sie nach Odessa gebracht und von dort über Focsani repatriiert. Im Frühjahr 1947 waren sie in ihrer Heimat.

Ich hingegen wurde erst im Herbst nach einer dreiwöchigen Fahrt im Viehwagen abtransportiert, aber meine Träume von baldiger Freiheit endeten im Repatriierungslager von Brest-Litowsk, wo ich nochmals auf ein halbes Jahr zwecks nochmaliger Prüfung meiner Dokumente interniert wurde.

Es war ein gemischtes Lager von polnischen und deutschen Kriegsgefangenen und Internierten, die hier einer letzten Prüfung vor der Heimfahrt unterworfen wurden. Die Disziplin im Lager war eine lockere, dies war kein Arbeitslager. Die Insassen des Lagers wechselten ununterbrochen, was die in der Küche arbeitenden Deutschen dazu benutzten, allerhand Manipulationen mit den Nahrungsmitteln anzustellen, denn das Essen war unglaublich schlecht.

Die Haltung der Polen unterschied sich wesentlich von der der Deutschen durch größere Würde, aber auch durch größere Anpassungsfähigkeit, die ihnen durch die verwandte Sprache erleichtert wurde.

Ihr Hass gegen die Deutschen loderte bei der kleinsten Gelegenheit auf, während sie den Russen gegenüber eine stolze Verachtung zur Schau trugen.

Da war eine Gruppe von fünfhundert polnischen Offizieren, die als Führer einer Partisanenarmee in den polnischen Wäldern den Deutschen jahrelang Widerstand geleistet hatten. Als die Rote Armee in Polen einrückte, begrüßten sie sie als Befreier und stellten sich und ihre Truppe mitsamt den deutschen Kriegsgefangenen, die sie gemacht hatten, der Roten Armee zur Verfügung. Jedoch bestanden sie darauf, in ihrer bisherigen Formation weiter zu kämpfen. Diese Bedingung wurde von den Russen, die sie in ihre polnische Legion eingliedern wollten, abgelehnt. Den polnischen Offizieren ahnte nichts Gutes. Mancher von ihnen hätte entfliehen können, doch wollten sie ihre Mannschaft nicht im Stich lassen, für die sie sich verantwortlich fühlten. Unter dem Vorwand einer notwendigen Umschulung auf einer russischen Militärschule wurden sie nach Russland transportiert, ins Gefängnis gesteckt und von dort in ein Kriegsgefangenenlager überführt. –

Das Ende

Und dann kam schließlich der Tag, wo ich im Viehwagen über die russisch-polnische Grenze rollte. Fünf Tage später wurden wir in Frankfurt an der Oder ausgeladen. Noch einmal schlossen sich die Lagertore von drei verschiedenen Heimkehrerlagern in der russischen Zone Deutschlands hinter mir. Bis an einem strahlenden Junitag des Jahres 1948 mit einer Reise in einem amerikanischen Flugzeug meine elfjährige Gefangenschaft in sowjetischen Gefängnissen und Lagern ihr Ende fand.

Reihenfolge meiner Gefängnisse und Lager

–

Inhaltsverzeichnis

REIHENFOLGE MEINER GEFÄNGNISSE UND LAGER

1937–1948

Erste Stunden: Lubjanka-Gefängnis, Moskau
Ein Jahr und drei Monate: Butyrka-Gefängnis, Moskau
Ein Monat, fünf Tage: Transport im Viehwagen Moskau–Wladiwostok
Sechseinhalb Monate: Transitlager Wladiwostok
Eine Woche: Transport per Frachtdampfer »Dalstroi« Wladiwostok–Magadan

Kolyma

Zwei Jahre, drei Monate: Frauenlager Magadan (Shen-Olp)
Ein Monat: Frauenlager Balagannoje
Vier Tage: Gefängnis Balagannoje
Elf Monate: Frauenlager Talon
Zwei Monate: Gefangenen-Krankenhaus »Dreiundzwanzigster Kilometer«
Zwei Monate: Frauenlager Magadan
Zwei Jahre: Frauenregimelager Elgen und drei seiner Zweiglager
Anderthalb Jahre: Gefangenen-Krankenhaus des Nördlichen Goldbergwerkdistrikts

Drei Monate: Gefangenen-Krankenhaus »Dreiundzwanzigster Kilometer«
Zwei Monate: Frauenlager Magadan

Rückfahrt

Zwei Monate: Magadan–Kasakstan
abwechselnd im Gefängniswagen und in folgenden Transit-Gefängnissen:

1. Transitlager Buchta Nachodka
2. Gefängnis Wladiwostok
3. Transitgefängnis Chabarowsk
4. Transitgefängnis Irkutsk
5. Transitgefängnis Nowosibirsk
6. Transitgefängnis Tscheljabinsk
7. Gefängnis Sol-Iletsk
8. Gefängnis Aktjubinsk

Neun Monate: Lager für deutsche Zivilinternierte Nr. 222
Drei Wochen: Transport im Viehwagen Aktjubinsk–Brest Litowsk
Fünfeinhalb Monate: Transitlager für Repatrianten Brest Litowsk
Ein Monat: Drei verschiedene Heimkehrerlager in der russischen Zone Deutschlands

Inhaltsverzeichnis

Drittes Kapitel: **UNTERWEGS**

Viertes Kapitel: **KOLYMA**

Fünftes Kapitel: **FRAUENLAGER**

Sechstes Kapitel: **NONNEN, DIEBE, SPEKULANTEN UND LIEBE**

Siebentes Kapitel: **DIE VERSCHIEDENEN STUFEN DES SCHRECKENS**

Achtes Kapitel: **DAS SKLAVENLEBEN**

Neuntes Kapitel: **KRANKE, SELBSTVERSTÜMMLER, SELBSTMÖRDER**

Zehntes Kapitel: **DIE TRADITION DER POTEMKINSCHEN DÖRFER**

Elftes Kapitel: **NACH DEM KRIEG**

Zwölftes Kapitel: **DIE RÜCKFAHRT**